미래세대를 위한
인성교육
CHARACTER
EDUCATION FOR
FUTURE GENERATIONS

강선보 · 김영래 · 정윤경 · 이성흠 · 류은영

정창호 · 고미숙 · 전성수 · 정용석 공저

학지사

머리말

한국 사회에서 '인성교육'이라는 화두는 '교육이 인간다움의 증진을 위해 어떻게 기여할 것인가' 하는 고민을 담고 있다. 그런데 원론적으로 보면, 동서고금을 통하여 거의 모든 교육행위의 공통적인 목표는 인간을 인간답게 길러 내는 것이라고 해도 과언이 아니다. 따라서 우리 사회 일각에서 제기되고 있는 인성교육 무용론(無用論), 즉 지금까지 한국 사회에서 해 오던 다양한 교육활동도 넓은 의미에서 보면 인성교육을 포함하고 있으므로 기존의 교육을 본래의 취지에 맞게 충실하게 잘하면 인성교육을 따로 할 필요가 없다는 주장에도 일리가 없지 않다.

그러나 이른바 지식정보사회를 살아가기 위해 방대한 양의 추상화된 지식을 경쟁적으로 습득하도록 짜여 있는 현재의 학교교육체제가 아동·청소년의 인성을 사막화(沙漠化)시키고 있는 것은 부인할 수 없는 사실이다. 현재의 학교교육을 통해 전달되고 있는 지식들의 대부분이 4차 산업혁명시대에는 필요가 없게 될 것이라는 많은 미래학자의 주장에도 불구하고, 이러한 지식 전달 위주의 학교교육은 쉽게 바뀌기 어렵다. 왜냐하면 현재의 학교교육계는 기존의 학교제도와 교육관행에 적응하고 있어서 이로부터 벗어나기가 쉽지 않은 상황이기 때문이다.

이상과 같은 상황을 감안해 볼 때, 우리의 아동·청소년들에게 미래시대를 인간답고 행복하게 살아갈 수 있는 인성을 길러 주기 위해서는 교과수업과 병행하여 인성교육이 지속적으로 추진되어야 한다고 보며, 특히 다음과 같은 방향으로 추진되어야 한다고 이 책의 필자들은 생각한다.

첫째로, 인성교육은 과도한 지식교육과 경쟁스트레스로 지쳐 있는 아이들에게 무엇인가를 더 가르치고 주입하려고 시도하기보다는, 먼저 그들의 삭막하고 상처받은 마음을 어루만지고 치유하여 건강성을 회복시키는 데 초점을 맞추어야 한다. 삶에 대한 긍정, 희망, 희열, 경외 등을 느낄 수 있는 놀이와 예술활동, 체험활동, 정서적 돌봄(사회정서학습) 등이 적절히 제공되어야 하며, 이를 통해 긍정적 마인드와 자존감을 높여 줄 수 있어야 한다.

둘째로, 인성교육은 지능정보사회(intelligence information society)를 살아갈 미래세대들에게 필요한 인성역량을 길러 줄 수 있어야 한다. 미래사회인 지능정보사회에는 사회변동의 속도가 빨라서 사회시스템이 개인들의 삶을 안정적으로 보장해 주기가 더욱 어려워질 것으로 예측되고 있다. 이러한 불확실성이 지배하는 지능정보사회 속에서 살아가기 위해서는 각자가 스스로 자기중심을 잡고 살아가는 소우주(microcosmos)임을 자각할 수 있어야 하며, 타인들도 자기목적적인 소우주들임을 인정하고 존중하고 배려하면서 조화로운 관계를 형성할 수 있어야 한다. 개인이 저마다 자기주도적으로 학습하면서 세상과 소통하며 살아갈 수 있기 위해서는 무엇보다도 자신의 감정과 생각을 돌아보고 다스릴 수 있는 '자아역량'과 타인들과 공감하고 배려하며 협력할 수 있는 '사회적 역량'을 기르는 것이 중요하다.

셋째로, 인성교육은 궁극적으로 아동·청소년들이 통합적 인성의 소유자가 되도록 이끌어 주어야 한다. 자아와 사회 및 세계, 지성과 감성, 의지, 욕구 및 욕망을 통합할 수 있는 사고력을 길러 주어야 한다. 이를 위해 대화적 이성(사고력)의 양성이 중요하다. 자기 자신과의 대화, 타인들과의 대화, 고전 속의 인물들이나 사건들과의 대화, 다른 생명체들과의 대화 등을 지속적으로 수행하면서 사려 깊고 자기통합적인 인간으로 성숙해 갈 수 있도록 해야 한다.

이 책은 이상과 같은 기본 의도에 따라 저술되었으며, 제1부에서는 인성교육에 대한 이론적 기초를 제공하고, 제2부에서는 현장에서 활용할 수 있는 인성교육의 방법 및 실천사례를 제시하고자 하였다.

　각 장의 필자를 소개하면 다음과 같다. 제1장 '인성 및 인성교육의 개념'은 이 책의 대표 저자인 강선보가 집필하였으며, 제2장 '인성교육 목표로서의 인성덕목 및 인성역량'과 제6장 '사회정서학습을 통한 인성교육'은 김영래가 집필하였다. 제3장 '인성교육을 위한 교사의 역량과 자질'과 제8장 '창의적 체험활동을 통한 인성교육'은 정윤경이 집필했으며, 제4장 '인성교육을 위한 교수설계, 교수 · 학습 방법 및 평가'는 이성흠이 집필하였다. 제5장 '인문학적 스토리텔링을 통한 인성교육'은 류은영이 집필하였고, 제7장 '배려교육을 통한 인성교육'은 고미숙이 집필하였으며, 제9장 '대화를 통한 인성교육'은 정창호가 집필하였다. 제10장 '하브루타 인성교육'은 전성수가 집필하였고, 제11장 '스마트교육을 통한 인성교육'은 정용석이 집필하였다. 필자들이 막바지 교정작업에 열중하던 중 이 책의 공저자이신 전성수 교수님이 갑자기 타계하셨다는 비보를 접하게 되었다. 하브루타 교육의 전도사 역할을 해 오셨던 전 교수님의 고귀한 뜻과 열정이 이 책의 제10장에 고스란히 담겨 있다. 이 책을 삼가 고인의 영전에 바친다.

　나아가 필자들은 우리 아동 · 청소년의 인성 함양에 관심을 가진 모든 분에게 이 책을 바치고자 하며, 모든 인성교육 관심자가 함께 연대하여 지속적인 노력을 기울임으로써 우리 아동 · 청소년들 각자가 자기주도적으로 공생(共生) · 상생(相生)할 수 있는 인성을 길러 행복한 삶을 살아갈 수 있기를 바라 마지않는다.

2018년 2월
저자 대표 강선보

차례

◆ 머리말 3

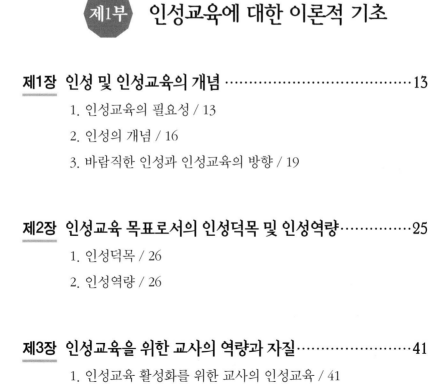

제1부 인성교육에 대한 이론적 기초

제1장 인성 및 인성교육의 개념 ································13
1. 인성교육의 필요성 / 13
2. 인성의 개념 / 16
3. 바람직한 인성과 인성교육의 방향 / 19

제2장 인성교육 목표로서의 인성덕목 및 인성역량···········25
1. 인성덕목 / 26
2. 인성역량 / 26

제3장 인성교육을 위한 교사의 역량과 자질·················41
1. 인성교육 활성화를 위한 교사의 인성교육 / 41

2. 가르침과 교사의 인성 / 42

3. 지식교육과 인성교육은 별개의 교육인가 / 45

4. 교사의 인성 발달을 위한 교사교육 / 50

제4장 인성교육을 위한 교수설계, 교수 · 학습 방법 및 평가 ⋯ 61

1. 인성교육 수업원리와 프로그램 설계 / 62

2. 인성교육의 교수 · 학습 방법 / 70

3. 인성교육 프로그램 평가 / 80

제2부 **인성교육의 방법 및 실천사례**

제5장 인문학적 스토리텔링을 통한 인성교육 ⋯⋯⋯⋯⋯⋯⋯ 91

1. 인문학과 스토리텔링 / 91

2. 에듀테인먼트 스토리텔링: 배우기에서 향유하기로 / 95

3. 인성교육을 위한 인문학적 스토리텔링 / 100

4. 인성교육을 위한 인문학적 스토리텔링 사례: 『앵무새 죽이기』/ 105

제6장 사회정서학습을 통한 인성교육 ⋯⋯⋯⋯⋯⋯⋯⋯⋯ 121

1. 사회정서학습이란 무엇인가 / 121

2. 사회정서학습과 인성교육 / 125

3. 사회정서학습 프로그램 '강한 아이' 소개 / 130

4. 요약 / 139

제7장 배려교육을 통한 인성교육 ·········· 141

1. 인성교육에서 배려의 중요성 / 141

2. 배려란 무엇인가 / 143

3. 배려의 유형 / 149

4. 배려교육의 의미와 방법 / 154

제8장 창의적 체험활동을 통한 인성교육 ·········· 167

1. 체험·활동과 교육 / 167

2. 체험·활동을 강조하는 이론적 근거 / 170

3. 체험·활동과 인성교육 / 177

4. 체험·활동이 통합된 수업의 실제 / 182

제9장 대화를 통한 인성교육 ·········· 187

1. 인성교육에서 대화의 중요성 / 187

2. 대화와 인성 그리고 교육 / 188

3. 수업에서의 말과 대화 / 199

4. 대화 수업의 기본 방법론 / 208

5. 신소크라테스적 담화: 대화 수업의 방법론과 그 사례 / 217

제10장 하브루타 인성교육 ·········· 229

1. 인성교육, 공부 방법 개선이 먼저이다 / 229

2. 왜 하브루타 인성교육인가 / 235

3. 하브루타 인성교육의 실제 / 249

4. 세종 시대를 만드는 길 / 259

제11장 스마트교육을 통한 인성교육 ···························· 265

    1. 들어가기 / 265

    2. 스마트교육과 인성교육 / 268

    3. 인성교육 활용의 실제 / 273

    4. 스마트교육 적용을 위한 준비 / 284

    5. 마치며: 성장과 공감의 인성교육 / 289

    ◆ 찾아보기　293

제1부

인성교육에 대한 이론적 기초

제1장 인성 및 인성교육의 개념

제2장 인성교육 목표로서의 인성덕목 및 인성역량

제3장 인성교육을 위한 교사의 역량과 자질

제4장 인성교육을 위한 교수설계, 교수 · 학습 방법 및 평가

제1장
인성 및 인성교육의 개념

1. 인성교육의 필요성

동서양을 막론하고 교육은 본래 '인간다움(仁, humanity)'의 증진을 기본으로 삼아 왔다. 공자도 인간으로서의 기본 도리를 다한 후에 남은 힘이 있으면 학문에 힘쓰라고 하였고(논어 학이편), 서양에서도 고대 이래로 교육은 삶의 실제적인 필요를 충족시키는 '실용교육'과 인간을 인간답게 만드는 '인성교육'을 함께 겸해야 하는 것으로 이해되어 왔다. 그런데 현대 한국 사회는 식민지시대와 6 · 25 전쟁의 참화를 겪으면서 인성(人性)을 중시하는 사회 · 문화적 전통이 크게 훼손되었고, 1960년대 이후에는 가난에서 벗어나기 위한 국가적 프로젝트에 힘입어 경제적 풍요를 구가하게 되었지만 정신적 가치는 오히려 등한시하는 풍조가 만연하게 되었다. 이러한 추세에 따라 교육도 사회적 · 물질적 성공과 출세의 수단으로 인식되었으며, 이로 인하여 성장세대들은 점수경쟁과 입시지옥으로 떠밀려 들어갔다. 이러한 전반적인 흐름 속에서 사람들의 인성이 황폐화되어 가는 것은 거의 필연적인 결과라고 하지 않을 수 없다.

특히 지난 1980년대 말 이후 학교와 사회 곳곳에서 인성결핍 내지는 인성파탄 현상이 만연하면서 학계와 정계, 그리고 사회단체 등에 의하여 인성교육에 대한 필요성과 중요성이 꾸준히 제기된 결과, 2015년 7월 21일에는 「인성교육진흥법」(약칭 '진흥법')이 시행령과 함께 공표되었다. 이러한 법령을 구체화하기 위해 교육부는 '인성교육 5개년 종합계획안'(약칭 '종합계획')을 발표하였으며, 이러한 지침에 따라 각급 학교에서 인성교육의 시행이 추진되고 있다.

학교현장에서 인성교육의 필요성은 무엇보다도 최근 20여 년간 학교폭력과 왕따, 비행, 자살 등의 문제가 심각해져서 학교가 더 이상 아이들에게 안전하고 즐거운 생활공간이 되지 못하고 있다는 점에 있다.[1] 학교폭력의 심각성은 한번 학교폭력을 경험한 아이들에게는 학교가 무섭고 고통스러운 지옥으로 변하며, 그들이 학교를 떠나지 않는 한 이러한 상태를 계속 감내해야 한다는 데에 있다. 그 결과, 이러한 아이들은 가해자들에게 괴롭힘을 당하면서 심각한 우울·불안에 빠지게 되며, 등교거부, 자해, 자살을 하거나 가해자에게 보복을 하는 등 밝고 건강하게 지내야 할 성장기를 암흑 속에서 헤매게 된다. 그러므로 학교폭력의 문제는 한국 교육이 해결해야 할 가장 시급한 문제가 아닐 수 없으며, 이에 따라 이러한 학교폭력의 문제를 해결·완화시키기 위한 교육적 처방으로서의 인성교육이 절실히 요청되는 것이다.

또한 가정과 학교에서 인성을 올바로 형성시키지 못한 아동·청소년들이 사회로 배출되어 각종 인성파탄 현상들을 일으킴으로써 사회적 불안을 야기할 뿐만 아니라, 이들을 억제하기 위하여 많은 인력과 자원이 낭비된다는 점 또한 심각한 문제가 아닐 수 없다. 인성교육은 이러한 사회적 문제들을 근본적으로 해결하기 위해서도 필요한 것이다.

---

1) 2012년도에 교육과학기술부에서 전국 초등학교 4학년에서 고등학교 3학년까지의 학생 559만 명 중 25% 정도인 139만 명을 대상으로 학교폭력실태를 조사한 결과, 12.3%인 17만 명이 최근 1년간 피해 경험이 있다고 응답했으며, 24.5%가 '학교 내에 일진이 있다' 또는 '있다고 생각한다'고 응답했다(교육과학기술부, 2012: 3).

둘째로, 인간사회는 현재 4차 산업혁명시대로의 진입이라고 하는 문명사적 전환기에 처해 있다. 이에 따라 학교는 미래사회에 적합한 인간상(人間像)을 새롭게 정립하고 교육을 통해 이를 구현해 나가야 하며, 이것이 또한 인성교육의 과제가 아닐 수 없다.

2016년 1월 스위스에서 개최된 다보스포럼에서 세계경제포럼(World Economic Forum: WEF) 회장인 클라우스 슈밥(Klaus Schwab)은 우리 현대인류가 제4차 산업혁명의 거대한 쓰나미를 앞두고 있다고 선언하였다. 정보통신기술(Information and Communication Technology: ICT), 인공지능과 생명공학, 나노공학, 3D 프린팅, 자율자동차 등의 비약적 발전이 주도하는 제4차 산업혁명은 인간 삶의 양상과 사회시스템 전반에 걸친 근본적인 변혁을 예고하고 있다.

국내외의 전문가들이 내놓는 미래사회에 대한 예측은 매우 다양하고 혼란스럽기까지 하다. 제4차 산업혁명의 결과, 인공지능과 사물인터넷(Internet of Things: IoT)을 통해 사람과 사람이 아닌 모든 것이 연결되고, 그 연결망 안에서 인간의 정신을 닮은 지적 활동이 이루어지는 '초연결사회(hyper connected society)'가 구현되며, 이를 통해 인간 정신활동의 개념과 양상이 크게 바뀌게 된다(김대호 외, 2015: 109ff.; 전숙경, 2016: 28). 또한 최근 '포켓몬 고' 현상에서 보듯이 가상현실(virtual reality), 증강현실(augmented reality)이 사람들의 삶에 점점 더 크게 영향을 미치면서, 현실(reality)의 개념 자체도 바뀌게 된다. 나아가 인공지능과 로봇, 나노공학과 3D 프린터의 발달로 생산의 개념과 과정 자체가 변화되므로 노동의 개념도 바뀌게 되며, 제품생산의 한계비용이 제로에 가까워지면서 공유경제가 실현되어 사람들의 삶의 방식도 소유 중심에서 연결 중심으로 바뀌게 된다(Rifkin/안진환 역, 2016: 12ff.). 이러한 변혁의 과정을 통하여 향후 20년 안에 현재의 직업들 중 70% 정도가 사라지고 새로운 직업이 생겨날 것이며, 현재의 아동·청소년들은 일생 동안 직업을 적어도 다섯 번 이상 바꿀 것이라는 예측도 제시된 바 있다. 그러나 누구도 미래사회의 변화 방향을 정확하게 예측할 수는 없다. 그러므로 교육이 어떠한 인간상을 지향할 것인가 하는 문제도 매우 풀기 어려운 문제가 아닐 수 없다.

그러나 분명한 것은, 이러한 기술혁명시대에 우리의 아동·청소년들이 시대의 변화에 잘 적응하면서도 동시에 인간다움을 지키며 행복하게 살아갈 수 있기 위해서는, 단지 제도와 시스템에 수동적으로 따르는 사람으로 기르기보다 변화하는 사회 환경 속에서 스스로 자기 삶의 중심을 잡고 이끌어 갈 수 있는 자기주도적이고 주체적인 역량을 갖춘 인간으로 성장할 수 있도록 이끌어야 한다는 것이다. 또한 우리의 아동·청소년들을 공동체 안에서 타인들과 원활히 소통(疏通)하고 협업(協業)하면서 상생(相生)할 수 있는 성숙한 민주시민으로 길러 내야 한다. 우리의 아동·청소년들이 이러한 인성역량을 갖추지 못하고, 지적·기술적으로만 고도로 발달된 사람들이 되어 사회에 나간다고 하면, 미래사회가 문명의 얼굴을 한 야만의 상태가 되지 않는다고 누가 장담하겠는가.[2] 첨단기술들로 무장한 사람들이 이기심과 욕망의 충족을 위해 '만인에 대한 만인의 투쟁'을 벌이는 세상에 우리의 아동·청소년들이 살게 되는 최악의 시나리오가 실현되지 않도록 하기 위해서는 문명의 변화에 잘 적응하면서도 인간다움을 잘 보존하여 '인간미(人間美) 있는 상생(相生)'을 할 수 있는 삶의 역량을 길러 주는 인성교육이 매우 절실하다고 하겠다.

2. 인성의 개념

인성(人性)의 사전적 의미는 '인간의 성품(性品)'이며, 성품이란 '성질과 됨

---

2) 예컨대, 영화 〈더 울프 오브 월스트리트(The Wolf of Wall Street)〉는 주인공 조던 벨포트(레오나르도 디카프리오)를 통하여 인간다운 품성을 갖추지 못하고 지적 역량만을 발달시킨 인간이 끊임없는 욕망을 추구하는 모습을 적나라하게 보여 주고 있다. 26세에 월가에 뛰어들어 주가 조작으로 주체할 수 없이 많은 돈을 벌고 술과 파티, 여자에 빠져 FBI의 표적이 된 조던 벨포트의 실화를 다룬 영화이기에 더욱 경각심을 불러일으킨다.

됨이'이므로 인성이란 '인간의 성질과 됨됨이'를 말한다고 할 수 있다(민중서림편집국, 1997: 1291, 1845). 그러므로 인성교육을 한다는 것은 기본적으로 사람의 성질과 됨됨이를 좀 더 '바람직한' 방향으로 양성(養成) 또는 변화시키려는 교육적 시도를 말한다.

인간의 인간됨은 인간의 생물학적인 측면보다도 사회적·문화적 존재라는 점에서 명확하게 드러나므로, 인성('인간의 성질과 됨됨이')의 개념도 소속 사회의 관습이나 역사적·문화적 전통과 밀접한 연관관계를 가지고 있다. 그런데 현대 한국 사회의 문화 속에는 유·불·도로 대표되는 동양적 전통뿐만 아니라 다양한 서구적 전통이 유입되어 혼재(混在)하고 있으므로, 인성의 개념에 대해서도 다양한 관점이 혼재되어 있는 실정이다. 따라서 우리 사회에서 인성교육을 시행하기 위해서는 우리의 사회·문화에 녹아 있는 인성에 관한 다양한 개념을 이해할 필요가 있다.

서구적 전통에서의 인성 개념은 대체로 character로 표현되고 있다. 독일어권에서 Charakterbildung, 영어권에서 character education이라는 용어가 보편적으로 쓰이고 있는 것을 통해 이를 확인할 수 있다. character란 개인의 모든 삶의 표현을 관통하는, 외부의 영향에 대항하여 지속적으로 존속하는 태도나 신조의 기본 특색, 인간의 행동방식을 말하며, 더 나아가서 이러한 특성의 근거가 된다고 믿어지는 인간성 또는 도덕성을 포함하는 개념으로까지 확장적으로 이해되기도 한다(Boehm, 1994: 142; Schischkoff, 1991: 106). 요컨대, character의 개념은 인간 특성의 선천적인 부분과 후천적인 부분, 경험 가능한 부분과 비경험적(=초월적) 부분을 아우르는 개념이다. 그러나 교육을 통해 접근될 수 있는 부분은 주로 후천적이고 경험적인 부분이므로 서구적 인성교육은 주로 경험적으로 바람직한 것으로 인정되는 인간 특성을 형성시키려는 노력으로 나타나고 있다. 이러한 시도의 전형적인 사례를 우리는 리코나(Tomas Lickona)의 작업에서 볼 수 있다(Lickona/유병열 외 공역, 2006).

그런데 유·불·도를 중심으로 하는 동양적 전통에서는 선천적인 측면이 더 강조되고 있는 것으로 보인다. 유가(儒家)의 관점에서 인성이란 심(心), 성

(性), 정(情), 의(意)를 모두 포함하는 개념으로서, 지적(知的) 능력과 정의적(情意的) 능력, 도덕성을 모두 아우르는 개념이다. 그중에서도 인성의 핵심은 본연지성(本然之性)인 사단(四端), 즉 인의예지(仁義禮智)로 본다(강선보 외, 2008: 24ff.). 도가(道家)의 관점에서 인성이란 정(精), 기(氣), 신(神)을 포함하는 개념으로서, 인위(人爲)를 가하지 않은 인간의 본원적 자연성(無爲自然)을 말한다(강선보 외, 2008: 117). 불교적 관점에서 인성의 핵심은 현상적 자아(몸과 의식)의 바탕을 이루고 있는 불성(佛性)이며, 이러한 불성을 자각하고 발현(發現)해야 진정한 인간성을 갖추게 된다고 말한다(강선보 외, 2008: 98ff.). 이러한 인성에 대한 유·불·도의 이해는 현상적 경험을 넘어선 것이며, 각각의 교의창시자(敎義創始者)의 가르침에 크게 의존하고 있으므로 인성교육도 권위적·규범적 성격을 지니게 된다.

요컨대, 동양적 전통에서 볼 때, 보통 사람들의 일상적인 경험적 사실로 확인되기 어려운, 교의창시자에 의해 설파된 선험적인 내용이 인성이해의 핵심을 구성하고 있다는 것이다. 유·불·도 모두가 인간의 이상적인 특성이 본성으로서 또는 가능성으로서 인간 자신에게 내재되어 있다는 인식을 공유하고 있다.

이상과 같은 사정을 감안할 때, 우리는 한국 사회라는 지형(地形)에서 인성 및 인성교육의 개념을 확보하기 위해서 우리 사회에 남아 있는 동양적 전통의 비경험적(형이상학적) 요소들과 지구화시대에 보편적인 영향력을 행사하고 있는 서구적 담론을 종합해야 하는 쉽지 않은 과제에 직면해 있다.

그런데 인성교육을 한다고 하는 것은 기본적으로 경험적인 과정 속에서 사람의 성질과 됨됨이를 좀 더 '바람직한' 방향으로 양성(養成) 또는 변화시키려는 교육적 시도라고 할 수 있으므로, 교육을 통하여 양성 또는 변화시킬 수 있는 인성의 경험적 측면에 주목할 필요가 있다. 인성, 즉 인간의 '성질과 됨됨이'를 경험적 측면에서 세분화해 보면 성격, 태도, 행동, 습관 등이라고 할 수 있으며, 이를 정의해 보면 다음과 같다.

- 성격(性格, character): 일시적인 것이 아니라 지속성을 지닌 개인의 심리적 체계 또는 특성을 말한다.
- 태도(態度, attitude): 개인의 성격에 근거한 의도가 겉으로 드러나 보이는 것을 말한다. 따라서 태도는 내면적 의도와 외적인 표현을 함께 의미한다.
- 행동(行動, behavior): 몸을 움직이는 동작을 말한다. 유사한 용어로 행위(act)가 있다. '행위'가 일반적으로 의도나 목적을 가지는 인간의 활동을 가리키는 데 비해, '행동'은 무의식적 활동(조건 반사 등)도 포함한 보다 폭넓은 개념이다.
- 습관(習慣, habit): 일상적으로 반복되는 행위를 말한다. 개인의 습관은 후천적인 행동양식이고, 반복하여 수행되면서 고정된 패턴을 지니게 된다. 습관에는 신체적 행동 외에 생각 등 정신적·심리적 경향도 포함된다.

요컨대, 경험적 차원에서 볼 때, 인성은 개인의 성격, 태도, 행동, 습관을 포함하는 개념이라고 볼 수 있다. 그런데 종래의 교육에 있어서는 성격이나 태도는 변화시키기 어려운 것으로 간주하면서 행동과 습관을 바람직한 방향으로 변화시키기 위한 행동주의적 접근이 주로 이루어져 왔다고 볼 수 있다.

3. 바람직한 인성과 인성교육의 방향

이상에서 살펴보았듯이, 인성교육의 목표를 정하기 위해서는 무엇이 '바람직한' 인성인가가 중요하다는 것을 알 수 있다. 사람들이 나타내는 어떠한 특성은 바람직하고, 어떠한 것은 바람직하지 못한 것일까? 바람직하다 혹은 바람직하지 못하다 하는 것은 결국 가치판단(價値判斷)이다. 사실판단(事實判斷)은 객관적 사실에 근거한 사실관계에 대한 판단인 반면, 가치판단은 인간의 주관적 의견과 느낌에 따라 내리는 판단이다. 실제로 우리가 일상생활

중에 동일한 특성에 대해서 서로 다른 판단을 내리는 경우가 이를 증명한다. 예컨대, 어떤 사람이 자기를 당당하게 드러내고 자기주장이 뚜렷한 경우 '자신감과 자주성이 강하다'고 긍정적 가치판단을 하는 사람도 있지만, '거만하다'는 부정적 가치판단을 하는 사람도 있을 수 있다.

그러나 가치판단이 완전히 개인적이고 주관적인 판단이기만 한 것은 아니다. 가치판단은 1차적으로 개인의 주관적 의견과 느낌에 의지한다. 이를 '취향(趣向, taste)'이라고 하겠다. 그런데 개인의 취향의 배후에는 그가 속해 있는 집단의 취향이 영향을 미치고 있으며, 개인과 집단의 취향은 역사적·문화적 맥락(脈絡, context) 속에 들어 있다. 따라서 바람직한 인성에 대한 판단은 그때그때의 역사적·문화적 상황 속에서 개인과 집단의 취향이 상호작용하며 매번 새롭게 재구성되는 것이라고 볼 수 있다. 이와 같은 사정이 인성에 대한 고정적(固定的) 개념의 도출을 어렵게 하고 있다. 따라서 인성교육을 국가적으로 시행하기 위해서는 우리 사회 안에서 인성의 개념과 이에 따른 인성교육의 방향에 대해 어느 정도 이상의 합의가 필요하다. 이러한 필요성이 「인성교육진흥법」이 제정된 이유 중의 하나라고 볼 수 있다.

인간은 개인적 존재이면서 동시에 사회적·문화적 존재이다. 개인이 자기 삶의 주인이 되어 살아갈 수 있기 위해서는 내면적 정체성(正體性, identity)을 형성해야 한다. 그런데 동시에 사회 속에서 자신을 보존할 수 있기 위해서는 사회적 관계 형성을 잘할 수 있어야 한다. 또한 인간이 문화적 존재라는 것은 무엇보다도 문화와의 상호작용을 통해서 삶의 의미(意味)를 형성해 나가는 존재라는 것을 의미한다. 인간을 개인적, 사회적, 문화적 존재로 본다면 인성에 대한 가치판단에 있어서도 개인적, 사회적, 문화적 측면이 있다고 말할 수 있다. 개인의 가치판단은 말 그대로 개인적이고 주관적인 판단이다. 반면에 사회와 문화 속에 들어 있는 가치판단은 수많은 사람에 의하여 공유되고 있다는 점에서 보편적 성격을 지닌다.

동서를 막론하고 전통사회에서는 보편적 가치를 개인적 가치의 위에 두었다. 그래서 인성교육도 아동·청소년들이 보편적 가치를 받아들여서 내면화하는 것으로 이해되었다.[3] 이렇게 되면 기존 사회·문화가 가지고 있는 핵심적 가치 또는 문화이상(文化理想, cultural ideal)을 인성교육의 목표로 삼으면 되는 것이므로 인성교육의 방향설정은 어렵지 않다. 그런데 현대사회에서는 이러한 인성교육모델이 더 이상 먹혀들기 어렵게 되어 버렸다. 왜 그럴까? 전통사회의 가치덕목들은 서로 다른 문화권(기독교, 이슬람, 유교 문화권 등)에서 저마다 다르게 형성된 것이며, 해당 문화권 안에서는 절대적 구속력을 가지고 있었다. 그러나 지구촌시대(地球村時代)라는 말이 보여 주듯이 현대사회에서는 개방화, 정보화, 다원화(多元化)가 급속히 진행되면서 각 문화권이 섞여 들고 있고, 그 결과 이전에는 각 문화권 안에서 절대적 권위를 지녔던 가치덕목들이 상대화되면서 그 구속력을 잃어 가고 있다.

다른 한편으로, 인성교육의 주요 대상이라고 할 수 있는 아동·청소년들이 이전과는 매우 다른 세대라는 점을 주목해야 한다. 요즈음의 아동·청소년들은 앞에서 언급한 개방화, 정보화, 다원화라는 문명사적 변화의 흐름 속에서 태어나면서부터 디지털문명의 세례를 받은 디지털 원주민들(digital native)이다. 이러한 새로운 세대들은 무엇보다도 자신의 필요와 욕망에 따라 자신의 삶의 스타일을 선택하고자 하는 경향이 강하다. 비유를 해 보면 요즈음의 신세대들은 자신들의 필요와 욕망에 따라 어느 곳으로든 옮겨 다닐 수 있는 유목민(遊牧民)과 같은 존재들이라고 할 수 있다. 이러한 의미에서 요즈음 신세대들을 디지털 유목민(digital nomad)이라고 부르기도 한다.

그런데 지금까지 우리나라에서 시도된 인성교육의 형태들을 보면 대체로 보편적인 인간다움의 원리들을 상정(想定)하고, 이러한 원리들을 직접적으로 가르치거나 실천을 통해 습관화하고자 하는 경향을 보이고 있다. 이러한 인성교육관은 대체로 특정 문화적·종교적 전통에 근거하며, 따라서 규범적, 윤리-도덕적, 종교적 함의(含意)를 강하게 지닌다. 주로 기성세대에 의해 대표되는 문화적·종교적 전통들은 이상화되고 절대화되는 경향을 지니

---

3) 20세기 전반의 독일을 대표하는 교육철학자 슈프랑거(Spranger)는 이에 대해 문화는 주관의 객관화이며, 교육은 객관화된 문화의 재주관화라고 표현한 바 있다.

며, 인성교육의 근거들도 이러한 전통 속에 있는 이상들로부터 도출되는데, 이러한 인성교육의 시도들을 이 책에서는 '가치덕목 중심 인성교육'이라고 부르고자 한다.

이러한 가치덕목 중심의 인성교육은 비유를 해 보면, 자신들이 태어난 땅에 운명적으로 정착하여 살아가야만 하는 농경민이나, 닫혀 있는 문화적 · 정치적 질서 속에서 작동될 수 있는 모델이라고 할 수 있다. 그러나 현대사회에서 전통에 근거한 '가치덕목 중심 인성교육'을 시도하는 것은 태생적인 유목민을 반강제적으로 한곳에 정주시켜 농경민으로 만들려고 하는 시도와 같으므로 성공하기가 어렵다. 이에 따라 인성교육을 인간다운 삶을 살아가기 위해 필요한 역량들(competencies)을 길러 주는 교육으로 보는 대안적 접근이 생겨났으며, 이를 '역량 중심 인성교육'이라고 부를 수 있다. 역량 중심 인성교육이란 요컨대 아동 · 청소년이 미래사회에서 지혜롭고 행복하게 살아가기 위해 필요한 지적(知的), 정의적(情意的), 사회적 능력(역량)을 길러 주고자 하는 인성교육이라고 정의될 수 있다.

그러나 역량 중심 인성교육이 가치덕목을 도외시하는 것은 아니다. 가치덕목은 인류 문화의 정수(精髓)라고 할 수 있으므로 쉽게 등한시되어서는 안 된다. 다만 앞에서 고찰한 바와 같이, 가치덕목을 직접 가르치는 정공법(正攻法)보다는 우회적인 전략을 사용하는 것이 오늘날의 아동 · 청소년에게 더 적합하며, 이러한 입장에 따라 인간적인 삶에 필요한 역량들을 계발하면서 이러한 역량들이 결국 가치덕목과 연결될 수 있도록 인성교육을 설계하고자 하는 것이 역량 중심 인성교육의 기본 의도라고 할 수 있다.

현재 각급 학교에서 추진되고 있는 인성교육의 기본 지침이 되고 있는 교육부의 '인성교육 5개년 종합계획'도 이러한 역량 중심의 인성교육을 기본적인 아이디어로 삼고 있음을 확인할 수 있다. 종합계획은 「인성교육진흥법」에 나타난 8대 핵심 인성덕목을 지향점으로 하고 5대 핵심 인성역량을 중심으로 인성교육을 시행하도록 지침을 정하고 있는데, 5대 핵심 인성역량은 2015 개정 교육과정의 인성 관련 역량을 반영한 것이다(교육부, 2016: 4-5).

📂 참고문헌

강선보, 박의수, 김귀성, 송순재, 정윤경, 김영래, 고미숙(2008). 인성교육. 경기: 양서원.

교육과학기술부(2012). 학교폭력 실태조사에 따른 후속 업무처리 매뉴얼(배포용 자료). http://www.moe.go.kr/web/60879/ko/board/view.do?bnsId=291&boardSeq=28751

교육부(2016). 인성교육 5개년 종합계획(2016~2020).

김대호, 김성철, 신동희, 최선규, 이상우, 심용운, 전경란, 이재신(2015). 인간, 초연결 사회를 살다. 서울: 커뮤니케이션북스.

민중서림편집국(1997). 민중 엣센스 국어사전. 서울: 민중서림.

전숙경(2016). 초연결사회의 교육을 위한 모색. 한독교육학회 춘계학술대회 자료집.

Boehm, W. (1994). *Woerterbuch der Paedagogik*. Stuttgart: Kröner.

Lickona, T. (2004). *Character matters: How to help our children develop good judgment, integrity, and other essential virtues*. New York: Simon & Schuster. 유병열, 서강식, 김태훈, 김항인 공역(2006). 인격교육의 실제. 서울: 양서원.

Rifkin, J. (2014). *The zero marginal cost society: The internet of things, the collaborative commons, and the eclipse of capitalism*. Hampshire: Palgrave MacMillan. 안진환 역(2016). 한계비용 제로 사회: 사물인터넷과 공유경제의 부상. 서울: 민음사.

Schischkoff, G. (1991). *Philosophisches Woerterbuch* (22nd edn.). Stuttgart: Alfred Kröner.

제2장
인성교육 목표로서의
인성덕목 및 인성역량

　'인성교육 5개년 종합계획'은 인성교육의 목표인 '인성요소'로서 '8대 핵심 인성덕목'과 '5대 핵심 인성역량'을 [그림 2-1]과 같이 제시하고 있다.

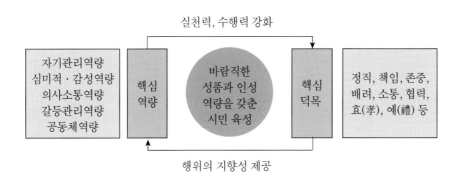

[그림 2-1] 인성교육 8대 핵심 인성덕목과 5대 핵심 인성역량

1. 인성덕목

[그림 2-1]에서 제시된 8개의 핵심 인성덕목인 '정직, 책임, 존중, 배려, 소통, 협력, 효(孝), 예(禮)'는 「인성교육진흥법」 제2조에서 그대로 따온 것이며, '~등'이라고 표현한 것으로 보아 이 목록은 절대적인 것이 아니고 범례적으로 제시한 것임을 알 수 있다. 이것은 우리 사회에서 인성교육이 추구해야 할 인성덕목에 대한 명확한 합의가 아직 이루어지지 못하고 있는 현재 상황을 반영한다.

가치덕목이란 기본적으로 한 사회의 역사적, 문화적, 사회적 전통에 근거하는 것이며, 따라서 윤리 또는 도덕에 가까운 것이다. 이러한 관점에서 보면 「인성교육진흥법」에 나타난 '예(禮)' '효(孝)' 등이 대표적인 동양적 가치덕목들이다. 어떤 사회든 나름대로의 역사적, 문화적, 사회적 전통을 가지고 있고, 이것이 사회적 질서를 유지하는 데 중요한 역할을 하며, 그 사회에 소속되어 살고 있는 개인들에게 공통의 규범과 삶의 스타일을 제공함으로써 익숙하고 안정감 있는 공동체 생활을 가능하게 한다. 따라서 개인의 정체성 형성에도 중요한 역할을 한다. 그 밖에 정직, 책임, 존중, 배려, 소통, 협력 등의 덕목은 현대사회를 살아가기 위해 갖추어야 할 보편적 가치규범이라고 할 수 있다.[1]

2. 인성역량

[그림 2-1]을 보면 실천을 통해 핵심 인성역량을 기르면서 핵심 인성덕목을 지향하는 구조로 되어 있음을 알 수 있다. 따라서 인성교육을 실제로 시

---

[1] 이 중에서 '소통'은 가치규범이라기보다는 소통 능력, 즉 하나의 '역량'이라고 보는 것이 더 타당하다고 본다. 이 부분은 후속 연구를 통하여 수정될 수 있을 것이다.

행함에 있어서는 핵심 인성역량의 중요성이 커진다.

핵심 인성역량으로 제시된 다섯 가지 중에 자기관리역량과 심미적·감성역량은 개인의 자아 형성에 관한 역량, 즉 '자아역량'이라고 말할 수 있다. 반면에 의사소통역량, 갈등관리역량, 공동체역량은 사회생활을 위한 역량, 즉 '사회적 역량'이라고 말할 수 있다. 요컨대, 5대 핵심 인성역량은 '자아역량'과 '사회적 역량'으로 압축될 수 있는 것이다. 이것을 달리 표현하면, 학교교육의 틀 안에서 인성교육이 담당해야 할 부분은 기본적으로 개인적 자아의 형성과 사회적 관계 형성을 도와주는 것이라는 말이 된다.

인성교육이 이러한 목적을 달성하기 위해서는 좀 더 구체적이고 세부적인 목표(성취수준)를 정할 필요가 있다. 그래야만 이를 위한 교육내용과 방법 등이 마련될 수 있을 것이다. 그런데 그에 앞서서 먼저 '역량'의 의미에 대해서 좀 더 구체적으로 검토를 해 보는 것이 필요하다.

역량 개념은 1973년에 미국의 사회심리학자 맥클리랜드(David McClelland)에 의해 처음 학문적 용어로 쓰이기 시작했다고 하는데, 그는 말하기를 누군가가 미래에 성공적인 삶을 살 것인지 또는 직무를 잘 수행할 것인지를 예측하기 위해서는 그 사람의 '지능(IQ)'보다 '역량'을 아는 것이 훨씬 더 도움이 된다고 주장하였다(소경희, 2007: 4). 역량이란 특정 과업을 수행하기 위한 지적·기술적 요소뿐만 아니라, 정의적(情意的), 사회적, 행동적, 방법적 요소들을 모두 포함하는 종합적 개념이다.[2] 예컨대, '야구'의 역량을 생각해 보면 이 모든 요소가 결합되어 있음을 알 수 있다. 최고의 야구선수가 되기 위해서는 야구를 잘할 수 있는 지적(知的), 신체적, 기술적 능력이 뛰어나야 할

---

[2] 연구자들에 따라 역량에 대한 다양한 정의가 있으나 대표적으로 OECD가 1997년부터 수행한 이른바 DeSeCo(Definition and Selection of Key Competences) 프로젝트에 따르면 역량이란 특정 맥락의 복잡한 요구를 충족시키는 능력이며, 인지적 요소뿐만 아니라 동기적, 윤리적, 의지적, 사회적 요소를 포함한다(Rychen/Salganik, 2001: 62). 간단히 말해서, 역량이란 해당 분야에서 요구되는 특정 과업을 성공적으로 수행할 수 있는 실천 능력을 말하는데, 특정 과업을 성공적으로 수행했다는 것은 무엇보다도 세 가지 요소, 즉 '동기' '행위' '결과'가 적절하게 결합되었음을 의미한다(Schott/Ghanbari, 2012: 30f.).

뿐만 아니라, 감독과 동료선수들 그리고 관중들과 소통도 잘해야 하고, 그때 그때의 경기 진행 상황과 이에 대한 관중들의 반응 속에서 자신에 대한 심리 적-정서적 조절을 잘할 수 있어야 한다. 이처럼 여러 가지 요소가 종합적으 로 결합되어야만 경기에서 좋은 성적을 올리면서 동료들과 관중들의 사랑을 받는 선수가 될 수 있을 것이다.

역량의 개념은 주로 경제 분야에서 직무의 성공적 수행을 위한 역량, 기업 의 '핵심 역량(key competencies)' 등의 형태로 연구되고 현장에 적용되어 오 던 개념으로서, 교육에 있어서 역량이 논의된다는 것은 직업적·사회적 역 량 계발의 필요성이 교육계에 수용된 결과라고 볼 수도 있다. 교육의 장면에 서 역량이 중심개념이 된다는 것은 구체적으로 매 경우의 교육활동 단위에 서 달성되어야 할 역량들이 규정되어야 하며, 학생들이 이러한 역량들을 획 득해야 단계별 교육목표가 달성된 것으로 본다는 것이다. 따라서 평가에 있 어서도 목표로 하는 역량이 획득되었는가의 여부를 평가하는 '역량평가'가 중심이 되며, 특히 결과만이 아닌 역량 형성의 과정이 중시된다는 점에서 종 래의 평가방식과 차이가 있다. 그런데 실제로 우리 교육현장에서 역량의 개 념은 이미 상당 부분 적용되고 있다. 예를 들면, 수업지도안 등에서 다음과 같은 학습목표를 제시하고 있는 것을 볼 수 있다.

> (영어과) "능동문을 수동문으로, 수동문을 능동문으로 전환할 수 있다."
> (사회과) "다문화능력: 다른 문화권에서 온 친구들의 문화를 이해하고 그들과 사이
> 좋게 지낼 수 있다."

이렇게 '(어떠한 과제를) 해낼 수 있다'는 것이 바로 역량이다. 이상의 논의 를 통해 역량의 기본 의미와 교육에 있어서 역량 개념이 어떻게 적용되고 있 는가에 대한 설명이 되었으리라 생각한다.

그런데 역량을 인성교육과 관련하여 고찰하기에 앞서 전체적인 학교교육 을 통하여 추구되어야 할 전반적인 역량들에 대해 생각해 볼 필요가 있다.

왜냐하면, 사실 인간의 삶의 능력으로서의 역량은 여러 가지가 있으며, 이 역량들은 당사자의 삶 속에서 유기적으로 연관되어 있고, 필요에 따라 다양한 역량이 함께 사용된다고 할 수 있기 때문이다. 따라서 역량에 기초한 교육을 하기 위해서는 교육을 통해 계발되어야 할 역량들의 체계 같은 것을 그려 낼 필요가 있으며, 이를 '역량모형(competency model)'이라고 부른다.

역량 기반 교육의 연구와 실천에 있어서 앞서 있는 국가 중의 하나가 독일인데, 독일의 교육학자 레만(Gabriele Lehmann)과 니케(Wolfgang Nieke)는 [그림 2-2]와 같은 역량모형을 제안하여 많은 연구자에게 수용되었으며, 특히 독일의 메클렌부르크-포어포머른 주정부(州政府) 교육부가 이를 채택하여 학교교육에 적용하고 있기도 하다(Lehmann/Nieke, 2000).

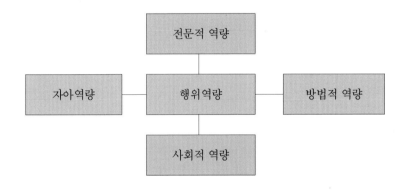

[그림 2-2] 독일 메클렌부르크-포어포머른주(州)의 역량모형

이러한 역량모형의 각 항목을 간단히 설명하면 다음과 같다.

• 전문적 역량: 각각의 전문분야에 필요한 전공적 역량, 즉 지적·기술적 역량을 말한다.
• 자아역량: 개인이 자신이 타고난 소질과 능력, 성격 등에 기초하여 자신의 삶의 세계 속에서 긍정적인 자아정체성을 형성할 수 있는 능력을 말한다.

- 사회적 역량: 다른 사람들과 소통하고, 공감하고, 설득하고, 협력하며, 때로는 대결하고, 극복할 수 있는 능력들을 의미한다.
- 방법적 역량: 개인이 자신이 원하는 삶을 주어진 환경과 조건 속에서 실현시키는 데에 도움이 되는 효과적·전략적 수단들을 강구할 수 있는 능력을 말한다.
- 행위역량: 앞의 네 가지 기초역량들은 '행위역량'으로 수렴될 수 있어야 한다. 왜냐하면 역량은 행위, 즉 실천을 통하여 그 온전한 모습을 드러내며, 실천으로 옮길 수 없는 역량은 진정한 역량이 아니기 때문이다.

이러한 역량모형에 따른 교육은 교육의 전체 장면에서 체계적으로 구현되어야 하며, 특히 오늘날 교육의 중심이 되어 있는 교수·학습의 장면에서 각 역량들이 상호연관적으로 계발되어야 한다.

앞에서 언급했다시피 인성교육과 직접 관계되는 역량은 '자아역량'과 '사회적 역량'이라고 볼 수 있다. 그러나 전문적 역량이나 방법적 역량이 인성교육과 관련이 없지 않다는 것도 분명한 사실이다. 개인이 지니고 있는 역량들은 서로 연결되어 있어서 언제나 협력적·복합적으로 작용한다는 것이 역량론자들의 기본 시각이다. 그러나 우선은 논의를 단순화시키기 위해 다음에서는 자아역량과 사회적 역량에 초점을 맞추어 좀 더 구체적으로 살펴보기로 하겠다.

1) 자아역량

'자아역량'이란 개인이 자신을 잘 관찰하고 관리하며, 타고난 소질과 능력, 성격 등에 기초하여 자신의 삶의 세계 속에서 긍정적인 자아정체성을 형성할 수 있는 능력이라고 할 수 있다. '인성교육 5개년 종합계획'에서는 자아역량으로 '자기관리역량'과 '심미적·감성역량'을 들고 있다.

(1) 자기관리역량

전문가들은 초중등 단계에서는 정서적 조절능력의 함양이 중요함을 말하고 있다. 특히 사춘기가 시작되는 초등 고학년부터 중학생까지의 시기는 정서가 풍부하게 발달하여 감정이 민감하게 동요하기 쉽지만 아직 감정을 조절할 수 있는 능력을 갖추지 못하여 종종 타인들과 충돌하면서 혼란과 어려움을 겪게 된다. 그래서 이 시기의 아동·청소년들에게 인간의 다양한 감정 상태를 이해시키고 공감하며 조절할 수 있는 방법을 훈련시키는 사회정서학습(Social and Emotional Learning: SEL)이 각광을 받고 있다(자세한 내용은 제2부 제6장 '사회정서학습을 통한 인성교육' 참조). 사회정서학습에서는 특히 분노, 우울, 불안 등의 부정적인 감정을 다스리고 긍정적이고 적극적인 감정을 계발하는 것이 중심이 되고 있다.

그런데 이러한 정서조절은 지성(知性)의 도움이 없이는 불가능하다. 자신의 감정을 조절하기 위해서는 자신의 감정 상태를 스스로 관찰하고 판단할 수 있어야 한다. 나아가서, 우리는 자신의 내면에 매우 다양한 관념을 지니고 있는데, 이 관념들은 대부분 지성과 감성, 의지, 감각 등의 혼합물이다. 이러한 관념들의 안개 속에서 우리는 살아가고 있다. 달리 표현하면, 이러한 관념들이 부지불식간에 우리의 삶을 이끌어 가고 있는 것이다. 이러한 자신의 관념들을 돌아보고 그 속에 들어 있는 오류, 결여, 한계점 등을 알아채며, 이러한 인식에 따라 자신의 관념들을 보다 바람직한 방향으로 승화시키기 위해서도 지성의 역할이 또한 절대적이다. 이러한 지성은 감정, 의지, 감각, 신체 등으로부터 에너지를 얻고 자신의 의도를 현실화시킬 수 있는 수단을 얻는다. 이처럼 지성, 감정, 의지, 감각, 신체 등이 일정한 방향성을 가지고 상호연동적으로 협업을 할 수 있게 되었을 때 자기관리역량이 온전히 확립되었다고 할 수 있다.

(2) 심미적·감성역량

심미적·감성역량이란 사실 심미적 역량과 감성역량을 포함하는 표현이다. 그런데 인성교육의 관점에서 볼 때, 아동·청소년들이 감정을 조절하는 방법뿐만이 아니라, 인간의 삶을 보다 풍요롭게 할 수 있는 긍정적인 정서들과 심미적 정서들을 풍부하게 함양하는 것도 인성교육의 중요한 과제이다. 감정이 풍부한 사람일수록 많은 것을 느끼고 체험할 수 있다. 반면에 감정이 풍부하지 못한 사람의 삶은 무미건조한 삶일 수밖에 없으므로 삶의 질과 행복감을 증진시키기 위해서도 긍정적인 정서들을 풍부하게 함양하는 것은 매우 중요한 교육의 과제가 아닐 수 없다. 또한 분노, 우울, 불안과 같은 부정적인 정서가 습관화되면 건전한 인성의 발달에 해롭다는 점을 보더라도 긍정적인 정서 함양의 중요성은 크게 강조되어야 한다.

또한 아름다움을 느낄 수 있는 정서와 감각은 가치감각과 인접하며, 따라서 심미적(審美的) 역량을 발달시킴으로써 인간 삶의 가치라고 할 수 있는 인성 가치덕목에 대한 감수성도 높일 수 있다.[3] 미적 정서와 감각은 요컨대 수월하게 도덕적 의식과 연결될 수 있는 것이므로 인성 함양을 위한 심미적 역량의 계발은 인성교육의 또 다른 목표로 설정되고 있는 것이다. 이를 위해 특히 인문학교육과 예술교육, 창의적 체험활동 등이 도움이 될 것이다.

(3) 자아역량의 핵심으로서의 '자아정체성'과 '자기결정력'

자아역량은 궁극적으로 자아정체성(自我正體性, self-identity)의 확립으로 귀결된다. 자아정체성이란 요컨대 '자신이 처해 있는 현실 안에서 자신의 실재(實在)에 대해 갖는 이해 및 느낌'이라고 할 수 있으며, 이러한 자아정체성(또는 자아정체감)에 의하여 자신의 존재가 동일하게 지속되고 있다는 안정된 느낌을 갖게 된다. 그러나 실제로 자아정체성은 동일하게 지속될 수 없다. 왜냐하면 인간은 지속적으로 변화하는 사회 환경 속에서 살아가면서 내면적으로도 지속적인 변화를 겪기 때문이다. 그런데 내가 계속 변한다는 것

---

3) 미적 감각과 도덕적 감각의 친족성에 대해 언급한 사상가들로는 철학자 칸트(I. Kant)와 셸러(M. Scheler), 그리고 칸트의 영향을 받은 문호 쉴러(F. Schiller)를 들 수 있다. 교육학자로서는 헤르바르트(J. F. Herbart)가 대표적이다.

은 동일하게 지속되는 내가 없다는 것인데, 이러한 상태는 혼란과 불안감을 일으키므로 사람들은 저마다 지속성 있는 자아정체성을 확보하고자 노력하게 된다.

예를 한번 들어 보겠다. 초등학교를 졸업할 때까지는 좋은 교우관계를 유지하던 순지라는 여학생이 중학교 생활이 시작되고 얼마 후부터 또래들에게 따돌림을 받기 시작한 경우를 한번 생각해 보자. 처음에는 '○○와 ○○가 나를 싫어하는 것이 기분 상하지만 나를 좋아해 주는 다른 친구들이 있어. 모든 사람의 사랑을 받기는 어려운 거니까 너무 기분 나빠 하지 말자.'고 생각하면서[4] 자신의 감정을 다독일 것이다. 이렇게 하여 자아정체성을 이전처럼 유지하려고 노력하지만 완전히 동일하게 유지되기 어렵다는 것은 자명(自明)하다. 그 후에 점점 더 많은 아이의 냉대를 받게 되고 나중에는 단짝 친구마저 자신을 소원(疏遠)하게 대하는 지경에 이르면 이전의 자아정체성을 유지하는 것은 더욱 어려워진다. 원망, 분노, 두려움, 외로움, 절망감 등의 감정이 점점 더 강해져서 이러한 감정들을 이성(理性, 논리적 사고력)을 통해 지배하는 것은 불가능해질 것이고, 반대로 이러한 감정들이 자아를 지배하게 될 것이다. 이러한 상황이 지속되면 순지의 성격이나 생활태도가 변화하리라는 것은 의심할 여지가 없다. 이러한 극단적인 상황이 아니더라도, 변화하는 삶의 상황 속에서 자아정체성을 항상 '긍정적으로', 즉 '바람직하게' 유지하기란 쉬운 일이 아니다. 그런데 이러한 어려움의 보다 근본적인 원인은 '자아' 자체가 무엇인지 규정하기가 어렵다는 데에 있다.

'자아란 무엇인가?'라는 물음은 동서고금을 막론하고 수없이 많은 사람을 고민하게 한 의문이었으며, 종교와 철학, 심리학의 핵심적인 주제가 되어 왔고, 현재에도 그렇다. 자아에 대한 물음은 자아의 바탕이라고 할 수 있는 인간 존재에 대한 물음과 연관되어 있으므로 결국 '인간이란 무엇인가?', 그리고 지금-여기에 실존하고 있는 '나는 누구인가?'라는 질문으로 나아가게 되

---

4) 생각은 이성(理性)의 활동, 즉 논리적 사고력의 활동이라고 간주하기로 한다.

어 있다. 이 책에서 이러한 중대한 주제에 대한 답을 제시하려는 과욕을 부리고자 하지는 않는다. 다만 여기에서 언급되어야 할 것은, 인성교육의 담당자가 되기 위해서는 이러한 의문을 마음속에 품고 계속해서 물어 가는 것이 필요하다는 것이다. 그 이유를 좀 설명해 보겠다.

자아에 대한 수많은 교설(教說)과 연구 결과에도 불구하고 우리들에게 자아가 무엇인지는 여전히 불분명한 상태로 남아 있다. 서구의 합리주의적 전통에서는 자아의 핵심을 이성과 의지를 주요 요소로 하는 정신(Geist)으로 보고[5] 기독교적 관점에서는 신성(神性)을 닮은 영혼(Seele)을 자아의 근본 바탕으로 간주해 왔다. 그런데 19세기 말 이후 니체(Nietzsche)와 프로이트(Freud), 융(Jung)과 같은 사상가들에 의하여 이성과 의지가 속하는 의식 영역의 배후에 방대한 무의식(無意識)의 영역이 존재한다는 것이 설득력 있게 주장되면서 합리주의적 자아관, 인간관은 크게 흔들리게 되었다. 더 나아가 현대과학(생물학, 의학, 뇌과학 등)에서는 이 자아(의식)를 단지 중추신경계에 존재하는 전기적 정보와 신호작용으로 보고 있다. 이러한 과학적 자아관은 〈매트릭스〉나 〈트랜센던스〉 등과 같은 SF영화에서 실감 나게 제시되고 있으며, 수많은 유사 주제의 영화들을 통해서 인간과 유사한 자아의식을 지닌 기계들의 출현에 대한 우려를 불러일으키고 있다. 머지않은 장래에 인공지능이 고도로 발달하여 창의적 판단력은 물론 감정과 감각까지도 지니게 될 것이며, 이러한 기계들과 인간이 함께 일하고 생활하는 세상이 올 것이라고 미래학자들은 이구동성으로 말하고 있다. 또한 유전자 복제기술, 인공장기기술 및 인체재생기술 등의 발달로 기계와 결합된 인체를 지닌 사람들(사이보그)과 복제인간이 인간사회에 많아진다면 인성(人性)의 문제는 완전히 새로운 양상을 띠게 될 것이다.

요컨대, 수천 년 이상 계속되어 온 자아관에 대한 논쟁이 여전히 현재진행형이라는 것은 오늘날에도 우리가 자신이 어떤 존재인지를 잘 모르고 있다는 사실을 방증(傍證)하고 있다. 그러나 '대가들도 잘 모르는 것을 나 같은 소

---

5) 철학적 인간학의 창시자인 셸러는 직관과 사랑, 환희, 경외, 후회 등과 같은 고차원적 정서도 정신에 포함되어야 한다고 보았다(Scheler/진교훈 역, 2001: 63).

시민(小市民)이 어찌 알겠는가' 하고 덮어 둘 문제는 아니다. 왜냐하면 '나는 누구인가?' 하는 물음은 '나는 어떻게 살 것인가?' 하는 물음과 직결되어 있기 때문이다. 내가 누구인지를 알아야 인간이 무엇인지를 알고, 내가 어떻게 살아야 하는지를 알아야 아동·청소년들을 올바른 삶의 길로 이끌어 줄 수 있는 것이다. 따라서 '나는 누구인가?' '나는 어떻게 살 것인가?' 하는 물음은 다름 아닌 인성교육의 핵심적인 문제의식이다.[6] 이 물음들에 대한 최종적 답을 찾기가 어렵기 때문에 계속 묻고 탐구해 가야 하는 것이다. 인간은 물음을 통하여 지속적으로 새로운 경험과 통찰을 하면서 시야가 넓어지고 정신이 개방되어 가는 존재이며,[7] 이를 통해 새로운 삶의 가능성이 열리면서 개인과 인류가 진화해 가는 것이다. 그런데 만일 교육자가 물음을 포기하고 기존의 어떤 입장에 그대로 머물러 버린다면[이를 우리는 타성(惰性)에 젖는다고 말한다] 그의 시야는 거기에 국한이 되어 버린다. 이러한 교육자는 아동·청소년들이 시야를 넓히고 정신을 개방해 나가도록 도와주기보다는 오히려 장애를 초래할 가능성이 크다.

　그러면 이제 다시 우리의 실제 삶에서 요구되는 '자아역량'에 대한 논의로 돌아가기로 하겠다. 현대사회에서 가장 필요하지만 결여되어 있는 자아역량이 무엇일까? 우리의 아동·청소년들이 살아갈 미래시대에는 현 사회가 보여 주고 있는 정보화·다원화 현상이 더욱 심화되면서 변동성과 불안정성이 더욱 커질 것이다. 이러한 시대적 추세 속에서 개인들의 삶을 책임지는 사회적·국가적 시스템을 설계하고 유지하기란 더욱더 어려워질 것이며, 따라서 개인의 입장에서 볼 때 더 이상 정해진 매뉴얼대로만 살아갈 수 없는 시대임이 분명하다. 그러므로 규범과 지시, 매뉴얼을 잘 따르는 이른바 '착한 아이들'을 만들려고 하는 교육적 시도는 이러한 정보화·다원화 시대에는 더 이

---

6) 이러한 문제의식은 대중문화 속에서도 곳곳에서 찾아볼 수 있다. '봄여름가을겨울'의 노래 〈어떤 이의 꿈〉에도 이러한 문제의식이 절실하게 표출되고 있다.
7) 막스 셸러는 말하기를, "인간이 된다는 것은 정신의 힘에 의하여 세계개방성으로 고양된다는 것"이라고 하였다(Scheler/진교훈 역, 2001: 67).

상 적합한 모델이 되기 어렵다. 이러한 사회 속에서 개인들이 자기를 보존하기 위해서는 당사자의 자주적·자기책임적인 판단과 선택이 매우 중요해진다. 이러한 상황은 2014년에 일어났던 '세월호 참사'에서도 분명하게 드러났다. 배가 기울고 있는데도 배에 있던 고등학생들 대부분은 '제자리에 가만히 있으라'는 방송 지시만 '충실히' 따름으로써 참사의 희생자들이 되고 말았다. 한국 교육이 그 아이들에게 어느 정도 이상의 성숙한 판단력을 길러 주었더라면 그들은 배가 기울기 시작할 때 당연히 배를 탈출해야 한다고 판단하고 행동했을 것이다.

화제를 좀 바꾸어 보겠다. 『희망의 인문학(Riches for the Poor: The Clemente Course in the Humanities)』이라는 책의 저자로 우리나라에도 알려진 얼 쇼리스(Earl Shorris, 1936~2012)라는 미국의 진보적 지식인이 있었다. 그는 평생토록 가난한 사람들이 가난에서 벗어날 수 있는 방법에 대해 고민하고 행동했던, 마음이 따뜻한 사람이었다. 그런데 뜻밖에도 그가 내린 결론은 빈민들에게 인문학을 공부하도록 해야 빈곤에서 벗어날 수 있다는 것이었다. 이러한 그의 통찰은 교도소에 수감 중인 한 젊은 여성과의 대화를 통해서 우연히 얻어졌다. 그 여성과 대화하면서 쇼리스는 평소의 관심사에 대해 "가난한 사람이 가난한 이유는 무엇일까?"라고 말을 꺼냈다. 이 말을 들은 그 여성은 "시내 중심가의 정신적인 삶을 배우지 못해서 그렇다."라고 대답했다고 한다. 쇼리스는 '시내 중심가의 정신적인 삶'이란 무엇을 말하는가를 혼자서 숙고하다가 결국 정신적 삶의 핵심은 '성찰적(省察的) 사고'이며, 이것을 가능하게 하는 것이 인문학(人文學)이라는 결론에 도달했다. 성찰적 사고를 할 수 있는 사람은 '자발적 결정'을 할 수 있는 능력을 갖게 되며, 이를 통해 그는 '정치적 삶'을 살 수 있게 된다고 쇼리스는 설명한다. 정치란 '사회적 재화(財貨)의 분배를 결정하는 행위'이니 이러한 결정에 주체적으로 참여하는 것이 정치적 삶이라는 말이 된다. 요컨대, 성찰적 사고를 할 수 있는 사람은 사회적 결정 과정에 주도적으로 참여할 수 있게 되니 빈곤에서 벗어날 가능성이 커지게 된다는 말이다.

다소 주제에서 벗어난 것 같은 이야기를 한 것은 성찰적 사고에 근거해서 자발적 결정을 할 수 있는 능력이 있어야 주류사회에 들어갈 수 있다는 쇼리스의 이야기가 다름 아닌 자아역량을 말해 주는 것이기 때문이다. 자기결정력이야말로 자아역량의 핵심이다. 자신의 삶과 직간접적으로 관련되는 사안에 대해서 스스로 판단하고 그 판단에 따라 행동할 수 있는 능력이야말로 가장 중요한 자아역량이 아닐까?

이상의 논의를 요약해 보겠다. 진정으로 성숙한 인간이라면 자신을 스스로 잘 관찰할 수 있어야 하며(자아성찰), 이러한 자아성찰에 근거하여 자신을 잘 관리할 수 있고 자기 삶을 잘 이끌어 나갈 수 있어야 한다. 이것이 온전한 의미에서의 '자아역량'일 것이다. 그런데 이러한 자아역량은 순수하게 지적(知的)인 요소만으로 구성될 수 없다. 어떤 판단을 실천으로 옮기기 위해서는 감정과 의지라는 에너지와 추진력이 함께 움직여야 한다. 나아가 현실세계에서 어떤 의도를 실천하기 위해서는 세련된 감각과 신체적 능력이 뒤따라야 한다. 이렇게 볼 때, 가장 넓은 의미에서 자아역량이란 개인이 지닌 지적(知的)·정의적(情意的) 능력뿐만 아니라 그의 전체 삶의 과정을 통해서 얻어진 체험과 신념, 통찰 그리고 감각과 신체적 능력이 결합된 개인의 전체적 능력이라고 할 수 있을 것이다.

2) 사회적 역량

사회적 역량이란 개인이 타인들과 원활한 관계를 맺을 수 있는 능력, 즉 다른 사람들과 소통하고, 공감하고, 설득하고, 협력하며, 때로는 대결하고, 극복할 수 있는 능력들을 말한다. '인성교육 5개년 종합계획'에서는 사회적 역량으로서 의사소통역량, 갈등관리역량, 공동체역량을 들고 있다.

(1) 의사소통역량

의사소통역량은 긴 설명을 필요로 하지 않는다. 의사소통은 언어를 통해 주로 이루어지지만 비언어적인 부분도 존재한다. 언어적 의사소통은 기본적으로 읽고 쓰고 말하는 것을 통해 이루어지지만, 대화 상대에게 자신의 의도를 명료하게 표현하기, 상대방의 관점 또는 의중을 이해하고 공유하기, 타당한 근거에 따라 판단하고 결정하기, 상대방의 입장을 존중하고 배려하기 등 의사소통의 폭과 질을 결정하는 여러 가지 요소가 존재한다. 원활한 의사소통을 위해서는 대화 당사자들의 태도 또한 중요하다. 같은 말을 하더라도 발화자가 우호적, 개방적, 수평적이고 솔직한 태도를 취하느냐 그렇지 않느냐에 따라 의사소통의 성패가 좌우된다는 것은 일상적으로 확인되는 사실이다. 이러한 측면이 의사소통의 비언어적 측면이다. 따라서 원활한 의사소통을 위해서도 대화 당사자들의 내적(內的) 태도, 즉 인성(人性)이 중요하다고 말할 수 있다.

(2) 갈등관리역량

갈등을 효과적으로 관리하는 기본 전제는 인간사회 안에서 발생하는 갈등을 부정적 요소가 아닌 자연스러운 현상으로 보아야 한다는 것이다. 어떤 사안에 대해서 서로 간에 입장과 관점, 이해관계가 다르면 갈등이 발생하는 것이므로, 갈등을 자연스러운 현상으로 본다는 것은 상대방을 인정하는 것이며 다름에 대해 관용적 태도를 취하는 것이다. 갈등을 효과적·합리적으로 해결할 수 있는 대화, 토론을 통한 타협, 협상, 합의 등을 도출하는 훈련은 민주사회의 구성원으로 살아가기 위해 매우 중요하다.

(3) 공동체역량

공동체역량은 앞에서 제시된 의사소통역량, 갈등관리역량을 포함하는 좀 더 종합적인 역량이라고 볼 수 있다. 공동체역량으로서 특히 중요한 하위 요소로는 민주시민 역량 또는 글로벌시민 역량, 다문화역량이 있다. 민주시민

역량은 기본적으로 민주주의를 정치원리로뿐만 아니라 생활원리로 받아들이는 것을 기본 전제로 한다. 가정과 학교에서부터 구성원들의 의견과 권리가 존중되며 민주적인 의사결정에 따라 크고 작은 일들이 결정되어야 한다. 가정과 학교가 민주주의 교육의 산실이 되지 않으면 아동 · 청소년이 민주시민으로 양성되기는 어렵다. 또한 민주사회는 시민적 참여의식을 통해서 유지 · 발전되는 것이므로 자신의 삶의 현장에서 정치적 입장을 견지하고 표명하며 실현시키기 위해 행동하는 사람이어야 민주시민이라고 일컬을 수 있다. 나아가서 교통과 통신의 혁명, 자본과 노동시장의 개방 등으로 세계인들이 섞이고 활발히 교류하는 지구촌시대가 고도화되고 있으므로 타 문화를 이해하고 글로벌 에티켓을 습득하는 것 또한 필요해지고 있다. 아울러, 다양한 문화권에서 이주해 오는 다문화인들을 이해하고 포용하는 다문화역량도 중요한 인성역량이 아닐 수 없다.

📁 참고문헌

강선보, 박의수, 김귀성, 송순재, 정윤경, 김영래, 고미숙(2008). 21세기 인성교육의 방향설정을 위한 이론적 기초 연구. 교육문제연구 제30집, 1-38.

교육과학기술부(2012). 학교폭력 실태조사에 따른 후속 업무처리 매뉴얼(배표용 자료). http://www.moe.go.kr/web/60879/ko/board/view.do?bnsId=291&boardSeq=28751

교육부(2016). 인성교육 5개년 종합계획(2016~2020).

소경희(2007). 학교교육의 맥락에서 본 '역량(competency)'의 의미와 교육과정적 함의. 교육과정연구 제25집, 제3권, 1-21.

Lehmann, Gabriele/Nieke, Wolfgang (2000). Zum Kompetenzmodelle [메클렌부르크-포어포머른 주정부(州政府) 교육서버 문서]. http://bildungsserver-mv.de/download/material/text-lehmann-nieke.pdf

Merrell, K. W. (2007). *Strong kids: Social & emotional learning curriculum*. 김영래 역(2014). 강한 아이-중학생용-. 경기: 교육과학사.

Merrell, K. W., & Gueldner, B. A. (2010). *Social and emotional learning in the classroom: Promoting mental health and academic success*. 신현숙 역(2012). 사회정서학습: 정신건강과 학업적 성공의 증진. 경기: 교육과학사.

Rychen, D. S., & Salganik, L. H. (2001). *Defining and selecting key competencies*. Seattle/Toronto/Bern/Göttingen.

Scheler, M. (1991). *Die Stellung des Menschen im Kosmos*. Bonn: Bouvier. 진교훈 역(2001). 우주에서 인간의 지위. 서울: 아카넷.

Schott, F., & Ghanbari, S. A. (2012). *Bildungsstandards, Kompetenzdiagnostik und kompetenzorientierter Unterricht zur Qualitätssicherung des Bildungswesens. Eine problemorientierte Einführung in die theoretischen Grundlagen*. Münster/New York/München/Berlin: Waxmann.

Shorris, E. (2000). *Riches for the poor: The Clemente course in the humanities*. W. W. Norton & Company. 고병헌, 이병곤, 임정아 공역(2010). 희망의 인문학. 서울: 이매진.

제3장
인성교육을 위한 교사의 역량과 자질

1. 인성교육 활성화를 위한 교사의 인성교육

교육이란 본디 사람됨을 목적으로 한다. '사람됨'을 무엇으로 볼 것인가는 많은 논의를 필요로 하지만, 그것은 '바람직한'이라는 가치지향성을 전제한다. 따라서 가치와 관련된 '도덕성'이 사람됨을 판단하는 주요 특성이자 준거로 간주된다. 또한 여타 생물과 다른 인간의 고유한 기능을 무엇으로 볼 것이냐에 대해서는 고대 그리스 이후 '지성(이성)'이라는 것이 일반적이다. 이런 점에서 '지성'과 '도덕성'은 사람됨의 양대 특성이자 핵심적인 교육 목적으로 자리 잡아 왔다. 미국에서 통합적 인격교육론을 이끄는 리코나(Lickona/박장호, 추병완 공역, 1998: 16)는 교육의 위대한 목적 두 가지를 '지적으로 뛰어나게(smart) 하는 것'과 '도덕적으로 선하게(good) 하는 것'이라고 하였으며, 지성과 도덕성이 교육 목적의 양대 산맥임을 확인하였다. 사람됨을 기르는 것이 교육인 점에서 모든 교육은 인성교육이다. 인성교육은 유행처럼 갑자기 등장한 새로운 교육이라기보다는 본질적인 핵심을 다루어 온 교육이다. 그럼에도 불구하고 '인성'이라는 용어를 부가해 강조하는 것은 오늘날 교육이 사람됨의 교육에서 한참 멀리 벗어나 있기 때문일 것이다. 다시 말해, 인성교육은 사람됨의 교육이요, 사람됨의 핵심은 지성과 도덕성으로 요약할 수 있다.

이러한 인성교육을 위해 교육을 하는 교사가 인성을 갖추어야 함은 두말할 필요가 없다. 인성교육의 양대 산맥으로 지성과 도덕성을 꼽았듯이, 교사의 사람됨 역시 교사의 지성과 도덕성으로 귀결된다. 그런데 오늘날 교사교육에 관한 많은 연구는 대부분 주로 교사전문성 함양과 관련되어 있고, 이때 '전문성'은 주로 교사의 사람됨의 의미는 빠진 채, 교사의 수업기술에 초점이 맞추어지는 경향이 두드러진다. 따라서 교사의 전공 교과지식에 대한 관심만큼 교사의 인성 발달에 관심을 갖고 교사의 사람됨을 위한 교사교육에 관한 논의는 드물었다.

이 장은 학교 인성교육 활성화를 위해 교사의 인성이 핵심이라는 가정에서 출발하여 교사의 인성교육에 관해 탐색할 것이다.

2. 가르침과 교사의 인성[1]

오늘날 가르침(teaching)은 가치 있는 활동이 아니라 다른 무엇을 위한 수단이라는 생각이 널리 퍼져 있다. 이에 따르면, 교직도 수단적 직업에 불과하다. 물론 교직도 생계수단으로서 직업적 측면이 있다. 그러나 가르침은 궁극적으로 사람다운 사람을 기르는 것을 목적으로 한다는 점에서 가치 있는 활동이자 가치 관련 직업으로서 특수성을 갖는다. 따라서 교직의 이러한 특수성이 고려되어야 하고, 바로 이러한 특수성은 교사의 사람됨과 긴밀하게 관련된다.

가르침과 교육에서 교사-학생 간 관계는 중요하다. '만남'의 교육적 계기

---

1) 이 부분은 정윤경(2015)의 「인성교육 활성화를 위한 교사의 인성교육」 내용 일부를 이 장의 의도에 맞게 수정·보완하였다.

에 주목하는 실존철학적 교육관 역시 교사-학생 간 관계 형성의 중요성을 역설한다. 물론 학교교육의 모든 가르침에서 교사-학생 간 인격적 관계가 이루어지는 것은 아니다. 하지만 교사-학생 상호 간 인격적 관계에 의해 교육이 가장 잘 실현될 수 있기에 이러한 관계 형성을 바탕에 두고 가르침이 일어나야 한다는 것이다. 한 연구(현주 외, 2013)에 따르면, 학교 인성교육의 핵심은 우수한 인성교육 프로그램이라기보다는 교사와 학생 간의 인격적 관계를 통한 상호작용이라고 한다. 또 학교에서 인성교육이 제대로 이루어지지 않는 것에 대해 학부모들이 '학교 규모가 크고 학생 수가 많아서'에 가장 많은 응답을 하는 것으로 나타났다. 이런 연구 결과는 교육에서 교사-학생 간 상호작용의 중요성을 말해 준다. 나딩스(Noddings, 2003: 248)도 교사-학생 간 관계의 중요성을 역설한다. 나딩스는 가르침에 있어서 가장 근본적인 것이 타자에 대한 관심이라고 보고, 따라서 가르침을 '관계적 실천(relational practice)'이라고 한다. 가르침을 교사-학생 상호 간의 관계에 기초한 관계적 실천으로 보면, 가르침에서 교사 존재 자체의 사람됨, 즉 교사의 인성은 가르침과 교육에서 핵심 요소임을 알 수 있다.

관계적 실천을 위해 교사는 무엇을 갖추어야 할까? 교사가 갖추어야 할 전문성의 개념과 특성 그리고 전문성의 요소에 대해서는 매우 다양한 입장이 있다. 김이경 등(2004)은 교사전문성을 개인 차원, 조직 차원, 사회 차원으로 분류하고, 조동섭(2005)은 지식 기반 전문성, 신념 기반 전문성, 능력 기반 전문성으로 분류한다. 정혜영(2002)도 교사전문성을 사실 관련적 전문성, 인격 관련적 전문성, 사회 관련적 전문성으로 대별하는데, 좁은 의미의 교사전문성은 사실 관련적 전문성만 강조한다고 말한다. 이와 같이 교사전문성에 대한 논의가 다양한 것은 교사 역할의 다양성과 역동성에서 비롯된 것이다. 교사전문성에 관한 다양한 논의를 대별해 보면, 교사가 갖추어야 할 지식과 기술 영역과, 교사의 인성과 직접 관련된 교사의 존재 자체 영역으로 대별해 볼 수 있다. 가르침의 특성에 비추어 볼 때, 교사에게 요구되는 지식과 기술 그리고 교사의 존재 자체의 사람됨은 교사전문성의 핵심 영역이라고 할 수 있다.

반 마넨(Van Manen/정광순, 김선영 공역, 2012: 104)이 "당신이 가르치는 것은 바로 당신"이라고 말한 것은 가르침의 활동이 교과 내용만의 문제가 아니라 교사 존재 방식의 문제임을 강조한다. 나딩스(2003: 244)는 가르침에서 교사의 인간으로서 특성과 역할이 중요함을 역설한다. 학생들은 가르침에서 합리성만 중시하는 게 아니라, 교사가 자신을 사람으로서 배려해 주기 원하고 자신의 말을 들어 주기 원하며 감응해 주기를 원한다. 즉, 학생에게는 교사가 교과 내용을 잘 가르치는지만 중요한 것이 아니라, 자신을 좋아하는지 아닌지가 중요하다. 이런 점에서 그녀는 가르침에서 인간으로서 교사의 역할이 그 무엇보다 중요하다고 본다. 의사는 수술과정에서 전문적 기술을 행하면서 자신의 개인적 인격과 인성을 별로 드러내지 않는 것에 비해, 교사는 가르침에서 자신의 자아 전체를 드러내게 되기 때문이다. 즉, 교사는 교과를 가르치면서 자신의 전 인격을 드러낼 수밖에 없다.

이런 점에서 볼 때, 잘 가르친다는 것은 교과 내용에 대한 숙달의 문제가 아니다. 학생은 교사의 도덕적 품성과 사람됨을 배울 뿐만 아니라, 학생이 학습하는 모든 교과 내용은 교사가 그것을 재구성하고 해석함으로써 분명해진다. 이런 점에서 학생은 교사를 배우는 것이라고 할 수 있다.

현재 교사교육의 내용은 교사전문성 중 교사가 갖추어야 할 지식과 기술 부문에 역점을 두고 있다. 오늘날 교사의 가르침이 교과를 가르치는 '능력(competence)'의 관점에서 주로 논의되고, 교사의 전문성 역시 가르치는 방법에 국한하는 경향이 대세이다. 이러한 경향에 대해 한명희(1997)는 현재 이루어지고 있는 교사교육은 지식과 기술 중심의 교사전문성만 강조한다고 비판한다. 즉, 지식과 기술에 초점을 둔 좁은 의미의 사실 관련적 전문성에만 초점을 두고 있는 셈이다. 그러나 교사의 가르침은 실증적으로 평가할 수 있는 것에 한정되지 않는다. 가르침은 궁극적으로 단기간에 평가할 수 없는 '사람됨의 형성'이라는 목표를 위한 것이다. 따라서 허병기(1994)는 교직이 복잡하고 신비하며 탁월한 개별적 고유성과 자기성장력을 지닌 존재를 변화시키는 일이라는 점에서 범상치 않은 직업임을 강조한다.

　요컨대, 훌륭한 사람됨의 형성을 목적으로 하는 가르침의 본질과 특성에 비추어 볼 때, 교사에게 요구되는 전문성은 현재 강조되는 지식과 기술 측면을 넘어 교사의 인성 측면을 다시 강조할 필요가 있다. 교사의 인성보다는 전문적 지식과 기술이 강조되는 현상은 세계적 추세인 것 같다. 그러나 시대가 변화했다고 가르침의 의미와 특성이 달라질 수 있는 것은 아니다. 교사 존재의 사람됨은 가르침의 과정에서 핵심 요소이다. 교사에게 전문적 지식과 기술이 필요 없다는 것이 아니다. 교사가 갖추어야 할 전문성이 교사의 인성이냐 교사의 전문적 지식이냐는 양자택일의 문제가 아니다.

3. 지식교육과 인성교육은 별개의 교육인가

　'지식교육만 하고 인성교육은 없는 교육'. 이것은 학교교육 비판의 단골메뉴이다. 이러한 비판은 지식교육과 인성교육이 별개의 다른 실체임을 논리적으로 가정한다. 하지만 교육이 궁극적으로 사람됨을 위한 것인 점에서 모든 교육은 인성교육이고, 교육의 내용이 주로 지식의 형태를 띠는 점에서 교육은 곧 지식교육이다. 동서양을 막론하고 교육의 목적으로 조화로운 인간의 발달과 훌륭한 사람됨을 목적으로 추구하지 않은 적이 없었고, 또 그러한 목적에 이르기 위한 주된 교육내용이 지식의 형식을 띤 점에서 지식교육과 인성교육은 별개일 수 없다. 한국 교육은 전통사회에서는 유교 전통에 기초하여 자기수양을 핵심으로 사람됨의 교육을 중시했고, 해방 이후 오늘날까지 한국 교육 이념인 '홍익인간' 역시 궁극적으로 사람다운 사람의 교육을 추구한다. 즉, 한국 교육은 한 번도 인성교육을 강조하지 않은 적이 없다. 하지만 오늘날 학교교육이 훌륭한 사람됨을 길러 내는 데 성공했다고 보는 사람은 거의 없다. 무엇이 잘못된 것일까?

　인성교육과 지식교육이 별개가 아니고 서로 관련된 것이기 때문에 오늘날 교육의 문제는 지식교육의 문제이자 인성교육의 문제라고 할 수 있다. 지식교육과 인성교육의 문제점을 대별해 보면, '지식 자체의 문제'와 '지식 적용의 문제'로 나눠 볼 수 있다. 첫째, 지식 자체의 문제점은 한마디로 학교에서 가르치는 교육내용인 지식의 협소함을 들 수 있다. 즉, 전통적으로 학교에서 가르쳐 온 지식이 주로 이성 능력이나 추상적 사고 함양을 위한 것으로 이루어져 학생들의 다층적 삶과 통합적인 인성 발달에 관련되는 데 한계가 있다는 점이다. 둘째, 지식 적용의 문제점은 지식이 학습자에게 체화되고 내면화되어 학습자의 인성 발달로 이어지지 못하는 것을 말한다. 다시 말해, 지식이 무기력한 관념과 정보 수준에 머무를 뿐, 학습자의 삶으로 체화되지 못했다는 것이다. 지식 자체의 편협함은 지식과 지성의 의미 확충을 모색함으로써, 지식 적용의 문제점은 지식(앎)이 삶으로 체화될 수 있는 가르침을 탐색함으로써 해결할 수 있을 것이다.

1) 감정의 복원과 지성 의미의 확장

동서양을 막론하고 교육의 주된 전통은 합리주의에 기초한다. 합리주의는 덕 있는 사람이 되는 것이 지식을 가르치고 배움으로써 가능하다고 가정한다. 소크라테스(Socrates), 플라톤(Plato), 아리스토텔레스(Aristotle)로 이어지는 합리주의 전통은 현대교육철학자 피터스(Peters)나 허스트(Hirst)에게도 계승된다.

이러한 합리주의 전통의 문제점은 이성 이외의 인간의 다른 능력에 대한 평가를 제대로 하지 못했다는 점이다(Prior/오지은 역, 2010). 합리주의에 기초한 교육 문화 역시 인간의 다양한 능력보다는 주로 이성 능력의 발달을 강조하고 감정과 의지 실천의 문제를 간과해 온 것이 사실이다.

합리주의가 '이성'만 중시한 것을 비판하고 '감정'의 역할과 가치에 새롭게 주목하면서 이성 중시 풍조에 변화가 일어나고 있다. 이성과 감정을 대립된 것으로 보고 그중 이성을 중시하기 시작한 것은 고대 플라톤까지 거슬러 올

라간다. 플라톤은 인간의 영혼을 이성적 부분과 비이성적 부분으로 나누고, 비이성적 부분이 이성적 부분의 지배 아래 놓여야 함을 주장하였다. 비이성적 부분에는 감정과 의지가 포함된다. 이후 감정은 비합리적인 것으로 지식, 지성의 적으로까지 여겨졌다. 그러나 20세기에 들어서 감정은 복권의 시기를 맞게 된다. 감정과 관련된 과학이론과 응용기술의 문제를 다루는 '감성과학'이 생겨났고, 이성과 감성의 관련성과 통합에 대한 연구도 이루어지기 시작했다. 최근 30년간의 신경학, 사회학, 심리학 등 인문·사회과학 분야에서 감정과 정서에 주목하는 현상은 이러한 관점을 바꾸어 놓았다.

　인문·사회과학에서 감정과 감정상태를 이론적으로 다루는 새로운 흐름도 생겨난다. 이 현상을 '감정적/정동적 전환(affective turn)'이라고 부른다(황희숙, 2013: 278). 감정이 인간 존재에 중요한 위치를 차지함을 인정하고 본격적으로 감정의 역할과 가치를 평가하기 시작한 것이다. 감정과 정서의 혁명적 전회에 영향을 준 요인으로는, 첫째, 진화심리학자들이 감정의 인지적 측면에 주목하고 논의하기 시작한 것, 둘째, 뇌를 연구하는 신경과학자들이 감정의 역할을 밝힌 것, 셋째, 후기구조주의와 포스트모더니즘의 유행도 이성 중심의 모더니즘 철학에 대한 반성과 비판을 하면서 감정의 역할에 주목한 것 등을 들 수 있다(황희숙, 2013). 예컨대, 뇌의학자 다마지오(Damasio/김린 역, 1999: 53)는 『데카르트의 오류(Descartes' Error)』에서 감정의 결핍이나 감소가 인간의 잘못된 판단과 행위를 야기함을 보여 준다. 포스트모더니즘 계열 철학자 로티(Rorty/"인권, 이성, 감성" 민주주의법학연구회 역, 2000: 150-158)는 전통적으로 도덕성의 근거로 추정되어 온 이성, 즉 합리적 판단이나 도덕적 지식의 증가가 우리로 하여금 인권문화를 출현시키거나 올바른 행동을 지향하게 하기에 충분치 않다고 정초주의를 비판한다. 로티는 칸트(Kant)가 말한 도덕적 의무라는 사고를 극복하려면, '인간이 다른 동물과 어떻게 다른가?'라는 질문에 대해서 '동물은 느끼는 데 그치지만, 인간은 인식할 줄 안다.'고 답하기를 멈추어야 한다고 말한다. 그 대신 '인간은 다른 동물보다 훨씬 더 많이 서로에 대하여 느낄 수 있다.'고 답해야 한다는 것이다. 이것은 로티가 인권문제의 기초로 이성에 호소하는 정초주의가 환상에 불과하다고 비판하면서, 감정에 호소하고 감정교육을 진전시킴으로써 인권문화의 발전을 기대할 수 있다고 보는 입장을 나타낸다. 감정의 영어 emotion의 어원을 분석하면 'e(바깥)+motion(움직임)'으로 나누어 볼 수 있다. 즉, 움직임이 밖으로 드러나게 한다는 뜻이다. 이것은 실제로 행위하고 실천하게 하는 데 감정의 역할이 중요함을 시사한다.

이와 같이 이성에 밀려 있던 감정능력의 회복과 함께, 합리주의자들이 가정한 객관적 지식 이외의 다양한 지식관이 부상하고 있다. 예컨대, 앎 자체를 정적으로 이해하지 않고 활동적이며 관계적인 것으로 이해하는 페미니즘 관점의 지식관은 합리주의 전통의 주류 인식론을 비판한다. 합리주의가 앎과 행함을 이분법적으로 바라보고, 행함에 앞서 앎이 일어난다고 하는 앎의 선행성을 비판한다.

또한 홀리즘(holism)적 세계관은 앎과 행함, 이론과 실제, 이성과 감성 간의 이분법적 분리가 아니라 연속성을 강조한다. 홀리즘에 기초한 홀리스틱 교육(holistic education)은 인간의 학습이 이성을 주된 활동으로 보는 마음을 통해서 이루어지는 것이 아니라, 감정·관심·상상력·몸을 통해서도 이루어진다고 주장한다(Miller, 2001: 219).

2) 가르침의 두 차원: 내면화를 위한 가르침

지식 적용의 문제점 해결을 위해 지식이 정보 전달 수준에 그치지 않고 내면화되고 체화되어 학습자의 사람됨으로 이어질 수 있는 가르침이 요청된다.

오크쇼트(Oakeshott)는 "가르치는 일이 '지식의 전달'인가, '학습자의 인격 발달'인가?"라고 묻고, 가르침의 의미를 탐구한다. 오크쇼트(1967: 170-171)에 의하면 가르치는 일은 '지식의 전달(instructing)'과 '판단의 전수(imparting)'라는 두 측면을 포함한다. '전달'은 말 그대로 가르치는 내용을 직접 학생에게 알려 주는 것이고, '전수'는 가르침이 이루어지는 중에 학생에게 가치판단 및 안목 등이 간접적으로 생기는 것을 말한다. 오크쇼트에 의하면 가르침(teaching)은 교과 내용의 전달과 교과의 판단적 측면의 전수가 함께 일어난다.

> 그런데 판단은 별도로 가르쳐질 수 없다. 그것은 학교 시간표나 교육과정에 별도로 자리를 차지할 수 없다. 그것은 명시적인 규칙이나 지침에 의하여 표면적인 형태로 전수될 수 없다. …… 그것은 교수가 일어나는 곳이면 어디서든지 교수되는 것이다. 교사의 어조라든가 몸짓을 통해서, 슬쩍 한마디 하는 여담이나 간접적인 언급을 통해서, 그리고 교사가 몸소 보여 주는 규범을 통해서, 표면에 드러나지 않게 은밀히 학생에게 부식된다(Oakeshott, 1967: 173).

오크쇼트에 의하면 교육내용은 단순히 정보 차원을 넘어 '인격화된 정보'라고 할 수 있다. 전달과 전수가 통합되어 일어나는 것이 가르치는 활동이기 때문이다. 물론 모든 교사가 정보 전달과 판단의 전수가 통합된 가르침을 항상 행하는 것은 아니다. 정보 전달에 그치는 수업은 얼마든지 있다. 무기력한 관념의 전달이라고 비판받는 지식교육이 바로 그러하다.

오크쇼트는 가르침이 교과 내용의 전달과 함께 판단의 전수 차원이 통합된 것임을 보여 준다. 오크쇼트의 세분화된 가르침의 의미에 기초하여 최의창(2014)은 가르침을 '기법적 차원'과 '심법적 차원'으로 나누어 논의하고, 오늘날 교육에서 강조되는 기법적 차원 외에 잃어버린 심법적 차원의 중요성을 역설한다. '기법'은 가르치는 일의 테크닉 측면, 직접 전달되는 교수의 명시적 측면으로 지식, 기능, 정보 등을 가르치는 방법을 뜻한다. 반면, '심법'은 간접적으로 전달되는 교수의 암시적 측면으로서 가르치고 배우는 사람의 마음의 다양한 영역인 감성, 지성, 덕성, 영성이 포함된다(최의창, 2014: 137).

요컨대, 모든 가르침에는 교과 내용을 직접 가르치는 것과 동시에 모든 교과에 공통적으로 내재한 가치와 도덕적 측면(좁게 보면 도덕성이요, 넓게 보면 인성이라 할 수 있음)이 간접적으로 전수되는 것이 포함된다. 이런 의미에서 모든 가르침(교수)은 지식 전달은 물론, 학생의 인성 발달에 관련된다. 즉, 모든 교사의 가르침에는 교과 내용의 전달과 함께 가치판단의 전수라는 도덕적 측면이 포함된다. 김정환은 이것을 다음과 같이 명쾌하게 풀어 쓴다.

> 국어 교사는 국어를 가르치는 기술자가 아니고 국어라는 교과를 통해서 문화와 삶을 가르치는 교사요, 물리 교사는 물리를 가르치는 기술자가 아니고 물리라는 교과를 통해서 우주와 삶을 가르치는 교사다. 이런 뜻에서 모든 교사는 그 담당 교과 여하를 막론하고 삶의 교사요, 인간 교사인 것이다……. (김정환, 1995: 278)

4. 교사의 인성 발달을 위한 교사교육

1) 교사의 인성교육과 지식교육의 통일

이 장의 3절에서 인성교육과 지식교육이 별개의 실체가 아니라 서로 관련된 것임을 살펴보았다. 따라서 교사교육에서도 교사의 인성교육과 교사의 전문적 지식을 위한 교육이 별도의 교육이거나 양자택일일 수 없다. 즉, 교사교육은 지식교육을 통해 교사의 교과를 가르치는 전문적 지식을 키워야 하는 한편, 교사의 인성 발달에도 기여해야 한다. 따라서 교사교육에 있어서 지식교육과 인성교육은 통합적으로 이루어져야 한다.

물론 지식교육과 인성교육의 통일을 위해서는 교육내용 자체가 기존의 편협한 지식관을 넘어 통합적 관점의 지식관을 수용하고, 이성능력 이외에 감정은 물론 의지활동적 차원의 발달까지 고려한 교육내용으로 구성해야 할 것이다. 이것은 현재 교사교육의 주요 교육과정 전반에 거대한 전환이 일어나야 함을 의미한다.

한편, 지식 자체가 아니라 지식 적용의 차원에서 앎(지식)이 삶의 차원으로 연결되고, 배운 지식이 교사 될 사람의 존재 자체의 변화로까지 이어질 수 있는 가르침이 일어나야 한다. 이것은 교수 방법론의 변화만으로 가능한 것이 아니다. 교사교육 패러다임 자체가 교사의 지식교육과 교사의 인성교육을 유기적 통일체로 인식하고, 교사교육의 교육 내용 및 방법 역시 이러한 패러다임 속에서 이루어져야 함을 의미한다.

2) 교사의 인성 발달의 관점에서 교사교육과정 재구성

교사전문성의 핵심으로 교사의 인성의 중요성이 인식된다면, 교사교육 역시 교사의 인성 발달의 관점에서 재구성될 필요가 있다. 먼저, 이 장의 3절에서 교육문제를 '지식 자체의 문제'와 '지식 적용의 문제'로 나누어 본 것처럼, 교사교육 역시 지식 자체의 한계와 협소함을 극복할 수 있어야 하고, 지식 적용 면에서 교사교육의 내용이 내면화되고 체화되어 장차 교사가 될 사람의 인성 발달로 이어질 수 있어야 할 것이다. 이를 위해 보다 구체적인 교사교육 내용 및 방법에 대한 논의를 하면 다음과 같다.

첫째, 교사교육과정은 보통 교과교육, 교직, 교양 영역으로 삼분되어 있다. 이 모든 영역에서 교육내용을 가르칠 때 그것은 한편으로는 교사의 인성교육이 될 수 있어야 한다. 인성의 의미를 좁은 의미의 도덕성에 초점을 두고 말한다면, 교사가 될 사람들이 도덕적 행위를 할 수 있도록 각 영역이 교수 · 학습되어야 한다.

펜스터마허 등(Fenstermacher et al., 2009)에 의하면 도덕성을 가르치는 데는 '내용(content)'으로서 도덕성을 가르치는 것과 '매너(manner)'로서 가르치는 것이 있다. 내용으로서 도덕성을 가르친다는 것은 교육내용이 도덕적인 것을 말하고, '매너'로서 도덕성을 가르친다는 것은 교사 자신의 도덕적 성품이 학생들을 도덕적으로 가르치는 것을 의미할 것이다. 펜스터마허 등(2009)은 매너가 내용의 기초가 된다고 한다. 도덕적이지 못한 교사가 도덕적인 내용을 가르치는 경우 가르침이 일어난다고 보기 힘들기 때문이다. 예를 들어, 인권의 소중함을 가르치는 교사가 과제를 해 오지 않은 학생에게 모욕적인 언사로 혼내고 벌주는 경우를 생각해 보라. 그러므로 학생들의 인성 발달을 위해 교사는 도덕적인 내용을 가르칠 뿐만 아니라, 가르침과 수업에서 '내용'과 교사의 '매너'가 구분되지 않음을 인식할 수 있어야 한다. 따라서 펜스터마허는 수업에서 교사의 품성적 측면에 해당하는 매너와 도덕적인 내용 간에 상호작용이 일어나야 함을 강조한다. 이것이 교사교육에 시사하는 점은 다음과 같다. 첫째, 교사교육에서 '내용으로서 도덕'을 가르치는 것과 '매너로서 도덕'을 가르치는 것 둘 간의 상호작용의 중요성을 가르칠 필요가 있다. 펜스터마허 등(2009)은 구체적으로 교직과목 중 교육철학, 교육심리학, 학급경영 등 교과목의 중요성과 예비교사들이 학교교육의 목적과 개인적 교육철학을 탐색할 수 있어야 한다고 강조한다. 물론 교사교육에서 인성교육이 이루어지는 것은 교직과목에 국한되는 것은 아니다. 교양과목은 물론 교과교육 영역 역시 교사의 사람됨을 공통적으로 주요 목적으로 환기하고 강조할 필요가 있다. 이렇게 될 때, 교사의 지성은 물론, 감성, 도덕성 등 포괄적인 의미의 교사의 인성 발달을 돕는 교과 내용이 될 것이다.

둘째, 인성교육을 위한 교사교육이란 새로 개설하는 교과가 아니라, 교사교육의 모든 교과에서 이루어져야 한다. 하지만 이 장 3절 '1) 감정의 복원과 지성 의미의 확장'에서 살펴본 것처럼, 새로운 지식관의 도전을 수용하여 교사교육에서도 확장된 지식관과 지성의 의미를 적극적으로 수용할 필요가 있다. 이것이 반드시 교육과정 신설이나 변경으로만 가능한 것은 아니다. 복합적 지성의 의미를 포함하여 복합적 인성의 발달이 반영될 수 있도록 현행 교육과정을 조망하고 운영하는 것으로도 가능하다. 이를 위해서는 교사교육자들이 이러한 점을 인식하고 교과교육, 교직, 교양 영역의 모든 교과목에서 이러한 관점을 반영할 수 있어야 할 것이다. 더 나아가, 현재 교육대학 및 사범대학 정규 교육과정 이외 별도의 연수 프로그램들 중 기존에 간과되었던 교사의 정서적 · 영적 차원의 발달에 관련된 내용의 도입도 고려해 볼 필요가 있다.

셋째, 이 장 3절 '2) 가르침의 두 차원: 내면화를 위한 가르침'에서 교육내용이 인성 발달로 연결되기 위해서는 잘못된 지식교육의 문제점을 극복하고, 체화된 가르침과 교육이 이루어져야 함을 논의하였다. 교사의 인성 발달을 위한 교사교육 역시 교육내용의 체화와 내면화가 이루어질 수 있는 다양한 방법의 모색이 있어야 할 것이다.

3) 교사의 인성교육 역량과 자질

모든 교육은 인성교육이요, 모든 교사는 인성교육자이다. 이런 점에서 교사의 '인성교육 역량과 자질'이라는 게 따로 있을 수 없다. 교사가 전문가로서 필요한 지식과 교사 자신의 성품이 곧 인성교육을 위한 교사의 자질과 역량이라고 할 수 있기 때문이다. 그런데 오늘날 교사교육은 인성 발달에 초점이 맞춰져 있지 않다. 따라서 무엇보다 시급한 것은 교사교육이 교사의 인성 발달의 관점에서 재고되고 재정립되는 것이다. 교사교육이 교사의 인성 발달의 관점에서 재정립된다면, 교사교육내용은 모두 교사의 인성역량과 자질 함양을 목적으로 선정되고 조직되어야 할 것이다.

교육부는 과거 인성교육이 덕목 주입에 그치는 경향을 극복하기 위해 미래사회를 살아가는 데 필요한 바람직한 성품 및 역량을 중심으로 '앎을 삶 속에서 실천'하도록 하는 것을 강조한다. 따라서 행위 실천 능력을 강조하여 핵심 덕목과 핵심 역량을 제시한다(이 책의 제2장 참조).

이런 관점에서 본다면 교사의 인성교육을 위한 핵심 덕목과 핵심 역량을 생각해 볼 수 있다. 하지만 인성교육이 별도의 독립된 교육이 아니듯이, 교사의 인성교육을 위한 덕목과 역량 역시 따로 있을 수 없다. 물론 교육부에서 제시한 인성교육의 5대 핵심 역량과 8대 핵심 덕목을 중심으로 한 인성교육 구현을 위해서 교사 자신이 먼저 이러한 핵심 역량과 덕목을 갖추는 것이 전제되어야 한다.

이러한 핵심 역량과 덕목 외에도 사람다운 사람됨의 교육에 초점을 두고,

전인교육을 위한 많은 이론서가 제안하는 교사의 역할과 자질 역시 참조할
만하다. 예컨대, 너쉬르(Nasr/강선보 외 공역, 2016: 61-62)는 전인교육을 위한
교사의 자질을 몇 가지 강조하는데, 이를 참조해 인성교육자로서의 교사 자
질을 다음과 같이 목록화할 수 있다.

〈인성교육을 위한 교사의 자질〉
A: 능력(ability) 또는 친화성(accessibility)의 A
B: 마음의 넓음(broad-mindedness), 모든 인간의 존엄성에 대한 믿음
   (belief)의 B
C: 배려(caring)의 C
D: 헌신(dedication)의 D
E: 효과성(effectiveness)과 공감(empathy)의 E
F: 다정함(friendliness)과 단호함(firmness)의 F
G: 성장(growth)의 G
H: 인간적임(humanness)과 희망적임(hopefulness)의 H
I: 성실성(integrity)과 상상력(imagination)의 I
J: 판단력(judgement)의 J

라이언과 볼린(Ryan & Bohlin, 1999: 153-154) 역시 교사를 인성교육자로
양성하기 위해 교사에게 다음과 같은 역량을 발달시킬 것을 강조한다.

- 인성과 인성 형성의 모델: 교사는 훌륭한 인성과 인성 형성의 모델이 될
  수 있어야 한다. 교사가 덕의 모범이 되지는 못하더라도, 자신의 업무
  를 행하는 중에 인성을 드러낼 수 있어야 한다.
- 인성과 도덕적 삶의 발달을 전문적 책무성으로 인식하기: 교사는 학생들
  의 도덕적 삶과 인성 발달을 자신의 전문적 책무로 볼 수 있어야 한다.
- 삶의 당위성에 관한 토론능력: 교사는 삶의 옳고 그름에 관한 도덕적 토

론에 학생들을 참여시킬 수 있어야 한다.
- 윤리적 이슈에 대해 자신의 입장 갖기: 교사는 윤리적 이슈에 대한 자신의 입장으로 학생들의 관점과 의견에 부담을 줄 필요는 없지만, 자신의 입장을 분명히 할 필요가 있다.
- 타인의 경험을 공감하도록 돕기: 교사는 학생들이 다른 사람의 경험을 공감하고 도울 수 있도록 도와야 한다.
- 도덕적 풍토와 환경 조성하기: 교사는 학급에서 긍정적인 도덕적 풍토와 환경을 조성할 수 있어야 한다.
- 도덕적인 활동들 제공하기: 교사는 학생들이 학교는 물론이고 지역사회에서 윤리적이고 이타적으로 행동할 수 있는 사람이 되도록 실천할 수 있는 활동들을 제공할 수 있어야 한다.

교사의 역량과 자질이 어디 이것뿐이겠는가? 훌륭한 사람됨을 가르치는 교사 자신의 사람됨을 위해서는 교사의 지속적인 성장과 성숙이 계속되어야 할 것이다.

그런데 인성교육의 방법으로 '훌륭한 인성을 갖춘 교사의 모범'이 당연한 이야기이지만 '교사의 사명감 모델'에만 안주할 수 없음이 제기된다. 따라서 '교사의 사명감 모델'이라는 당연한 주장에서 한 발 더 나갈 필요가 있다. 예컨대, 조난심(2015: 154-155)은 보다 구체적으로 '교사의 인성교육 역량과 자질'을 〈표 3-1〉과 같이 제시한다. 이러한 제안은 교과교육이 사람됨의 발달이라는 인성교육에 이를 수 있는 관점을 연계하도록 목표 설정에서 평가, 수업 이후 자기성찰과 자기개발에 대한 관심을 인식하고 실천할 것을 강조한다. 이것은 교사들이 교과를 가르치면서 인성교육의 관점을 관련짓는 데 보다 구체적인 도움을 줄 수 있을 것이다.

〈표 3-1〉 교사의 교과교육 전문성 영역별로 요구되는 인성교육 역량과 자질

교과교육 전문성 영역	인성교육 전문성 영역	요구되는 교사의 인성교육 역량과 인성적 자질
목표 설정	교과교육을 통해 길러야 할 인성교육의 가치덕목·역량 자질	• 미래사회에서 요구되는 핵심 가치·덕목에 대한 관심과 이해 • 교과의 성격에 부합하는 인성교육적 초점 설정 • 지도하는 학생의 정서적·도덕적 발달 이해 • 인성교육자로서의 목표의식과 사명감
지도 내용의 이해와 재구성	교과교육내용에 인성교육의 가치덕목·역량 연계, 구체화	• 교과 교육과정의 이해 • 교과 내용별로 적절한 인성교육적 요소 설정 및 통합 • 인성교육적 관점에서 지도 내용의 재구성 • 인성교육 자료의 작성·활용
교수·학습 활동	교과별로 효과적인 인성교육 방법 활용	• 학생참여적 협력학습 방법 활용 • 학습 과정에서의 인성교육 고려: 학생에 대한 존중 및 이해심, 학습자의 다양성과 차이에 대한 이해 • 학생들의 실제 삶의 맥락과 연계된 주제, 교수·학습 자료 선정
평가	인성교육의 과정과 결과에 대한 평가	• 인성교육의 가치덕목·역량에 대한 평가 방법 활용 • 인성교육 평가 결과를 기반으로 학생 지도(피드백) • 공평성과 공정성, 신뢰성, 성실성, 분석적 사고, 객관성, 일관성
교과교육 과정 편성·운영	인성교육을 포함한 교과교육과정 편성·운영	• 교과별 인성교육 연간 계획 수립 • 인성교육을 초점으로 한 교과 간 통합, 연계지도 방안 모색 • 인성교육을 위한 교과교육과 교과 외 교육 간의 연계
수업에 대한 성찰, 자기반성	인성교육 차원의 성찰	• 교과 수업을 통한 인성교육적 성과에 대한 반성 • 학습자에 대한 애정 및 존중, 자기평가와 자기반성에 대한 긍정적 자세 • 타인(학생, 학부모, 교육전문가들)의 평가에 대한 지속적 관심과 수용
전문성 개발	인성교육 전문성 개발	• 새로운 교과교육 이론 및 학설에 대한 관심 • 관련 연수 참여, 교사 동아리 활동 등 인성교육적 전문성 개발을 위한 노력 • 인성교육을 위해 수업 및 학교를 개선하려는 노력에 적극적으로 참여하는 자세

📂 참고문헌

강선보, 박의수, 김귀성, 송순재, 정윤경, 김영래, 고미숙(2008). 인성교육. 경기: 양서원.

고미숙(2002). 지식교육과 도덕교육. 교육문제연구, 17, 1-25.

교육부(2006). 학교교육력 제고를 위한 교원양성체제 개선방안.

교육부(2014). 2014년도 인성교육 강화 기본계획.

교육부(2015). 인성교육진흥법 시행령안.

교육부(2016). 인성교육 5개년 종합계획(2016~2020).

김이경, 유균상, 이태상, 백선희, 정금현, 박상완(2004). 교사평가 시스템 연구. 연구보고서. RR 2004-08. 한국교육개발원.

김정환(1995). 페스탈로치의 교육철학. 서울: 고려대학교 출판부.

심성보(2015). 인성교육에 대한 '시민성' 접근. 교육비평, 36호, 162-181.

양정실, 조난심, 박소영, 장근주, 은지용(2014). 교과교육을 통한 인성교육 구현 방안. 한국교육과정평가원 보고서.

정윤경(2015). 인성교육 활성화를 위한 교사의 인성교육. 교육의 이론과 실천, 20(2), 77-104.

정창우(2015). 인성교육의 이해와 실천. 경기: 교육과학사.

정혜영(2002). 전문성 향상을 위한 초등교사 양성교육 프로그램 개선방안. 초등교육연구, 15(2), 425-456.

조난심(2015). 교과교육에서의 인성교육과 교원의 역량. 한국교원교육학회 학술대회자료집, 67, 135-160.

조동섭(2005). 교사의 전문성 제고를 위한 정책방향과 과제. 한국교원교육학회 학술자료집.

조무남(2006). 영국교사교육제도. 서울: 청문각.

최의창(2014). 기법과 심법: 교수 방법의 잃어버린 차원을 찾아서. 교육철학연구, 36(3), 127-156.

한명희(1997). 교원양성 교육과정의 전문성 확보. 교육학연구, 35(5), 171-194.

허병기(1994). 교직성격 고찰: 교직의 전문직성에 관한 반성적 논의. 교육학연구, 32(1), 49-77.

현주, 이혜영, 한혜성, 한미영, 서덕희, 류덕엽(2013). 초·중등 학생 인성교육 활성화 방안 연구(Ⅰ). 한국교육개발원 연구보고서.

홍은숙(2003). 지식과 교육. 서울: 교육과학사.

황희숙(2013). 감정과 지식. 철학연구, 100, 267-307.

Aristotle (1915). *Ethika Nicomachea*. 최명관 역(1984). 니코마코스 윤리학. 서울: 서광사.

Damasio, A. (1994). *Descartes' error: Emotion, reason and the human brain*. 김린 역(1999). 데카르트의 오류. 서울: 중앙문화사.

Fenstermacher, G. D. (2001). On the concept of manner and its visibility in teaching practice. *Journal of Curriculum Studies, 33*(6), 639-653.

Fenstermacher, G. D., Osguthorpe, R. D., & Sanger, M. N. (2009). Teaching morally and teaching morality. *Teacher Education Quarterly, Summer*, 7-19.

Lickona, T. (1991). *Education for character*. 박장호, 추병완 공역(1998). 인격교육론. 서울: 백의.

Macintyre, A., & Dunne, J. (2002). Alasdair Macintyre on education: In dialogue with Joseph Dunne. *Journal of Philosophy of Education, 36*(1), 1-19.

Miller, R. (2001). *What are schools for?: Holistic education in American culture*. Vermont: Holistic Education Press.

Nasr, R. T. (1994). *The whole education*. 강선보, 정윤경, 고미숙 공역(2016). 전인교육의 이론과 실제: 인성교육의 방향(수정판). 서울: 원미사.

Noddings, N. (2003). Is teaching a practice? *Journal of Philosophy of Education, 37*(2), 241-251.

Oakeshott, M. (1967). Learning and teaching. In R. S. Peters (ed.), *The concept of education*. London: Louteledge & Kegan Paul.

Prior, W. J. (1991). *Virtue & knowledge: An introduction to Ancient Greek ethics*. 오지은 역(2010). 덕과 지식, 그리고 행복: 고대 희랍 윤리학 입문. 서울: 서광사.

Rorty, R. (1993). *On human rights: The Oxford amnesty lectures*. "인권, 이성, 감성" 민주주의법학연구회 역(2000). 현대사상과 인권. 서울: 사람생각.

Ryan, K., & Bohlin, K. (1999). *Building characters in schools*. San Francisco: Jossey-Bass.

Schields, D. L. (2011). Character as the aim of education. *Phi Delta Kappan, 92*(8), 48-53.

Schulman, L. (1987). Knowledge and teaching: Foundations of the new reform. *Harvard Educational Review, 57*(1), 1-22.

Van Manen, M. (2002). *The tone of teaching.* 정광순, 김선영 공역(2012). '가르친다는 것'의 의미. 서울: 학지사.

White, J. (1990). *Education & the good life.* 이지헌, 김희봉 공역(2004). 교육목적론. 서울: 학지사.

제4장
인성교육을 위한 교수설계, 교수·학습 방법 및 평가

일반적으로 교수설계(教授設計, instructional design)는 특정 주제의 교육목표를 효과(율)적으로 달성하기 위하여 교수·학습의 전체 과정을 미리 계획하는 조직적·체계적 활동이다(Dick, Carey, & Carey, 2008). 그러나 우리나라의 교육현장에서 적용되고 있는 대부분의 인성교육 프로그램들은 충분한 이론적 근거에 따라 체계적으로 개발되지 못하고 있는 실정이다(현주, 2012: 4-9). 특히 인성교육 실천 과정에서 학생 개인의 발달단계를 고려하면서 장기적 관점에서 체계적·조직적인 교육이 이루어지지 못하고 특정 가치덕목을 중심으로 한 단편적인 교육이 이루어지는 경우가 많고, 교수·학습 방법 또한 학생들의 관심이나 흥미를 반영하지 못하고 있으며, 개인의 발달단계를 고려한 다양한 방법이 활용되지 못하고 있다. 또한 프로그램의 효과가 구체적·객관적으로 분석되지 않고 있는 실정이다.

이러한 문제점들이 극복되어야 보다 설득력이 있고 지속성과 효과성이 있는 인성교육이 실천될 수 있을 것이다. 이와 같은 인식에 따라, 이 장에서는 인성교육의 교수설계에서 요구되는 수업원리와 인성교육 프로그램의 설계, 인성교육을 위한 교수·학습 방법, 인성교육 프로그램의 효과성 검증을 위한 인성검사, 인성교육 프로그램 인증기준, 학습자 만족도 검사에 대해 고찰하여 교육현장에서 인성교육을 실천하는 데 도움을 주고자 한다.

1. 인성교육 수업원리와 프로그램 설계

1) 인성교육 수업원리

인성은 '지적 습관과 도덕적 습관의 종합체'(Ryan & Bohlin, 1999: 9)로 정의되며, 이와 같은 습관 형성으로 인성교육을 실천하기 위한 수업원리는 다음과 같이 종합된다(김재춘 외, 2012; 141-145).

첫째, 인성교육은 도덕적 가치에 대한 지식과 행동, 그리고 지식과 행동을 매개하는 동기요소까지도 고려하는 수업이 필요하다. 바람직한 인성은 인지적 요소로서 '선한 것을 알고(knowing the good)', 정의적 요소로서 '선한 것을 사랑하며(loving the good)', 행동적 요소로서 '선한 것을 행하는(doing the good)' 것과 같은 종합적 요소를 실천함으로써 형성된다(Ryan & Bohlin, 1999). 구체적으로 인지적 요소는 도덕적 각성(moral alertness), 도덕과 특정 상황에서 도덕이 요구하는 것에 대한 이해, 상대방의 관점 이해하기, 도덕적 추론, 사려 깊은 의사결정, 도덕적 자기지식(moral self-knowledge) 등이고, 정의적 요소는 마음(heart)의 습관 요소로서 도덕적 판단과 도덕적 행위 사이의 가교 역할을 하는 양심(conscience), 자아존중(self-respect), 공감(empathy), 선한 것을 사랑하기, 겸손(humanity) 등이며, 마지막으로 행동적 요소는 의사소통, 협동, 갈등해결 등과 같은 도덕적 능력(moral competence), 판단과 에너지를 가동시키는 자기통제와 인내심과 같은 도덕적 의지(moral will), 도덕적으로 상황에 반응하려는 신뢰 있는 내적 성향과 같은 도덕적 습관(moral habit) 등이다(Lickona, 2011: 24-25). 이와 같이 인성교육의 세 가지 요소는 인성교육의 목표가 되며, 궁극적으로 학생 개개인의 도덕적 양심으로 행동하는 자유인으로 좋은 사람(good person)이 되고, 사회적으로는 좋은 학교(good school)를 만들고, 궁극적으로는 좋은 사회(good society)를 건설하는 데 필수적이다.

둘째, 학교교육의 전체 과정에서 인성덕목과 가치를 직·간접적으로 다루는 인성교육의 수업원리이다. 학교에서 인성교육은 지적, 정서적, 사회적, 윤리적 측면에서 총체적 발달을 목적으로 한다. 이와 같은 이유 때문에 인성교육은 공식적 교육과정과 잠재적 교육과정에 종합적으로 상호 연계되어 실천될 때 효과를 높일 수 있다. 인성교육은 교실, 운동장, 식당, 도서관, 복도 등 학교생활의 전체 과정에서 이루어져야 한다. 특히 학교생활에서 교사가 학생의 인성 발달에 영향을 주는 주요 측면은 다음의 세 가지로 요약된다(김재춘 외, 2012). 첫 번째 측면은 학생들과 상호작용하는 방식이다. 교사와 학생의 상호작용은 수단으로서가 아니라 그 자체로서 목표가 되고 교사가 학생들에게 존경과 신뢰를 받는 관계를 형성함으로써 인성교육에 긍정적인 영향을 줄 수 있다. 두 번째 측면은 수업 방식이다. 교사는 교육과정의 내용적 측면에서 경험의 폭을 넓히고, 깊이를 깊게 하며, 학생들이 학습참여 기회를 증진시킴으로써 인성교육에 긍정적인 영향을 미칠 수 있다. 세 번째 측면은 교사의 학급경영 방식이다. 독단적인 학급경영 방식은 학생들에게 당혹감과 소요를 일으키고, 학생들이 비록 교사의 강압적인 지시에 순응하더라도 분노, 공포, 기타 부정적 감정을 유발한다. 또한 학교생활에서 과제 미제출 등과 같은 일탈행동을 보일 때, 교사의 직접적인 질책은 학생에게 부정적인 행위나 언어적 맞대응을 불러일으키므로 교사의 권위 추락과 교사-학생 상호 간 언어적 공격이 나타날 수 있다. 따라서 학생의 일탈행동에 대한 개인적 차원의 접근보다는 과제지향적 차원의 접근 전략이 인성교육에 있어서 도움이 될 수 있다.

셋째, 인성덕목을 중심으로 교과교육과 연계된 통합적 인성교육 수업원리이다. 학교교육에서 인성교육에 영향을 주는 요소는 도덕, 윤리 등과 같이 일부 특정 교과가 제공하는 경험뿐만 아니라 학교에서 학생들이 얻는 모든 경험이다. 따라서 인성교육의 효과를 높이기 위해서는 인성덕목과 가치가 다양한 교과와 연계되어 실천될 필요가 있다. 일반적으로 인간의 도덕적 행위는 상황특수적(situation-specific)이기 때문에 특정 상황에서는 올바른 행위를 하지만 다른 상황에서는 다른 행동을 할 수 있다. 따라서 도덕적 행위의 상황특수성은 훌륭한 인성이 어떤 일회적 접근을 통해 육성될 수 있는 것이 아님을 의미한다. 이러한 맥락에서 볼 때, 기본적으로 인성교육은 확률의 원리에 기초한다고 볼 수 있다. 다시 말해서, 점진적이고, 다양하며, 몸에 익숙해지도록 하는 습관 형성을 위한 수업 방법이 다양한 교과수업에서 더 많이 적용될수록 보다 많은 학생의 인성을 적절하게 형성할 가능성이 높아진다(김재춘 외, 2012).

넷째, 교사가 스스로 인성교육을 위한 인격의 모델 역할을 하는 수업원리이다. 학교교육에서 교사와 학생은 의사소통의 당사자로서 교육적 상호작용을 통하여 여러 가지 측면에서 학생들의 인성교육에 직접적인 영향을 미친다. 따라서 인성교육에서 교사의 모델 역할은 중요하다. 즉, 교사가 학교생활에서 반복적으로 사용하는 언어, 행동, 태도, 상호작용 방식 등은 직 · 간접적으로 인성적인 요소를 전달하게 되고, 학생들은 이들을 지각하고 내면화하게 된다. 이와 같은 관점에서 학생들에게 가장 효과적인 인성교육의 방법 가운데 하나는 교사가 규칙을 따르고 인성덕목을 실천하는 모델이 되는 것이다. 또한 학생들은 부모와 교사들의 삶을 관찰하면서 도덕적 삶에서의 기본적 전제, 욕망, 가치를 풍부하게 발견하며 좋은 습관을 기를 수 있다.

다섯째, 학습공동체로서 학부모와 지역사회의 인사들과 인성교육을 위한 파트너십을 형성하는 수업원리이다. 학생의 인성교육에 대한 일차적인 책임은 부모와 보호자가 진다. 부모를 포함하여 가족 구성원과 친척은 인성교육의 최전선에 있는 일차적인 자원이다. 따라서 학부모가 학교의 인성교육에 수업 파트너로 참여하게 되면 가정에서의 인성교육의 중요성을 재인식시키는 동시에 학교에서의 인성교육에 기여할 수 있다. 실제로 학부모와의 협력적 관계를 형성하여 인성교육에 성공한 방법론으로는 학교의 인성교육 정책에 협조하는 계약하기, 가정-학교 뉴스레터 발간을 통한 가정에서의 봉사활동, 인성 관련 문학작품 읽고 독후감 발표 기회 제공, 학부모 워크숍을 통한 자녀 훈육법 연수 및 가치 기반 문학 프로그램을 활용한 교육법 소개하기, 교사와 함께 인성교육 수업하기, 학생들의 학예회 참여하기, 주말가족모임을 통한 밥상머리 교육 등이 있다(김재춘 외, 2012).

2) 인성교육 프로그램 설계

수업의 과정(process of instruction)을 이해하고 개선하는 활동으로서의 교수설계는 교수 · 학습 활동의 전체 과정을 최적의 조건으로 구성함으로써 수업효과를 극대화하여 교육 목적을 달성하기 위한 교육계획 수립활동이다(이성흠, 이준, 구양미, 이경순, 2017; Dick, Carey, & Carey, 2008). 교수설계는 교사, 학습자, 교과 내용, 물리적 환경, 심리적 특성, 교수 방법의 유형 등 다양한 구성 요소 간의 상호작용을 통해서 학습자가 의도된 목표를 최대한 성취할 수 있도록 수업의 과정을 투입-과정-산출의 순환적 과정으로 구성하는 체제접근(system approach) 방법이다. 교수설계는 체제적 접근 전체와 체제적 접근 안의 각 단계를 포함하는 거시적이면서도 미시적인 의미를 가지고 있으며, 분석, 설계, 개발, 활용, 평가의 단계를 포함한다. 이러한 설계 과정은 목적으로부터 시작하며, 각각의 단계를 거치면서 진행된다. 특정 단계의 산출물은 다음 단계의 투입물이 되며, 서로 연계되어 있다. 교수설계의 각 단계별 목적, 단계별 설계활동 및 산출물은 〈표 4-1〉과 같이 요약할 수 있다 (이성흠 외, 2017: 156-157).

〈표 4-1〉에 요약된 것과 같이 일반적인 교수설계의 단계에 기초하여 효과(율)적으로 인성교육을 설계 · 실천하기 위해서는 인성교육 설계모형이 요구된다. 인성교육 설계모형에는 인성교육을 위한 실천 프로그램을 설계 · 실행하고 그 과정 및 결과를 평가하는 단계도 포함된다. 특히 인성교육을 실천하는 프로그램 개발을 위한 교수설계 모형에서 평가 단계는 인성교육 프로

그램의 질(質)관리를 위한 평가지표도 제시되어야 한다. 다음에서 인성교육 프로그램 설계를 위한 논리모형(logic model)을 소개한다(Brown & Lerman, 2008: 141-155).

〈표 4-1〉 교수설계의 단계별 목적, 설계활동 및 결과

단계 및 목적	설계활동	결과(산출물)
분석(Analysis): 학습 내용을 정의하는 과정	• '인성함양을 위해 어떠한 수업이 필요한가'를 결정 • 강좌의 인지적, 정의적, 운동기능적 목적을 결정하기 위한 수업분석 실시 • 학습자의 선수지식 정도 파악 • 주어진 학습시간 및 수업의 맥락과 자원 분석	교수의 필요, 학습 과제, 교수 목적, 학습활동의 제한점
설계(Design): 교수 내용과 방법을 구체화하는 과정	• 강좌 목적을 수행 결과와 주요 강좌 목표로 진술(단원목표) • 수업 주제나 단원을 결정하고 소요시간 결정 • 강좌 목표에 따라 단원의 계열 결정 • 수업 단원을 구체화하고 주요 목표 파악 • 단원 안에서 과업과 학습활동 정의 • 평가를 위한 측정 관련 명세 구체화	학습목표, 평가도구와 교수매체 개발을 위한 설계 명세서(blueprint)
개발(Development): 교수·학습 자료(매체)를 제작하는 과정	• 학습활동과 자료 유형 결정 • 자료와 활동 초안 준비 • 대상 학습자에게 자료와 활동 시험 적용 • 자료와 활동의 수정, 정교화 및 제작 • 교사훈련이나 관련 자료 제작	교수·학습 매체를 포함한 교수·학습 프로그램 및 평가도구
실행(Implementation): 교과목 혹은 프로그램을 실제 상황에 적용·설치하는 과정	• 교사와 학생이 채택하도록 자료 보급 • 도움이나 지원 제공	실행된 교수·학습 프로그램
평가(Evaluation): 교과목 혹은 프로그램의 적절성을 통제·결정하는 과정	• 학생평가 계획 실시 • 프로그램 평가 계획 실시 • 강좌 유지 및 수정 계획 실시	프로그램의 가치 및 적절성 등을 평가한 보고서

첫째, 인성교육 프로그램에 요구되는 다양한 요구 또는 필요성을 탐색 · 분석하는 요구분석(assessing needs)의 단계이다. 이 단계는 인성교육 프로그램 참가자의 '필요(needs)'를 파악하고 분석하는 준비 단계로서 인성교육 프로그램 개발에서 가장 먼저 고려해야 할 비전 수립에 중요한 의미를 부여한다. 이 단계에서는 두 가지 주요 요소가 결정된다. 하나는 인성교육의 주요 대상, 즉 학습자(audience)를 정하는 일이며, 다른 하나는 인성교육 프로그램 대상자에게 요구되는 실제 필요(actual needs), 즉 인성교육의 내용을 정하는 것이다. 인성교육파트너십(Character Education Partnership: CEP)의 평가지침은 이 단계에서 사용할 수 있는 질문을 다음과 같이 예시하고 있다(Brown & Lerman, 2008: 143).

- 학생들은 학교에서 학교폭력을 문제로 인식하고 있는가?
- 학생들은 교사와 친구들이 자신을 좋아한다고 느끼고 있는가?
- 교사, 학생 및 학교 공동체의 인성 관련 관심은 무엇인가?
- 어떤 핵심 가치가 인성교육 계획에서 핵심이 되어야 하는가?

이와 같은 질문은 학교에서 인성교육 프로그램을 설계 · 개발하기 위해 기초자료를 수집하는 요구분석의 과정에서 사용될 수 있으며, 질문지법, 면접법, 관찰법 등을 통하여 필요한 자료를 수집할 수 있다. 인성교육 프로그램을 설계하기 위한 요구분석 단계에서는 학교에서 인성교육을 주도할 주요 담당자, 교육대상자(학년별, 교과별 등), 학교문화와 윤리적 가치 등과 같은 학교 당국의 핵심 정책과 전략, 학교에서 당면하고 있는 인성교육의 우선 과제 등이 종합적으로 분석되어야 할 것이다.

둘째, 요구분석 단계에서 분석 · 종합된 자료를 중심으로 인성교육 프로그램을 설계 · 개발(program planning)하는 단계이다. 이 단계는 요구분석 단계에서 분석 · 종합된 기초자료를 중심으로 인성교육 프로그램의 목표, 교육대상, 교수자와 교수 · 학습 방법 선정, 평가도구 개발 등과 관련되는 의사결

정이 이루어지는 계획 단계이다. 학교에서 사용할 인성교육의 핵심 인성덕
목과 연계된 프로그램의 목표가 구체적으로 결정 · 명시된 다음에는 목표를
달성하기 위한 수업을 주도할 교수자와 교수 · 학습 활동을 결정하여야 한
다. 이러한 교육활동은 단순히 일련의 활동들을 예시할 뿐만 아니라 그 활동
을 주도해야 할 사람들, 활동에 요구되는 시간, 활동에 사용되는 교육 방법
과 교수 · 학습 매체 개발, 활동이 설명하는 목적, 활동의 결과로서 나타나는
산출물 등을 포함하여야 한다. 이 단계에서는 인성교육 프로그램 설계 · 개
발을 학교가 직접 담당할 것인가, 아니면 외부 프로그램 제공자로부터 제공
받을 것인가도 결정하여야 한다. 이 단계에서 학교의 주요 의사결정자들의
직 · 간접적 지원체제 구축은 필수적이다.

  셋째, 요구분석에 기초하여 개발된 인성교육 프로그램을 실제 현장에 적
용 · 실천(program implementation)하는 단계이다. 특히 이 단계에는 인성교
육 프로그램의 교사연수를 비롯하여 개발된 인성교육의 내용을 특정 교육과
정 속에 융합시키거나 핵심 집단(학생)을 대상으로 교육하는 것이 포함된다
(Brown & Lerman, 2008: 145). 요약하면, 이 단계에서는 계획된 인성교육 프
로그램을 실제 환경에서 실행하는 데 인성교육의 수업원리를 적용하여 통합
적 접근을 견지해야 한다. 통합적 접근은 인성교육을 실제 교육현장에서 실
천함에 있어서 학습자의 인지적, 정의적, 행동적 특성 등을 고려한 학습이
통합적으로 이루어져야 함을 말하며, 인성교육이 통합적으로 실행됨으로써
학생들로 하여금 조화롭고 통합된 다양한 인성 및 도덕성을 형성 · 발달하게
할 수 있을 것이다.

  마지막으로 실천된 인성교육 프로그램의 효과를 평가(program evaluation)
하는 단계이다. 일반적으로 프로그램 평가는 프로그램 기획의 초기 단계부
터 중요하게 다루어져야 할 요소이다(이성흠, 2005; DeRoche, 2004). 프로그
램 평가에서는 프로그램의 시작에서 종료까지의 과정에서 여러 가지 과정이
의도한 대로 실행되었는가를 평가하는 과정평가(process evaluation)와 프로
그램이 계획 · 실행되면서 기대했던 목표가 달성되었는가를 평가하는 결과

평가(outcome evaluation)로 구분하여 설명할 수 있다. 과정평가는 인성교육 프로그램이 계획한 대로 실행되었는가를 검증하는 평가로서 설문조사, 면접법, 검목표(checklist) 또는 관찰법 등을 사용하여 프로그램 실행의 전체 과정의 질(質)을 평가하는데, 프로그램의 계획이나 실행 단계에서 활동들의 실행 정도와 효과를 분석한다. 결과평가는 프로그램의 구체적 교육목표에 대한 장·단기의 효과를 다양한 평가 방법을 사용하여 검증하는 것이다. 결과평가에서는 학생, 학교관계자, 학부모, 공동체 구성원 등의 인지적, 정의적, 행동적 변화 정도를 측정할 수 있다. 이들 과정평가와 결과평가의 결과는 현재 실행되는 인성교육 프로그램이나 향후 비슷한 프로그램의 개발이나 수정에서 사용될 수 있다.

이상에서 설명된 실천적 인성교육 프로그램 설계를 위한 주요 단계를 〈표 4-1〉의 교수설계의 단계를 사용하여 요약하면 〈표 4-2〉와 같다.

〈표 4-2〉 실천적 인성교육 프로그램의 설계 단계

단계	세부 내용
분석	• 인성교육 프로그램 기획 개발을 위한 이론과 실천 전문가 초빙 • 인성교육을 위한 교육대상자 확인과 인성교육 프로그램에 필요한 요구조사 • 인성교육 실천을 위한 학교현장 문화와 핵심 가치에 관련하여 인성교육 수요조사 • 인성교육 프로그램 실천을 위한 이해당사자의 행·재정지원 요청
설계·개발	• 인성교육 프로그램의 내용을 학교현장과 연결 • 인성교육을 위한 다양한 교수·학습 활동을 설계·개발 • 인성교육 프로그램 실행자(교수자)와 협력하여 교수·학습전략 설계·개발 • 학생, 교사, 학교행정가, 학부모 등 인성교육 이해당사자와 협력방안 구축
실행	• 계획된 통합적 인성교육 프로그램 실천하기 • 프로그램 실행을 담당할 당사자(교사, 촉진자 등) 연수교육 • 인성교육 프로그램을 다양한 교육과정과 연계하여 통합·적용
평가	• 인성교육 프로그램의 전체 과정 구성요소 및 실행 정도 효과 검증 • 인성교육 프로그램의 학습 결과 평가 • 평가 결과의 분석과 활용을 위한 지역공동체의 이해당사자와 협력체제 구축·실행

2. 인성교육의 교수 · 학습 방법

학교교육에서 가르치는 내용과 방법은 학생들의 인성 발달에 영향을 미치는 주요 요인 중의 하나이다. 인성교육의 내용 차원은 교과의 내용 지식뿐만 아니라 인성 발달에 영향을 미치는 도덕적 가치와 덕목들로 구성되어야 하고, 방법 차원에서는 이들 내용을 가르치는 과정에서 교사와 학생의 상호작용이 민주적 · 도덕적으로 진행되어 학생의 인성 발달에 긍정적으로 영향을 미칠 수 있어야 한다. 인성교육에 대한 수업의 접근은 1900~1960년대에는 실천 중심의 행동적 접근, 1960년 이후부터 1970년대까지는 토론 중심의 인지적 접근, 1980년대 이후에는 통합적 접근으로 현장에서 실천되고 있다(김재춘 외, 2012: 146-154). 다음에서 교사 주도 덕목전수 행동적 접근, 학생 주도 토론 중심의 인지적 접근, 체험 중심의 통합적 접근의 개념과 특징을 기술하고, 세 가지 접근별 특징적인 교수 · 학습 방법에 대하여 고찰한다.

1) 교사 주도 덕목전수 행동적 접근

인성교육 수업에서 가장 전통적으로 사용된 교사 주도 덕목전수 행동적 접근은 인성교육의 과정에서 교사가 바람직한 인성덕목을 직접 제시하면서 강조하여 가르침으로써 학생들로 하여금 이를 수용하여 내면화하고 행동 변화를 통해 태도를 형성하는 데에 중점을 두는 수업 방법이다. 교사 주도 덕목전수 행동적 접근은 다음과 같은 특징을 가진다(유병열, 2011: 202-204). 첫째, 인성교육 과정에서 교사가 주체가 되어 특정 인성덕목을 제시하고 이를 받아들여 내면화하도록 강조 · 설득하는 방법으로, 수업과정에서 교사는 능동적 주도자 역할을 담당하는 데 비하여 학생들은 수동적 수용자의 위치에 있게 된다. 둘째, 교사가 특정 인성덕목을 강조하면서 설득하더라도 무조건적으로 강요하거나 주입하는 것이 아니라, 학생의 지적 · 도덕적 발달 특성상 가능한 범위에서 그 의미와 근거를 밝혀 알게 하고 합리적으로 이해시켜 건전한 신념화와 태도화를 도모하는 것이다. 셋째, 인성교육을 수행함에 있어 형식보다는 내용에, 과정보다는 결과에, 인성원리보다는 덕목과 품성에, 자율적 인성 발달보다는 사회적 규범과 요구에 적합한 인성발달에 중점을 두고 있다. 교사 주도 덕목전수 행동적 접근 수업방법에는 강의법과 스토리텔링 기법이 있다.

(1) 강의법

강의법(講義法)은 가장 보편화된 수업 방식으로, 한 사람의 교수자가 다수의 학습자에게 학습내용을 직접 언어로 전달하는 의사소통의 형태로 이루어진다. 수업 내용이 특정 분야의 체계적인 지식에 대한 내용으로 구성되어 있을 때 자주 사용하는 강의법은 교육에 대한 전통적인 입장을 가진 사람들이 자주 사용한다. 교사가 그 방면에 대하여 많이 알고 있으며, 짧은 시간에 학생에게 많은 양의 지식을 전달하려고 할 때, 강의법이 효과적이다. 강의법은 설명식 수업 방법이라고도 한다. 수업에서 교사는 학습내용에 대한 정보를 서술(narration), 기술(description), 설화(telling) 등의 형태로 제시하고, 학생은 이것을 수동적으로 받아들인다. 강의법은 교사가 학습내용을 설명하고 학생은 그것을 받아들이는 방식이기 때문에, 교사의 권위가 없으면 학생은 수업 내용을 이해하고 받아들이기 어렵다. 이와 같은 이유 때문에 교사는 권위적이기 쉽다. 또한 강의법은 학생의 참여도가 낮고, 학생 개인의 흥미와 능력을 고려할 수 없으며, 사고력 훈련을 위한 교육내용에는 부적절하다. 강의식 교수법의 장점과 단점은 〈표 4-3〉과 같다(나일주, 정인성, 1998).

〈표 4-3〉 강의식 교수법의 장 · 단점

장점	단점
• 친밀성: 교사와 학생에게 익숙한 형태의 교육 방법으로, 편안한 기분으로 학습 가능 • 경제성: 1인 교사가 다수의 학생에게 많은 양의 정보를 짧은 시간에 전달 가능 • 효과성: 기초지식, 정보 전달 등 낮은 수준의 교육목표 달성에 효과가 있음	• 비능동성: 학습자는 수동적이고 상호작용에 활발하게 참여하지 않는 수업 형태 • 비표준성: 개별 교사의 역량에 의존하므로 표준화가 어려움 • 비효율성: 다양한 학생의 선수학습 정도, 경험 등을 고려하지 않는 일반적인 수업 형태

(2) 스토리텔링법

스토리텔링(storytelling)은 단어, 이미지, 소리를 통하여 이야기를 전달하는 것으로, 인물(人物), 사건(事件), 배경(背景)을 갖추어 특정 내용을 전달하는 글쓰기와 말하기 행위로서 인성교육에서도 활용이 가능한 교육 방법이다. 스토리텔링에서 이야기는 인물, 사건, 배경의 결합으로 이루어지며, 인물이 어떤 일을 당하거나 사건에 부딪치는 이유는 인물의 성격 때문이거나 환경 때문이다(조정래, 2010: 15-20). 인성교육을 위한 스토리텔링을 활용한 수업에서 인물에 초점을 맞추어 이야기로 꾸미는 과정은 인간에 대한 기본적인 자질과 심리이해를 바탕으로 이루어져야 한다. 또한 이야기는 '인간과 환경의 관계'라는 틀에서 우리 삶에 대한 이야기를 사건으로 꾸미는 것이므로 이야기는 삶을 시간과 공간의 문제로 확장시켜 생각하게 할 수도 있다. 이와 같은 관점에서 인성덕목을 연계한 이야기는 인간에 대한 이해를 비롯하여 인간의 관계성, 다양한 삶의 현장에서 발생하는 생활문제에 대한 개연성과 보편성, 삶의 확장성 등의 성격을 가질 수 있다. 따라서 스토리텔링은 인간의 현실적 삶을 이해하고, 감성을 높이고, 다양한 삶의 모습을 이미지와 동영상 자료를 통하여 표현함으로써 교육효과를 극대화시킬 수도 있을 것이다. 이러한 인성교육을 위한 스토리텔링은 인간의 삶에 얽힌 관계적 관점에서 인성덕목의 현장 실천에 대한 다양한 측면을 학습할 수 있는 기능을 가진다.

인성교육을 위한 스토리텔링의 서술 방식은 인성덕목과 연계되어 전달되는 교육내용이 개인의 삶에 밀착된 것처럼 느껴져 이야기를 읽거나 듣는 사람이 인물에 감정이입(感情移入)할 수 있도록 구성되어야 한다. 따라서 스토리텔링은 다양한 인물과 삶에 대한 공감적 이해를 바탕으로 삶의 깊은 인식에 도달할 수 있도록 사건 관련 내용(인성덕목)을 구성함으로써 정서적 감응 능력을 신장시킬 뿐만 아니라 감성과 이성적 사유를 인성덕목과 연계하는 사고(思考, thinking)와 표현(表現, expression) 능력을 향상시킴으로써 덕목 체화에 노력하여야 할 것이다. 교사 주도 덕목전수 행동적 접근 방법으로서 스토리텔링 수업을 전개하기 위해서는 교사는 인성교육과 관련된 지식, 기능, 태도 등을 스토리텔링 구성요소에 맞추어 수업을 계획(설계)하고 교수 · 학습 자료를 개발하여 현장에서 실천해야 하는데, 이때 다음과 같은 능력이 필요하다(박인기, 2011: 426-431). 첫째, 인성덕목과 연계된 이야기(story)의 구성기술(plotting skills)이다. 둘째, 수업의 내용을 포함하여 '수업의 상황 요소(instruction situation)'를 스토리텔링의 하나의 요건으로 포함시키고 반영하는 기술이다. 셋째, 스토리텔링 수행기술에서 이야기의 상세화(detail)를 설계하는 '상세화 변용기술'이다. 마지막으로 스토리텔링을 구체적으로 설계하고 만들어 내는 기술, 즉 스토리텔링을 수업의 공간에서 연출하는 수행기술(performance skill)이다.

2) 학생 주도 토론 중심의 인지적 접근

인성교육에서 토론 중심의 인지적 접근은 학생 중심의 덕목(가치)탐구 방법으로 학생들이 스스로 합리적이면서 옹호할 수 있는 가치판단과 의사결정을 할 수 있도록 도와주면서 인성덕목에 대한 이해를 깊게 하고 학생들의 인성적 사고판단 능력과 합리적인 의사결정 능력을 향상시키는 학생 중심의 덕목(가치)탐구 방법이다. 이와 같은 토론 중심의 인지적 접근은 다음과 같은 특징을 가지고 있다(강충열 외, 2013; 김재춘 외, 2012: 148-149; 유병열,

2011: 219-221). 첫째, 인성교육 지도 과정에서 교사는 덕목과 관련된 가치탐구를 위한 환경을 조성하고 탐구 과정을 이끄는 안내자 또는 협조자, 사고의 촉진자로서의 역할을 하는 반면에, 학생들은 능동적인 학습자로서 합리적이고 정당한 덕목에 대한 가치판단과 의사결정을 위하여 활발한 토론활동을 한다. 둘째, 현대사회의 다원성과 가변성으로 인하여 발생하는 가치문제의 복잡성과 미래사회의 불확실성 속에서 바람직한 삶을 영위하는 데 요구되는 합리적인 가치판단과 의사결정을 할 수 있는 능력과 성향을 길러 주는 덕목의 가치화에 관심을 두고 있다. 셋째, 토론 중심의 인지적 접근은 교사 주도의 직접적 가치전수의 방법과는 다르게 내용보다는 형식에, 결과보다는 과정에, 덕과 품성보다는 인성(도덕)원리에, 덕목 사회화보다는 자율적 인성 발달에 중점을 둔다. 학생 주도 토론 중심의 인지적 접근 수업방법에는 토의법과 역할놀이법 등이 있다.

(1) 토의법

토의법(討議法)은 교사와 학생이 공동으로 참여하는 민주적인 교육 방법이다. 의사소통의 유형은 학습자가 교사를 포함하여 다수의 동료 학생과 의사소통하는 것이다. 이 방법은 여러 교과 영역에서 자주 사용되며, 학습자가 혼자의 힘으로 문제를 해결할 수 없는 경우, 서로 의견을 교환하고 집단사고에 의하여 문제를 해결하는 수업 방법이다(윤영선, 1996). 토의법을 활용할 경우에는 학습문제가 분명해야 한다. 학습문제 해결을 위한 토의 목적을 교사가 설정할 수도 있지만, 교사와 학생이 협력하거나 학생들이 결정할 수도 있다. 토의 목적과 내용은 어느 정도 구체적이어야 하고 실행가능성이 있어야 한다. 토의 내용이 모든 학생이 관심을 가지는 사회적으로 의미 있는 문제일 경우, 학생을 수업에 적극적으로 참여시킬 수 있고 수업이 성공적일 수 있다. 토의법은 교수·학습 과정을 통하여 문제해결 과정을 배우는 것이 교육 목적이기 때문에, 의견차가 있더라도 상호 간의 의견을 존중하고 최선의 결론에 도달할 수 있도록 수업을 진행해야 한다. 토의법에서 교사는 토론 과정에서 의견 대

〈표 4-4〉 문제해결을 강조하는 토의법의 장 · 단점

장점	단점
• 민주성: 토의를 통한 집단활동이 가능하고, 의사소통 기술 연습 가능 • 능동성: 개방적인 의사소통과 학습자의 능동적인 참여로 인한 동기유발과 흥미유발 가능 • 협동성: 상호 의견 교환을 통한 협력 과정에서 사회적 기능 및 태도 형성 가능	• 집단 구성원의 한계: 원활한 의사소통을 위한 집단 크기의 한계성 • 부정적인 태도 형성: 평가불안으로 인한 사회 태만(social loafing)으로 방관적인 태도 형성의 가능성 • 비효과성: 토의주제에 대한 일정 수준 이상의 선수학습 필요, 계획과 진행에 비교적 많은 시간 소요

립이 커지거나 소극적인 경우를 제외하고는 토론에 참여하지 않는 것이 바람 직하다. 토의법의 장점과 단점은 〈표 4-4〉와 같다(박숙희, 염명숙, 2007).

(2) 역할놀이법

역할놀이법(role-playing)은 학생들에게 특수한 상황이나 장면에 처해 보 도록 하거나 특정의 역할을 가상적으로 실행해 보도록 함으로써 자신이나 타인이 지니고 있는 가치관 혹은 신념을 깊이 있고 명확하게 이해할 수 있도 록 하는 실천적 교수 방안(Joyce, Weil, & Calhoun, 2015)으로 인성교육에서도 활용 가능하다. 이 모형은 파니 샤프텔(Fannie Shaftel)과 조지 샤프텔(George Shaftel) 부부에 의해 개발되었다(김종석, 강재희, 1990; 서울대학교 교육연구소, 2002: 465). 그들은 20여 년 동안 학생들에게 인간의 존엄성, 정의감, 애정 등 의 민주적 관념들을 일상생활에서 어떻게 실천할 수 있는가를 가르치기 위 하여 이 모형을 개발하고 적용하였다. 인성교육에서 역할놀이는 자신이나 타인들이 현재와 같이 행동하는 이유에 대해 이해하는 데 도움이 된다. 특히 자신과 다른 사람들의 역할을 실연하는 과정에서 학생들은 인간 행동의 다 양성과 유사성을 배우고 이것을 실제 장면에 적용할 수 있게 된다. 이와 같 은 관점에서 역할놀이는 학생 주도의 인성교육 방법으로 학생들에게 필요한 덕목의 체화를 통한 덕목의 습관화에 많은 도움이 될 것으로 판단된다.

학생 주도의 인지적 접근 교수 · 학습 방법으로 인성교육에서 역할놀이를 성공적으로 활용하기 위해서 교사는 다음과 같은 교수전략을 사용할 수 있어야 한다(서울대학교 교육연구소, 2002: 465). 첫째, 적절한 역할놀이 장면을 제시하거나 선정하는 일을 할 수 있는 교수설계의 역량이 요구된다. 둘째, 학생들이 당황하지 않고 '마치 ~인 것처럼' 행동하도록 지원하는 학습분위기 조성이 필요하다. 셋째, 자발성과 학습을 격려하고 장려하는 역할놀이 장면을 수업과 연계하여 설계하고 수업에서 활용한다. 넷째, 학생들이 서로를 효과적으로 관찰하고 경험하며 그들이 보고 들은 바를 예리하게 해석할 수 있도록 하기 위하여 관찰과 경청기술을 학생들에게 가르친다. 인성 함양을 위한 개인의 성장과 사회적 상호작용을 모두 강조하고 있는 역할놀이는 사회과 수업, 국어의 문학 수업 등에서 개인의 감성 계발을 통한 의사소통과 연계하여 적용하는 것이 바람직하고, 초등학교 3학년에서부터 중학교 2학년까지의 학생들에게 적용하면 효과적이다(서울대학교 교육연구소, 2002: 465-466). 역할놀이법에서는 교사는 인성덕목 실천을 위한 판단이 요구되는 학생의 경험세계에 속하는 흥미 있는 대인상황을 제시할 필요가 있다. 그리고 인성교육의 방법으로 역할놀이법을 선정함에 있어서 교사는 개인치료 요법으로 활용되는 일반적인 심리극(psycho-drama)이나 드라마(drama)와는 기본 가정이나 성격이 다르다는 전제에서 대인관계에서 발생하는 문제해결을 위한 논의나 활동에 집중할 필요가 있다.

3) 체험 중심의 통합적 접근

인성교육에서 체험 중심의 통합적 접근은 덕목(도덕적 가치)에 대한 교사 주도의 설명과 함께 학생들이 직접적인 실천과 체험활동을 통하여 인성덕목의 가치에 대한 진정한 의미와 중요성을 깨닫고, 덕목과 관련된 문제에 대해 깊이 사고하고 판단하며 덕목 실천을 생활 속에서 행동으로 실천할 수 있는 능력과 태도, 성향을 기르는 것에 중점을 두는 교수 · 학습 방법이다(유병열,

2011: 238). 일반적으로 인성교육은 덕목의 피상적 이해와 암기 위주에서 벗어나 보다 바람직한 인성과 건전한 덕성을 지닌 교양 있는 인간을 육성할 수 있는 방법을 모색하여야 한다. 이와 같은 관점에서 체험 중심의 통합적 인성교육은 학교교육을 통하여 학생의 삶의 가치를 찾고 품격 높은 인간으로 성장할 수 있도록 하는 체험적이고 실천적이고 참여적인 방법, 여러 가지 생활 예절 및 기초 질서를 몸소 행하고 실천하는 가운데 민주시민으로 바르게 생활하는 방법을 몸으로 습득하는 방법, 실생활과 연계된 실천 중심의 학습이 이루어지도록 하는 방향으로 이루어져야 한다. 또한 체험 중심의 통합적 인성교육은 직접적인 실천과 행동, 구체적인 체험을 통한 인성교육의 실행이라는 방법적 변화로의 요청에 부응한다는 점에서 중요한 의미를 갖는다. 다음에서 현장학습법과 참여체험 학습법에 대하여 약술한다.

(1) 현장학습법

현장학습법은 교실 내 · 외의 생활과정에서 인성 함양과 관련되는 덕목을 중심으로 직접 탐구하고 구체적으로 체험하게 함으로써 인성덕목에 대한 이해와 가치관을 심화하고 건전한 인성적 태도와 실천력을 함양하고자 하는 교수 · 학습 방법이다(유병열, 2011). 현장학습법에는 관찰, 견학, 답사, 조사, 면접, 자료 수집 및 분석, 사례 연구, 실험법, 역사적 연구, 보고회, 발표회 등이 있다. 이와 같은 방법은 "도덕과 학습지도에서는 도덕적 삶의 모습과 가치를 탐구하고 체득하게 함으로써 그 가치규범에 대한 보다 깊은 이해와 자각을 도모하고, 도덕적 삶의 태도와 행동 성향을 증대시키는 데 크게 기여할 수 있다."(유병열, 2011: 244)는 점에서 도덕과 교육에서 중요하게 받아들여지고 있으며, 인성교육에서 강조되고 있는 덕목의 체화를 통한 습관화 전략에도 유용한 것으로 판단된다. 이와 같은 관점에서 현장학습법은 학생들의 관심과 흥미, 자기주도적인 학습의욕을 높이고, 인성덕목의 습관화 등과 관련된 현상을 구체적이고도 직접적으로 탐색 · 파악하게 함으로써 인성덕목에 대한 분석적이고 종합적인 이해를 가능하게 할 수 있다.

현장학습법을 인성교육 현장에 적용하기 위해서는 준비 및 계획 단계, 관찰 · 견학 · 조사 · 실험 등의 실천 단계, 정리 · 보고 · 논의 단계, 그리고 평가 · 발전의 단계를 거쳐 진행해야 한다. 첫째, 준비 및 계획 단계에서는 학습의 목표와 다루고자 하는 인성덕목을 선정하고, 구체적으로 관찰, 견학, 조사, 실험, 사례 연구 등과 관련된 세부적인 방법, 그리고 구체적인 교수 · 학습 환경과 교수 · 학습에 사용되는 준비물 및 자료 등을 준비한다. 둘째, 현장학습의 실천 단계에서는 학습목표와 관련되는 학습문제를 제기하고 이를 주관화, 공통화, 초점화하여 학습동기를 불러일으키면서 관찰이나 견학 등과 같은 구체적인 교수 · 학습 방법을 이용하여 구체적인 현장학습을 전개한다. 즉, 가르치고자 하는 인성덕목의 중요성, 인성덕목 실천에서 따라오는 인간관계 및 사회적 결과, 인성덕목을 실천하는 형태와 구체적인 행위 양식 등을 터득하도록 현장학습을 전개하는 것이다. 셋째, 정리 단계에서는 교수 · 학습과정에서 발표 · 논의된 것을 요약 · 정리하고 일반화를 이끌어 내면서 자기반성을 거쳐 태도와 행동으로 체화되어 습관화로 발전되도록 유도한다. 추가하여 현장학습법에 의하여 산출된 결과를 교실의 게시판에 전시하고, 학교 홈페이지를 통하여 전체 학생이나 학부모에게 알릴 수도 있다. 마지막으로 탐구과정과 활동, 결과에 대한 평가를 하면서 보다 발전된 인성덕목 실천을 위한 노력과 다짐을 하도록 하는 것도 필요하다. 종합하여 현장학습법을 통한 인성교육에서 무엇보다도 중요한 것은 습득된 자료나 산출된 결과를 놓고 분석 · 정리한 후 반드시 논의의 과정을 거침으로써 인성덕목의 체화, 실천을 위한 경험의 교류와 일반화를 유도하고 덕목 함양에 대한 자각과 내면화를 깊게 하도록 해야 할 것이다.

(2) 참여체험 학습법

참여체험 학습법은 학생들이 인성 함양을 위하여 학교 내 · 외의 다양한 체험활동에 참여하면서 인성덕목의 습관화를 목적으로 하는 인성교육의 방법이다. 이와 같이 학생들의 직접적인 참여체험을 통하여 건전한 가치관, 공동체 의식, 바람직한 민주적 생활양식 등을 학습하게 하는 방법으로서 참여체험 학습법은 개인적 실천 · 체험활동이나 집단 형태로 이루어질 수 있다 (유병열, 2011: 253). 이 학습법은 학생들이 참여적 실천체험을 통하여 다양한 실제적인 행동경험을 하게 하며, 이 과정을 통하여 학생 개인이 스스로 가치 규범의 의미를 파악하고, 좋고 나쁨, 옳고 그름을 변별하여 부정적인 측면은 거부하거나 배척하고 긍정적인 측면은 받아들여 내면화하면서 바람직한 태도와 가치관을 형성하는 데 도움을 받을 수 있게 하는 것이다. 이와 같이 실제적인 생활 속에서의 직접적인 행동실천의 경험을 통하여 건전한 민주적 의식과 생활태도를 형성하게 하는 것이 참여체험 학습법의 장점이다.

참여체험 학습법은 학생자치활동, 학교 내 · 외의 행사 참여활동, 자율적 소집단 활동 등으로 구성될 수 있다. 학생자치활동은 학급이나 학교 내에서의 중요한 문제들에 대하여 학생들이 자율적으로 협의하여 실행계획과 규칙을 정하고 이를 실천하기 위한 활동을 말한다. 학교 내 · 외의 행사 참여활동은 학급, 학교, 지역사회 등에서 이루어지는 여러 가지 의미 있는 행사, 활동 등에 참여하여 바람직한 가치 · 태도를 형성하게 하는 것을 말한다. 자율적 소집단 활동은 학생들이 자발적으로 소집단을 구성하여 의미 있는 활동을 전개함으로써 건전한 가치의식, 생활태도 등을 습득하도록 하는 것이다. 자율적 소집단 활동의 예를 들면, 학생들이 자발적으로 소집단을 구성하여 운영하는 특별한 주제의 연구클럽 활동, 건전한 노래 부르기 클럽 활동, 사육이나 재배활동, 탐사활동, 과학 발견 · 발명 활동, 소집단 봉사활동, 북한 바로 알기 활동, 바른 말 고운 말 쓰기 활동, 보이스카우트와 걸스카우트 같은 청소년 단체 활동 등이 있다.

이와 같은 인성교육을 위한 참여체험활동의 과정과 주요 활동은 다음과 같다. 첫째, 준비 및 계획 단계에서 교사는 간섭이나 강제의 방법이 아니라 학생들의 관심과 흥미를 북돋아 그들이 자발적으로 참여 · 활동하도록 유도할 필요가 있으며, 참여적 실천 · 체험활동의 목적과 이유를 인식시키고 집단을 구성하는 일, 활동계획을 세우고 준비를 갖추게 하는 일, 역할을 분담하게 하는 일, 활동 과정에서 유의점 등에 관한 지도와 조언을 포함하여 안내하는 일 등을 계획하여야 한다. 또한 지역사회 활동이나 행사에 참여할 때는 지역사회 인사, 기관 등과의 유기적인 관계망 형성을 위한 사전준비도 필요하다. 둘째, 전개 단계에서 교사는 체험활동에 관심을 갖고 지도하며 때로는 방향제시와 아이디어를 제공해 줄 필요가 있으며, 집단 구성원들 사이의 갈등이나 문제 발생을 적절히 처리하도록 돕고 좋은 성과를 얻도록 격려해 주어야 한다. 특히 학생들의 활동이 단순한 흥미나 오락, 취미활동에만 그치는 것이 아니라 인성 함양 차원에서 바람직한 가치와 태도를 형성 · 변화시키는 데까지 나아갈 수 있도록 노력해야 한다. 마지막으로 체험활동이 끝나면, 그 결과를 학급 전체에 보고하고 서로 토론함으로써 가치를 심화하고 일반화하는 반추의 기회를 가져야 한다. 이와 같은 토론 과정에서 체험활동의 성과, 활동을 통하여 새롭게 느끼고 배우고 생각한 점 등에 관한 반추 과정 (reflection process)은 중요하다. 이와 같은 체험활동 결과의 보고와 논의 과정을 거친 후 교사는 이를 종합 · 정리하고 자율적으로 체험활동에 대한 종합 평가를 함으로써 보다 나은 인성교육의 발전 방향을 모색할 수 있을 것이다.

3. 인성교육 프로그램 평가

프로그램 설계의 과정에서도 살펴본 것과 같이 교육 프로그램의 질 관리를 위한 가치와 유용성을 확인하는 과정으로서 평가는 프로그램의 개선에 공헌할 수 있으며, 교육의 책무성(責務性, accountability)을 담보하는 관점에서도 중요한 과정이다. 효과적인 인성교육을 위해서는 인성교육의 과정(process)과 결과(outcome)에 대한 평가가 이루어져야 한다(Lickona, Schaps, & Lewis, 2003). 우리나라에서 이와 관련된 인성교육 프로그램 평가를 위한 선행연구는 초기의 프로그램 효과성 검증에서부터 최근 인성을 평가하기 위한 척도 개발 연구에 이르기까지 다양하게 이루어지고 있다(서경혜, 정제영, 이주연,

김수진, 정수연, 2013; 최봉환 외, 2013; 현주 외, 2014a, 2014b). 인성교육 프로그
램 효과를 검증하는 인성교육의 평가는 학습자 만족도 평가, 프로그램 인증
을 위한 인증심사 기준에 기초한 과정평가의 측면과 인성의 하위 덕목을 중
심으로 개발된 인성검사를 통하여 프로그램 효과를 평가하는 결과평가의 측
면으로 나누어 고찰할 수 있다.

1) 학습자 만족도 평가

인성교육 프로그램에 대한 학습자 만족도 평가는 프로그램에 대한 참가자
의 느낌, 태도, 의견 등과 관련된 수집자료를 중심으로 평가목적에 맞게 평
가가 이루어지는 프로그램의 과정평가이다. 학습자 만족도 평가는 인성교육
이라는 일련의 사건(events) 그 자체와 프로그램에서 사용한 각종 자료의 효
과성에 영향을 미치는 여러 가지 사항에 대한 송환의 기초 정보를 제공하고,
참가자에게 교육 프로그램의 학습내용에 대한 책무성을 공유하는 것을 지원
하는 활동이다(이성흠, 2005). 인성교육의 학습자 만족도 평가는 프로그램의
교육내용, 프로그램을 담당한 교(강)사와 학습촉진자, 교수·학습 방법, 교
육시설 환경, 행정 관련 사항 등에 관한 프로그램 참가자의 인식, 태도, 견해
등을 평가하기 위하여 사용되고 있다.

인성교육 프로그램에 대한 참가자의 반응(reaction)은 과정(process)과 자원
(resource)과 같은 특정 프로그램의 효과(율)성을 판단하는 데 유용하게 사용
되는 '고객 만족도(customer satisfaction)'에 관한 측정자료를 제공한다. 이와
같이 프로그램 참가자의 반응을 분석함으로써 교육 프로그램의 부정적인 측
면을 수정·보완하여 프로그램의 개선을 목적으로 하는 변화에 대한 의사결
정을 내릴 수 있다. 또한 학습자 만족도 평가는 프로그램의 질 개선을 위한
계속적인 송환의 자료를 제공해 줄 뿐만 아니라 참가자에게 프로그램의 수
정·보완을 위한 건설적인 제안을 청취하는 공개토론장으로 활용할 수 있다.
프로그램에 대한 참가자의 개선사항 청취와 새로운 제안사항은 인성교육 프

로그램이 그들의 요구에 부합하는 정도와 장래 참가자를 위한 프로그램의 수정·보완에 중요한 정보를 제공할 수 있다.

2) 인성교육 프로그램 인증심사 기준

인성교육을 활성화하기 위해서 인성교육 프로그램 사용자들이 양질의 교육 프로그램을 선택하여 활용할 수 있도록 프로그램의 질을 평가하고 인증하는 체제를 갖추는 일은 필수적이다. 인성교육의 과정평가로서 인성교육 프로그램 인증기준은 인성교육 프로그램 인증 방안 연구에 기초하고 있다 (서경혜 외, 2013). 이 연구에서 제시하는 평가도구는 총 4개 평가 영역, 20개의 평가 요소로 구성되었다. 첫째, '프로그램 목표' 평가 영역과 관련해서는 ① 목표의 타당성, ② 목표의 명료성, ③ 학습자의 요구 반영, ④ 학습자의 특성 고려의 네 가지 하위 평가 요소가 포함되었으며, 둘째, '프로그램 구성' 평가 영역은 ① 목표와 내용의 부합성, ② 교수·학습 방법의 적절성, ③ 프로그램 구성의 계열성, ④ 프로그램의 독창성, ⑤ 학습자의 흥미 유발, ⑥ 실천·체험 중심의 활동, ⑦ 학습자의 성찰 지원, ⑧ 프로그램 실행의 효율성으로, 총 여덟 가지의 하위 평가 요소로 세분화되었다. 셋째, '프로그램 효과성' 평가 영역에는 ① 프로그램 실행 사례 제시, ② 프로그램 효과성 검증, ③ 프로그램 효과성 검증의 신뢰성, ④ 프로그램에 대한 자체평가의 네 가지 평가 요소가 포함되었으며, 마지막으로 '프로그램 확산 지원' 평가 영역에는 ① 매뉴얼의 체계성, ② 매뉴얼의 가독성 및 명확성, ③ 다양한 학습자료의 제공, ④ 사용자 실행 지원이 포함되어 있다.

인성교육 프로그램의 질 향상과 표준화를 유도하면서 양질의 프로그램을 설계·개발하여 교육현장에서 활용할 수 있도록 돕기 위하여 「인성교육진흥법」 제12조 제3항은 인성교육 프로그램 인증을 위한 심사기준을 〈표 4-5〉와 같이 프로그램의 구성과 내용으로 나누어 제시하고 있다. 프로그램 구성 기준은 프로그램 목차와 프로그램 시간이며, 내용기준은 프로그램 목표, 프

로그램 내용 및 구성, 프로그램 효과, 프로그램 확산 및 지원 관련 내용으로
구성되어 있다.

〈표 4-5〉「인성교육진흥법」 인성교육 프로그램 인증기준

영역	항목	세부 구성요소
1. 프로그램 구성(구성 기준)	가. 프로그램 목차	• 프로그램의 제목, 목표 및 기대효과가 기술되어 있을 것 • 프로그램의 대상, 이론적 배경, 주요 내용, 강의 · 실습 시간, 장소, 인원, 일정표, 진행 방법 · 과정, 준비물 및 진행의 유의사항이 기술되어 있을 것 • 프로그램 실행 사례, 효과성 검증 방법 및 자체평가 결과가 기술되어 있을 것
	나. 프로그램 시간	• 단일 프로그램이 최소 10차시(1시간 1차시) 이상으로 구성되어 있을 것 • 동일 프로그램을 1개월 이상 운영할 수 있도록 계획되어 있을 것
2. 프로그램 내용(내용 기준)	가. 프로그램 목표	• 인성교육과의 관련성 및 효과성이 명료하게 드러날 것 • 학습자의 요구 및 특성을 반영하고 있을 것
	나. 프로그램 내용 및 구성	• 목표 달성에 부합하는 내용일 것 • 교수 · 학습 방법이 적절하고 구체적일 것 • 교사와 학생 간 및 학생 상호 간 상호작용을 활성화할 수 있는 내용을 갖출 것 • 프로그램 내용 간 체계성이 있을 것 • 프로그램 내용이 독창적일 것 • 학습자의 흥미를 유발하는 내용일 것 • 실천 · 체험 활동 중심의 내용일 것 • 교수 · 학습자의 성찰에 도움을 주는 내용일 것 • 효율적인 프로그램 실행이 가능할 것
	다. 프로그램 효과	• 제시된 프로그램 실행 사례가 프로그램의 효과를 드러낼 수 있을 것 • 프로그램 효과성 검증 방법이 신뢰성을 갖출 것 • 프로그램에 대한 자체평가가 적절하고 타당할 것
	라. 프로그램 확산 및 지원 관련	• 프로그램 시행 설명이 읽기 쉽고, 명확하며 체계적일 것 • 프로그램 시행과 관련한 다양한 자료를 제공할 것 • 그 밖에 사용자의 프로그램 시행 지원을 위한 충분한 수단을 갖출 것

3) 인성검사

최근 인성교육의 활성화와 함께 인성교육 프로그램을 현장에서 실행하고 프로그램의 결과, 즉 효과와 유용성을 평가하기 위한 인성 측정의 평가도구에 관심이 집중되고 있다. 대표적인 연구로는 교육과학기술부(현 교육부)가 2012년에 발표한 '인성교육 비전 수립 및 실천방안 연구'(천세영 외, 2012)에 기초하여 학생의 인성 수준을 측정할 수 있는 방안 마련을 위한 기초 연구(지은림, 도승이, 이윤선, 2013)와 한국교육개발원(KEDI)이 교육부로부터 위탁받아 수행한 '초 · 중등 학생 인성수준 조사 및 검사도구의 현장 활용도 제고 방안 연구'의 일환으로 제작된 KEDI 인성검사(현주 외, 2014a, 2014b) 등이 있다.

인성지수 개발을 위한 기본 모형(지은림 외, 2013)은 '인성교육 비전 수립 및 실천방안 연구'(천세영 외, 2012)에 근거하여, 인성의 하위 영역으로 '도덕성' '사회성' '감성(정서성)'을 설정하고 있다. '도덕성'은 다양한 윤리적 상황에서 중요한 핵심 가치가 무엇인지를 인식하고 판단하는 능력과 책임 있는 의사결정을 하는 능력으로 정의하면서 정직, 책임, 윤리를 세부 영역으로 하고 있다. '사회성'은 다양한 상황과 장소에서 타인의 생각, 감정, 관점을 이해 · 파악하고, 타인과 긍정적인 관계를 형성 · 유지하고 소통하는 능력으로 정의하면서 세부 영역으로는 배려(봉사)와 공감을 예시하고 있다. '감성(정서성)'은 자신의 강점, 약점, 홍미, 능력 등을 파악하며, 개인적 목표를 설정하고 목표 달성을 위해 자신의 생각과 행동을 조절 · 실행하는 능력으로 규정하면서, 세부 영역으로는 긍정적 자기이해와 자기조절 등을 포함하고 있다.

KEDI 인성검사는 10개의 하위 요인, 즉 인성덕목을 포함하는 총 70개 문항으로 구성되어 있다. 인성검사의 10개 하위 요인은 자기존중, 성실, 배려소통, (사회적) 책임, 예의, 자기조절, 정직용기, 지혜, 정의, 시민성으로 구성되어 있고, 인성덕목별 구성 내용과 문항 수는 〈표 4-6〉과 같으며, KEDI 인성검사, 인성검사 실시요강, 인성검사 프로그램 활용법은 KEDI 인성교육지

원센터 홈페이지(http://insung.kedi.re.kr)를 통하여 내려받기(download)가
가능하다.

〈표 4-6〉 KEDI 인성검사의 기본 구성

하위 요인: 인성덕목		구성 내용	문항 수
1	자기존중	자기존중, 자기효능	7
2	성실	인내(끈기), 근면성	8
3	배려소통	타인이해 및 공감, 친절성, 대인관계 및 의사소통능력	10
4	(사회적) 책임	책임성, 협동심, 규칙이행	6
5	예의	효도, 공경	7
6	자기조절	자기통제(감정, 충동, 행동), 신중성	6
7	정직용기	정직성, 솔직성, 용감성	7
8	지혜	개방성, 판단 및 의사결정능력, 안목	6
9	정의	공정, 공평, 인권존중	5
10	시민성	애국심, 타문화이해, 세계시민의식	8
합계			70

📂 **참고문헌**

강선보, 김영래, 정창호, 이성흠, 류민영, 이동윤(2015). 학교폭력 예방을 위한 스토리텔링 기반 인문학적 인성교육 프로그램 구축방안(2014년 선정 인문학국책사업 연구결과 보고서). 서울: 교육부.

강충열, 권동택, 손민호, 이진웅, 정진영, 한상우, 장진희(2013). 인성교육 중심 수업을 위한 교육과정 편성운영 방안 연구. 서울: 교육부.

김종석, 강재희(1990). 역할놀이 수업이 아동의 도덕성 발달에 미치는 영향. 교육과정연구, 9(1), 59-72.

김재춘, 강충열, 소경희, 손민호, 진동섭, 이상수(2012). 실천적 인성교육이 반영된 교육과정 개발 방향 연구. 서울: 교육과학기술부.

나일주, 정인성(1998). 교육공학의 이해. 서울: 학지사.

박숙희, 염명숙(2007). 교수-학습과 교육공학(2판). 서울: 학지사.

박인기(2011). 스토리텔링과 수업기술. 한국문학논총, 59, 411-425.

서경혜, 정제영, 이주연, 김수진, 정수연(2013). 인성교육 프로그램 인증 방안 연구(연구보고 CR 2013-02). 서울: 한국교육개발원.

서울대학교 교육연구소 편(2002). 교육학 용어사전(전정판). 서울: 하우동설.

유병열(2011). 도덕과교육론(개정증보 2판). 경기: 양서원.

윤영선(1996). 함께 읽는 교육학이야기. 서울: 다산출판사.

이성흠(2005). 학습자 만족도 확인을 위한 교육·훈련프로그램 반응평가. 서울: 교육과학사.

이성흠, 이준, 구양미, 이경순(2017). 교육방법 및 교육공학: 의사소통, 교수설계, 그리고 매체활용(제4판). 경기: 교육과학사.

조정래(2010). 스토리텔링 육하원칙: 신문을 활용한 스토리텔링 창작법. 서울: 지식의 날개.

지은림, 도승이, 이윤선(2013). 인성지수 개발 연구. 서울: 교육부.

천세영, 김왕준, 성기옥, 정일화, 김수아, 방인자(2012). 인성교육 비전 수립 및 실천방안 연구. 서울: 교육과학기술부.

최봉환, 강인혜, 박상철, 윤주연, 장현숙, 박지현, 김화중, 김지혜, 유정혜, 박용숙(2013). 인성교육 프로그램 평가지표 개발 및 적용 방안 연구(서교연 2013-36). 서울: 서울특별시교육연구정보원 바른 품성 연구팀.

현주(2012). 학교 인성교육의 의의와 과제. Position Paper, 9(2)(통권 151호). 서울: 한국교육개발원.

현주, 임소현, 한미영, 임현정, 손경원, 장가람(2014a). 초 · 중등 학생 인성수준 조사 및
　검사도구의 현장 활용도 제고 방안 연구(수탁연구 CR 2014-39). 서울: 한국교육개
　발원.

현주, 임소현, 한미영, 임현정, 손경원, 장가람(2014b). KEDI 인성교육 실시요강: 초 ·
　중 · 고 공용(연구자료 CRM 2014-111). 서울: 한국교육개발원.

Brown, P., & Lerman, B. (2008). Evaluation. In M. J. Schwartz (Ed.), *Effective
　character education: A guidebook for future educators* (pp. 136-162). New
　York, NY: McGraw-Hill Higher Education.

DeRoche, E. F. (2004). *Evaluating character development*. Chapel Hill, NC:
　Character Development Group, Inc.

Dick, W., Carey, L., & Carey, J. O. (2008). *The systematic design of instruction* (7th
　ed.). Hudson, NY: Pearson. 김동식, 강명희, 설양환 공역(2009). 체제적 교수설계
　(제7판). 경기: 아카데미프레스.

Joyce, B., Weil, M., & Calhoun, E. (2015). *Models of teaching* (9th ed.). Boston,
　MA: Pearson. 박인우, 이용진 공역(2017). 교수모형. 서울: 아카데미프레스.

Lickona, T. (2011). Character education: Seven crucial issues. In J. L. DeVitis & T.
　Yu (Eds.), *Character and moral education: A reader* (pp. 23-29). New York,
　NY: Peter Lang Publishing.

Lickona, T., Schaps, E., & Lewis, C. (2003). *Eleven principles of effective character
　education*. Washington, DC: Character Education Partnership.

Ryan, K., & Bohlin, K. E. (1999). *Building character in schools: Practical ways to
　bring moral instruction to life*. San Francisco, CA: Jossey-Bass.

Schwartz, M. J. (Ed.) (2008). *Effective character education: A guidebook for future
　educators*. New York, NY: McGraw-Hill Higher Education.

제2부

인성교육의 방법 및 실천사례

제5장 인문학적 스토리텔링을 통한 인성교육

제6장 사회정서학습을 통한 인성교육

제7장 배려교육을 통한 인성교육

제8장 창의적 체험활동을 통한 인성교육

제9장 대화를 통한 인성교육

제10장 하브루타 인성교육

제11장 스마트교육을 통한 인성교육

제5장
인문학적 스토리텔링을 통한 인성교육

1. 인문학과 스토리텔링

현재 우리는 정보화(cyber)와 지식화(broadband IT)를 거쳐 지능화(ubiquitous) 기반 사회로 나아가고 있다. 사회의 구조는 물론이고, 우리의 인식 역시 나날이 과학 기술 중심으로 변화하고 있다. 이러한 변화는 사회의 성장 기반으로서 그 정체성과 지향성이 곧 국가의 비전으로 이어지는 교육 분야에서도 마찬가지로 나타난다. 인성과 기능의 조화로운 함양을 핵심 가치로 하는 교육 분야에서도 학제가 물리적인 기능 위주로 개편되고 있어 교육의 편향성과 더불어 인성교육의 제고가 시급한 문제로 대두되고 있다. 지난 2015년 7월 21일에 「인성교육진흥법」이 성문화되었으나 실효를 거두지 못하고 있는데, 이는 인성교육 자체가 원론적인 법령만으로 제고를 기대하기 어려운, 다시 말해 교육현장의 노력이 장기적으로 병행되어야 하는 실천적인 과제이기 때문일 것이다.

인성은 인간의 선험적 본성(human nature)은 물론, 경험적 소양이라 할 인격(성격, character)까지 아우르는 것으로, 우리는 교육의 과정을 통해 타고난 본성을 인격적으로 승화시키며 인성의 가능성을 극대화할 수 있다. 인성교육의 제고는 현재 그 목표나 내용, 방법 등과 관련하여 사회적 합의를 위한 논의가 다각도로 진행 중에 있어 그 방향성을 하나로 단언하기에 무리가 있는 상황이지만, 그럼에도 인성교육이 기본적으로 인문학적 세계관을 근간으로 함은 변함없는 사실이다.

하지만 시대가 요구하는 인문학은 어제의 인문학이 아니다. 학문은 문화의 반영 혹은 그 자체가 되어야 하는 것으로, 서구에서는 물론이고 국내에서도 시대의 문화인 디지털 기술과 융합하는 디지털인문학(digital humanities)을 논하고 있다. 서구의 경우 2009년과 2010년 2차에 걸친 「디지털인문학 선언문」[1]을 계기로 그 과제 및 비전을 본격적으로 공론화했다. 「디지털인문학 선언문」은 디지털 시대에 인문학의 쇄신 혹은 참여를 다짐하는 학계의 자기 표명이라고 할 수 있다.

인문학적 세계관을 중심 기반으로 하면서 동시에 현대 디지털 과학의 비전을 융합적으로 수용하고자 하는 학문적 현상이자 산물인 디지털인문학은 디지털 혁명이라는 시대적 변화 속에서 현실과 유리된 기존의 학제와 매체 그리고 담론의 방식을 재고하여 시대참여적인 인문학의 새 지평을 모색하고자 한다. 디지털인문학은 인쇄 텍스트 의존적이던 인문학이 디지털 시대 시청각 텍스트에 어떻게 접근하고 기여할 것인가, 디지털 기술이 인간의 실존에 미치는 영향을 어떻게 인식·수용해야 할 것인가, 그리고 디지털 기술과 어떻게 방법론적으로 소통할 것인가를 성찰한다.

디지털인문학의 원리는 오감에 호소하는 대중친화적 멀티미디어를 기반으로 한 소통이다. 어제의 인문학이 권위적 지식이었다면, 오늘의 인문학은 소통적 지식이라고 할 수 있다. 디지털인문학은 학문으로서의 권위와 지적 폐쇄성을 포기하고 참여와 실천을 표방한다. 디지털인문학은 선언문을 통해

---

1) "The Digital humanities Manifesto 2.0" (2009, 미국), http://manifesto.humanities.ucla.edu/2009/05/29/the-digital-humanities-manifesto-20/; "Manifeste des Digital humanities" (2010, 프랑스), https://tcp.hypotheses.org/318.

'like it or not', 즉 '좋든 싫든' (권위적) 학문과 (대중적) 인터넷 간 융합의 결정체인 구글(Google)과 위키피디아(Wikipedia)에 도전할 수밖에 없음을 선언한 바 있다. 다시 말해, 디지털인문학은 대중문화의 기반인 멀티미디어를 기반으로 한 참여적이고 실천적인 소통의 학문을 지향한다.

요컨대, 오늘의 인문학은 문화의 주체가 된 대중과 소통하는 상호작용적인 에듀테인먼트[edu(cation+enter)tainment]이고자 한다. 고대의 철학자 호라티우스(Horatius)는 이미 지식도 우선 즐거워야 한다는, 즉 교훈적 기능과 오락적 기능을 동시에 수행해야 한다고 하는 학문(예술)의 당의정(糖衣錠) 이론을 피력한 바 있다. 21세기 대중문화 시대의 인문학은 대중 학습자를 위한 혹은 학습자에 의한 에듀테인먼트, 학습자의 동기와 흥미를 유발하고 참여를 유도할 수 있는 '지식의 재미있는 전달 혹은 소통'이고자 한다. 인문학적 세계관과 디지털 과학의 융합, 말하자면 인간의 정서와 진화한 멀티미디어의 조화로운 융합을 통한 즐거운 학습, 엔터테인먼트인 교육, 즉 에듀테인먼트를 고려할 때 스토리텔링(storytelling)은 이상적이고 효과적인 인문학적 기법이 된다. 영화의 시청각 체험을 넘어 오감을 사로잡는 게임의 가상세계 속 대리체험의 극적 즐거움을 경험한 세대의 인성교육은 교수자의 권위와 지식에 의존한 일방적인 강의만으로는 학습자의 동기와 흥미를 유발하기 어려우며, 목표로 하는 결과 역시 기대하기 어려울 것이다. 이제 인성교육은 일방적인 가르침이 아니라 상호작용적인 소통이어야 한다. 오늘날 우리가 인문학적 스토리텔링을 통한 인성교육을 이야기하는 까닭이 바로 여기에 있다. 스토리텔링은 교수자의 요구에 부합하는 동시에 학습자의 흥미와 능동적인 참여를 유도하는 상호소통적 원리의 담론 양식으로서, 디지털 세대의 인문학적 인성교육을 위한 매우 유효한 교수법이라고 할 수 있다.

〈표 5-1〉 서사와 스토리텔링

	서사	스토리텔링
미학	형식(문학의 전형적 양식)	소통(구술, 게임의 전형적 양식)
담화 방식	일방성(non-interactivity) 화자가 청자에게 이야기를 일방적으로 전달하는 방식	쌍방성/상호작용성(interactivity) 화자와 청자가 이야기를 서로 주고받는 방식
담화 구조	선형성(linearity) (결말이 닫힌) 선형적 완결구조	비선형성(non-linearity) (결말이 열린) 비선형적 개방구조
속성	(서술적) 시간성 · 인과성 · 형식성	(재현적) 시공간성 · 다감각성 · 상호작용성
장르	문학, 만화, 영화, 애니 등 닫힌 서사 장르	연설, 구비문학, 만화, 영화, 애니, 게임 등 구술 · 다감각 · 상호작용 장르

출처: 류은영(2009: 247).

　　스토리텔링은 '실제나 허구의 사건을 시각, 청각 등에 호소하며 실시간으로 전달하거나 서로 주고받는 구술 전통의 시공간적, 다감각적 또는 상호작용적 소통방식으로서, 20세기 말 이후 디지털 매체의 발달과 함께 상용화되면서 정치, 경제, 사회 문화 전반, 특히 미디어 및 엔터테인먼트 산업의 핵심 소통장치가 된 담화 양식'이다(류은영, 2009: 245). 스토리텔링의 기본 속성인 시공간성(spatiotemporality), 다감각성(multisensibility), 상호작용성(interactivity)은 구술과 동시에 디지털 양식의 공통된 속성으로, 세 속성 중 어느 하나 이상을 속성으로 하는 담화를 가리켜 스토리텔링이라 일컫는다. 전형적인 디지털 담화 양식인 게임은 시공간적이고 다감각적이며 상호작용적인 스토리텔링의 현대적 전형이라고 할 수 있다. 담화의 양식은 매체의 발달과 더불어 변화하는 것으로, 이제 스토리텔링은 디지털의 상용화에 힘입어 그 기원인 구술의 장은 물론, 21세기 멀티미디어 및 엔터테인먼트 산업의 장을 주도하는 핵심적인 담화 양식이 되었다.

　　현재 스토리텔링은 거의 모든 분야에서 인쇄 텍스트의 전형적 담화 양식인 서사(narrative)와 그 기능을 분담하고 있다(Salmon/류은영 역, 2010: 5-15). 서사와 상보적으로 혹은 서사를 기반으로 연출 재현되고 있다. 예컨대, 연설

(스토리텔링)은 연설문(서사)을, 스크린(스토리텔링)은 시나리오(서사)를, 게임 (스토리텔링) 역시 시나리오(서사)를 기반으로 한 연출 혹은 재현이다. 특히 게임의 시나리오는 변화무궁한 엔딩만큼이나 치밀하고 다중적인데, 아이러 니하게도 디지털미디어의 전형인 게임, 원론적으로 상호작용(스토리텔링)의 체계라 일컬어지는 비선형적 게임의 기반 역시 결국은 미리 프로그래밍된 치밀한 룰(서사)이다.

2. 에듀테인먼트 스토리텔링: 배우기에서 향유하기로

상호작용(interaction)이 가능한 디지털 매체 시대의 교육은 지식을 일방 적으로 주입하는 교수적인 방식보다 매체 연동 방식으로 학습자가 언제 어 디서나 자유롭게 참여하여 즐기는 가운데 지식을 얻는 소통적인 방식, 곧 에듀테인먼트로 변화하고 있다. 에듀테인먼트(edutainment)란 에듀케이션 (education)과 엔터테인먼트(entertainment)의 합성어로, 교육에 재미라는 요 소를 결합시켜 학습자의 참여와 흥미를 유도하는 새로운 형태의 교육 양식을 말한다(백영균, 2005: 67).

에듀테인먼트의 담화 기반은 스토리텔링이다. 스토리텔링은 지식을 이야 기처럼 재미있는 형식으로 풀어 전달함으로써 학습이 수동적인 배움이 아니 라 능동적인 향유가 될 수 있도록 학습자의 요구에 부합하면서 동시에 즐거 움을 주는 교육을 지향한다. 게임 형식을 변용한 에듀테인먼트 스토리텔링 은 가장 효과적인 사례가 될 수 있다.

에듀테인먼트 스토리텔링은 벤치마킹하는 매체(장르)나 양식, 시스템 등 에 따라 다양한 유형으로 나타나는데, 학습자의 요구 및 수준을 고려하여 적 절한 유형의 에듀테인먼트 스토리텔링으로 구성할 수 있다.

우선 매체(장르)별로는 출판, 방송, 영화, 애니메이션, 게임, e-러닝 등의 유형이 있다.

매체(장르)별 에듀테인먼트 스토리텔링

- 출판: 지식을 스토리 형식으로 풀어 전달하는데, 대개 구성은 정교하나 상호작용성은 미약하다. 『로빈슨 크루소 따라잡기』『마법천자문』『신기한 스쿨버스』등이 있다.
- 방송: 대부분 교양과 오락 프로그램을 결합한 형식이나 오락적 속성이 보다 우세한 경향을 보인다. 〈스펀지〉〈상상플러스〉〈비타민〉〈1대100〉〈문제적 남자〉등이 있다.
- 영화: 지식 자체의 제공보다는 인간 현실에 대한 전반적인 통찰 및 교훈을 제시한다. 〈쥬라기 공원〉〈쉰들러 리스트〉〈다빈치코드〉〈인터스텔라〉〈명량〉등이 있다.
- 애니메이션: 어린이들이 주요 수요층인 관계로 영화보다 교훈적 성격이 강하다. 〈프린스&프린세스〉〈센과 치히로의 행방불명〉〈로빈슨 가족〉〈리오 2〉 등이 있다.
- 게임: 무역, 도시기획, 비즈니스, 주식 등 실용적인 지식은 물론, 인성 발달까지 시뮬레이션 체험을 통해 터득하도록 한다. 〈심시티〉〈거상〉〈군주 온라인〉〈누구지?〉 등이 있다.
- e-러닝: 온라인 네트워크 교육으로 사이버 교육, 원격 교육, 온라인 교육 등으로 지칭되는데, 대체로 상호작용을 기반으로 하는 게임의 양식을 빌려 지식을 재미있게 전달한다. 〈짱구교실〉〈윙글리시〉〈과학마당〉등과 사이버 대학 교육도 이에 해당한다.

그리고 양식별로는 롤플레잉, 퀘스트, 퍼즐, 시뮬레이션, 어드벤처, 액션 등 게임 양식을 활용한 여러 유형이 있는데, 대개 한 가지 이상의 양식을 결합한 복합 양식의 유형이 다수를 이룬다. 에듀테인먼트는 원론적으로 게임과 불가분의 관계이다. 왜냐하면 즐겁게 참여하는 학습을 표방하는 만큼 기본적으로 재미와 상호작용을 원리로 하는 게임 양식을 유효적절하게 활용하기 때문이다. 다시 말해, 에듀테인먼트 스토리텔링은 게임 양식의 변용이라고 할 수 있다. 몇 가지 주요 양식을 정리해 보면 다음과 같다.

양식별 에듀테인먼트 스토리텔링

- 롤플레잉 스토리텔링: '캐릭터(학습자) → 경쟁 → 보상'의 플롯을 따라 전개되며, 다음의 원리를 따른다.
  - 캐릭터는 학습자의 에이전트로 학습자의 참여를 유도한다.
  - 스토리는 대개 퀴즈, 퍼즐 등 경쟁과 보상의 반복으로 전개된다.
  - 아이템, 점수, 레벨, 평가 등의 다양한 피드백과 보상 시스템을 통해 상호작용성을 강화할 수 있다.
  - 난이도는 쉬운 단계에서 어려운 단계로 높여 가되, 너무 쉽거나 너무 어렵지 않도록 구성해야 한다.
  - 캐릭터 성장 시스템을 도입하여 학습자의 감성적 몰입을 강화할 수 있다.
  - 〈마법천자문〉〈영어 공략왕〉〈젤리젤리〉 등이 있다.
- 퀘스트 스토리텔링: '퀘스트(사건) → 외적 장애물 → 외적 목표 → 내적 목표'의 플롯을 따라 전개되며, 다음의 원리를 따른다(사례: 『로빈슨 크루소 따라잡기』).
  - 퀘스트가 사건의 기능을 하며, 경로(스토리)를 연계한다.
  - 외적 장애물로 퀘스트를 만들어 낸다('물'이 없음).
    이어 퀘스트는 외적 목표와 연결된다(무인도에서 살아남기 위해 물이 필요함).
    마지막에는 내적 목표로 연결되어야 한다(물을 얻고자 하는 외적 목표가 증류, 여과, 응집에 이르는 과학 지식의 이해라는 내적 목표로 연결됨).
  - 퀘스트는 추상적이기보다 구체적이어야 한다.
  - 『로빈슨 크루소 따라잡기』〈과학마당〉〈젤리젤리〉 등이 있다.
- 공간 스토리텔링: '사건 발생 → 가상공간으로 이동(외적 목표로 연결) → 가상공간의 체험(내적 목표로 연결)'의 플롯을 따라 전개되며, 다음의 원리를 따른다.
  - 공간 이동이 경로(스토리)를 연계한다.
  - 가상공간은 실제로는 가기 힘든 혹은 추상적인 공간을 구체적으로 형상화하여 재현한 공간이다.
  - 공간의 '이동'은 외적 목표(스토리)로 연결되고, 공간의 '체험'은 내적 목표(지식)로 연결된다.
  - 추상적인 관념 혹은 지식의 형상화(이미지, 그래픽, 동영상 등), 즉 허구적 공간의 입체적 창출이 스토리텔링의 세계관을 구현한다.
  - 〈신기한 스쿨버스〉〈마법의 시간여행〉〈대항해시대 온라인〉 등이 있다.

이 외에도 상호작용성을 기준으로 아날로그(오프라인)와 디지털(온라인)의 두 유형이 있다. 현재 에듀테인먼트는 멀티미디어를 기반으로 학습자의 상호작용적인 참여를 극대화하는 방향으로 나아가고 있어 디지털 에듀테인먼트의 발달이 두드러지고 있다.

이상과 같은 다양한 유형의 에듀테인먼트 스토리텔링의 주요 특성 및 원리를 정리해 보면 다음과 같다.

에듀테인먼트 스토리텔링의 특성 및 원리

• 온·오프라인의 상호벤치마킹: 현재 에듀테인먼트 스토리텔링은 온·오프라인의 상호벤치마킹, 특히 온라인의 오프라인 벤치마킹 경향이 우세하다. 대체로 문학, 애니메이션, 영화 등의 서사를 원용하고 있다.

• 패러다임과 서사의 결합: 에듀테인먼트 스토리텔링은 추상적이고 객관적인 지식을 지향하는 패러다임적 사고와 구체적이고 주관적인 지식을 지향하는 서사적 사고를 상호보완적으로 결합한다(이인화 외, 2003: 233-235). 다시 말해, 에듀테인먼트 스토리텔링은 추상적인 개념이나 객관적인 지식을 학습자가 구체적으로 또 주관적으로 경험해 볼 수 있도록 만든다.

• 어떻게? 재미있게!: 에듀테인먼트 스토리텔링의 관건은 전달해야 할 지식 혹은 정보를 '어떻게' 전달하느냐에 있다. '어떻게'의 기준은 '재미있게'이다. 따라서 학습자가 '재미'를 느낄 수 있는 요소를 철저히 분석해야 하며, 이를 위해서는 무엇보다 학습자의 성향과 눈높이를 미리 파악해야 한다. 하지만 오로지 재미만을 추구해 에듀테인먼트가 단순한 흥미를 위한 게임이 되어서는 안 될 것이다. 다시 말해, 에듀테인먼트 스토리텔링은 외적으로는 즐거운 게임의 형식을 띠고 있지만, 궁극적인 내적 목표는 교육이라는 사실을 유념해야 한다.

	외적 목표(서사)	내적 목표(패러다임)
에듀테인먼트 스토리텔링	재미	교육
『로빈슨 크루소 따라잡기』	무인도 생존·탈출기	과학 지식의 원리 이해
『모험도감』	즐거운 캠핑	캠핑 지식과 자연 동식물 이해

- 논리보다 스토리로: 에듀테인먼트 스토리텔링은 정보나 지식을 있는 그대로 논리 적으로 전달하기보다는, 그 '맥락'을 스토리화하여 재미있게 전달한다. 다시 말해, 학습자가 정보나 지식을 이야기처럼 몰입하여 즐기는 사이에 저절로 터득할 수 있 도록, 이성적인 논리보다는 감성에 호소할 수 있는 스토리 형식으로 구성해야 한다.
- 경로탐색 스토리: 에듀테인먼트 스토리텔링의 기본 원리는 다양한 지식을 일종의 경로를 통해 종합하는 경로탐색 과정의 스토리화이다. 예컨대, 무인도에서 살아남 는 경로를 거치며 관련 정보들을 탐색·해결해 가는 『로빈슨 크루소 따라잡기』사 례처럼, 에듀테인먼트 스토리텔링은 일정한 경로를 따라 문제 혹은 갈등을 단계적 으로 탐색·해결해 나가는 경로탐색 스토리가 주를 이룬다. 경로는 '플롯'에, 각 탐 색은 '에피소드'에 상응한다.
- 상호작용성과와 몰입: 학습자가 경로탐색을 마치 자신의 스토리처럼 느끼며 몰입 해 게임처럼 즐길 수 있도록 구성하여 상호작용성을 극대화해야 한다. 상호작용성 은 몰입을 위한 기반으로 피드백 효과를 높일 수 있다.

※ 몰입(Csikszentmihalyi/이희재 역, 1999)
몰입이란 스스로 느끼지 못하는 사이에 적극적으로 행위를 이끌어 내는 정신 상태 를 말한다. 몰입의 가능성은 대응을 요구하는 명확한 목표가 존재할 때, 그리고 목 표가 너무 쉽지도 어렵지도 않을 때 높아진다. 학습자가 몰입을 하게 되면 피드백 의 효과가 빨리 나타난다.

특히 앞으로도 계속 디지털 에듀테인먼트 스토리텔링의 중요성이 더해 갈 것인 만큼 그 특성 및 원리를 좀 더 변별적으로 이해할 필요가 있다.

디지털 에듀테인먼트 스토리텔링의 특성 및 원리
- Any-one-time-place: 누구나 언제 어디서든 학습이 가능하다.
- 체험학습: 텍스트, 이미지, 그래픽, 사운드, 인터랙션(상호작용) 등 멀티미디어적 복합성을 기반으로 한 오감형 체험학습이 가능하다.
- 맞춤학습: 학습자가 자신의 요구와 수준에 맞는 알맞은 콘텐츠를 선택할 수 있으며, 반복 및 스크랩, 편집 등이 용이하다.
- 몰입 환경: 디지털 에듀테인먼트 스토리텔링은 멀티미디어(=오감) 기반의 다중적 장치를 통해 최적의 몰입 환경을 제공한다.
- 재현과 타이밍: 오감에 호소하여 몰입을 강화해야 하는 만큼, 실감 나는 시각적 재현은 물론 순간적 일치감을 줄 수 있는 적절한 타이밍의 그래픽 및 사운드 효과가 필수적이다.
- 하이퍼링크: 메인 콘텐츠를 중심으로 관련 링크를 풍부하게 제시하여 백과사전적인 학습, 취사선택적인 학습이 가능하도록 구성한다.

3. 인성교육을 위한 인문학적 스토리텔링

에듀테인먼트 스토리텔링은 수동적인 배움이 아니라 능동적인 향유이다. 지식을 일방적으로 전달받는 것이 아니라 학습자 스스로 재미있게 몰입하여 느끼고 익히는 소통이고 즐김이다. 에듀테인먼트 스토리텔링은 지식을 재미 요소가 풍부한 매체(장르)나 양식, 시스템을 차용하여 학습자가 즐겁게 느끼며 체득하도록 하는 교육의 새로운 한 방식이다. 에듀테인먼트 스토리텔링은 벤치마킹하고자 하는 매체(장르)나 양식, 시스템의 특성 및 원리를 이해하고, 이를 대상 학습자의 요구 및 수준을 고려하여 적절히 응용 구성하여 시행할 수 있다.

특히 인성교육은 아직 공부보다 놀이가 좋은 청소년을 대상으로 하는 만큼, 에듀테인먼트 형식은 매우 합당하고 효율적인 교육 방식이 될 수 있다. 사실, 인성교육은 기본적으로 인문학을 중심으로 이루어지는 까닭에 청소년의 경우 인성교육이라고 하면 자칫 어렵고 무거운, 말하자면 재미없는 공부라는 인식을 가지기 쉽다. 따라서 되도록 인문학의 논리를 스토리텔링 형식으로 재미있게 풀어 즐기는 가운데 체화할 수 있도록 할 필요가 있다. 구체적인 이해를 위해 이 장에서는 인성교육을 위한 인문학적 스토리텔링의 일례도 함께 구상해 보도록 할 것이다.

인성교육이 목표로 하는 인성덕목이라는 관념적 가치의 체득은 단순히 가르치고 훈련시키는 과정만으로는 어려우며, 덕목을 체득하는 데 뒷받침이 되는 성향, 기능, 능력 등, 다시 말해 역량(competency)을 함께 양성시켜야 한다. 역량은 덕목을 구성하는 하위 요소라고 할 수 있다. 예컨대, 한국교육개발원(KEDI)의 '10대 덕목'이나 미국 라이브와이어미디어(Live Wire Media)의 10대 덕목 '굿캐릭터(GoodCharacter)'를 살펴보면 기조에는 서로 큰 차이가 없음을 알 수 있는데, 동서양의 두 모델을 종합해 주요 덕목 및 그 하위의 역량을 정리해 보면 〈표 5-2〉와 같다.

〈표 5-2〉 인성교육 10대 덕목 재구성(안)

기본 카테고리	주요 덕목	하위 요소(역량)
자기 존중 (자기애/ 자기에 대한 의무)	1. 정직 · 진실성	자기인식, 자기긍정, 자기표현
	2. 용기	긍정적 사고, 자존감
	3. 성실	근면성, 완전성
	4. 통합성	자기통제, 자주성, 자율성, 자아정체성
	5. 지혜	자아성찰, 판단력, 의사결정능력
타인 존중 (타인 사랑/ 타인에 대한 의무)	6. 배려 · 박애	연민, 공감, 소통, 관용, 개방성, 봉사
	7. 책임 · 신뢰성	의무감, 교제능력
	8. 공정 · 정의	비판적 사고, 정의감
	9. 시민성	공동체의식, 준법성
	10. 예의	–

출처: 김영래 외(2015: 36).

이 모델은 잠정안의 하나이다. 현재 사회 각계에서 덕목과 역량의 항목이나 항목 간 의미관계 등에 대한 다각적인 검토가 이루어지고 있는데, 그와 같은 일련의 논의 과정을 통해 현실적으로 유효한 사회적 합의안을 이끌어 낼 수 있을 것으로 기대한다.

그러므로 잠정적이라 할 수 있는 상기의 '인성교육 10대 덕목' 안을 기반으로 인성교육을 위한 인문학적 스토리텔링 모델을 실제로 한번 구상해 보자.

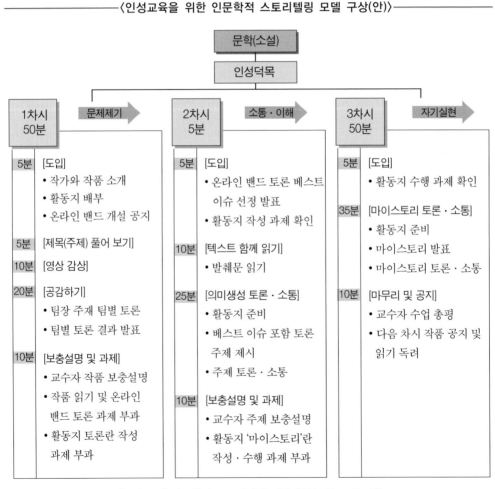

[그림 5-1] 인문학적 스토리텔링 기반 인성교육 프로그램

인성교육을 위한 인문학적 스토리텔링	
목표	인성덕목 교육

인성의 함양을 위한 주요 덕목을 어려운 논리로 전달하는 것이 아니라 스토리화하여 학습자가 몰입하여 즐기는 가운데 자연스럽게 체화할 수 있도록 교육한다.

주제	선별 인성덕목

주요 덕목은 곧 스토리텔링의 주제로서, 학습대상자의 요구와 수준을 고려하여 우선적으로 요구되는 덕목부터 차례로 선별하여 단계적으로 교육한다.

인물(대상)	고등학교 2학년

사춘기를 지나 본격적인 인성교육을 필요로 하며 인문학적 사유가 가능한 고등학생을 대상으로 하되, 아직 대학 입시의 부담이 상대적으로 덜하고 학교생활에 어느 정도 적응한 2학년을 대상으로 한다.

사건	선별 인성덕목 관련 소설 스토리

인문학 영역에서 고등학교 2학년의 관심과 흥미를 가장 자연스럽게 유도할 수 있고, 또한 큰 각색 없이 바로 스토리텔링으로 연계 가능한 서사 장르인 소설 문학을 선택하면 여러모로 효과적일 수 있다. 소설의 사건 스토리를 기반으로 교수자와 학습자, 학습자와 학습자 간 상호 소통을 활성화하면서 수업을 효과적으로 진행할 수 있다. 어떤 소설 작품을 선정할 것인가는 청소년의 현실과 감성의 범위를 크게 벗어나지 않는 작품들 중 주제(선별한 인성 덕목 및 역량)의 논리와 가치를 가장 입체적으로 잘 구현하고 있는 작품을 선정하면 좋다.
작품 선정 기준을 좀 더 구체적으로 기술하면 다음과 같다.

• 인성교육 요소를 잘 담고 있는 권장할 만한 명작 소설
• 청소년의 의식 수준에 맞고 흥미를 불러일으킬 만한 작품
• 독서를 부담스러워하는 멀티미디어 세대가 보다 쉽게 주제에 접근 · 몰입할 수 있도록 영화나 애니메이션으로도 각색 제작된 작품

배경	시간(수업시수)과 공간

시간은 한 학기 12주 기준 주당 1시간 총 12시간 수업시수를 기준으로, 먼저 4개의 주제를 선정하고 3주 단위로 한 주제씩 순차적으로 수업하도록 한다. 공간은 온 · 오프라인 복합 공간으로서 교실 수업과 온라인 밴드 토론을 연계하여 진행한다.

연동 매체(장르)	문학, 영화, 애니메이션, e-러닝

1차시 수업을 시작하면서 먼저 학생들의 사전적 이해를 돕고 흥미를 유도하기 위해 소설 작품을 각색한 10~20분 내외 분량의 영상 편집본을 감상하도록 하면 수업 참여도 및 교육 효과를 자연스럽게 높일 수 있으므로, 되도록 동영상을 활용하는 것이 좋다. 이는 또한 학생들이 다음 2차시 수업 전까지 해당 소설을 직접 읽어 보고 싶도록 동기부여를 하는 의미도 있다.

그리고 1차시 수업 중의 토론을 e-러닝 형식으로 일상에서도 계속 이어 갈 수 있게 온라인 밴드 토론을 독려하고, 2차시에 밴드 토론 이슈 가운데 가장 많은 토론이 오간 베스트 이슈를 선정하여 실제 수업 토론 주제 중 하나로 활성화함으로써 학생들 간 자발적 참여, 선의의 경쟁, 성취감, 소통 등의 값진 경험과 학습 효과를 얻을 수 있도록 한다.

스토리텔링 양식	롤플레잉, 퀘스트, 퍼즐 등

감수성이 풍부한 청소년 시기의 학생들은 스토리 속 인물에 쉽게 감정이입을 하고 동일화의 체험을 한다. 다시 말해, 자신도 모르게 롤플레잉을 통해 퍼즐처럼 얽힌 사건의 스토리를 단계적으로 탐색 및 해결하려는 의지를 가지게 된다. 교수자는 그러한 탐색 과정 하나하나에 모두 혹은 직접적으로 개입하기보다 최소한의 조력자 역할을 견지하도록 한다. 다시 말해, 탐색의 기본 경로를 제시하고 학습자가 탐색의 경로를 잃거나 이탈을 할 때 다시 찾아갈 수 있도록 드러나지 않게 암묵적 도움을 주는 조력자의 역할로 충분하다.

에듀테인먼트 스토리텔링은 학습을 게임처럼 스스로 즐기고 실현하도록 하는 자기실현의 한 방식이라고 할 수 있다. 학습자 스스로가 스토리의 주인공이 되어 사건을 헤쳐 나가는 가운데 의미를 인식하고 체득하게 되며, 이는 실제 삶의 체험처럼 내재화하면서 귀납적으로 인성 덕목의 체화라는 내적 목표에 이르게 된다.

플롯	3장(3 Act) 구성

3단계 구성으로, 1차시 셋업(문제제기), 2차시 갈등(소통·이해), 3차시 해피엔딩(자기실현)으로 구성해 볼 수 있다.

4. 인성교육을 위한 인문학적 스토리텔링 사례: 『앵무새 죽이기』

『앵무새 죽이기(To kill a mockingbird)』

하퍼 리(Harper Lee, 1960)

『앵무새 죽이기』	
인성덕목	• 공정 · 정의: [역량] 비판적 사고, 정의감 • 배려 · 박애: [역량] 연민, 공감, 소통, 관용, 개방성, 봉사

❑ 1차시

1차시 - 문제제기		
도입	5분	• 작가와 작품 소개 • 활동지 배부 • 온라인 밴드 개설 공지

"여러분, 한 주 잘 지냈죠? 이번 3주간 우리가 함께 읽고 토론할 작품은 하퍼 리의 『앵무새 죽이기』입니다. 이번 시간에는……."

● 작가 소개-하퍼 리(Harper Lee, 1926~2016)

1926년 미국 남부 앨라배마 주 먼로빌 태생. 아버지는 변호사로 앨라배마 주의회 의원을 지냈으며 1남 2녀 중 막내. 공립학교 졸업 후 1944년에 헌팅턴 대학에 입학, 1945~1949년에는 앨라배마 대학에서 법학을 공부했다. 교환학생으로 영국 옥스퍼드 대학에서 1년간 수학하기도 했다. 학창시절 짧은 글들을 발표했던 하퍼 리는 1950년대 초 이스턴항공사와 영국항공사에서 일하면서 본격적으로 소설을 쓰기 시작, 이후 친구들의 재정적 도움으로 글쓰기에 전념하여 1960년에 드디어 그녀의 처녀작이자 사실상 유일한 소설인『앵무새 죽이기』를 출간했다.

『앵무새 죽이기』는 출간과 함께 대중적인 성공과 문학적인 성과를 동시에 거둬, 출간된 지 2년 만에 5백만 부 이상이 팔렸으며 100주에 걸쳐 베스트셀러의 자리를 지켰고, 1962년에는 그레고리 펙 주연의 영화로 만들어져 아카데미 수상작이 되기도 했다. 하퍼 리는 출간 이듬해인 1961년에 퓰리처상과 앨라배마 도서관협회상, 국제 기독교 및 유대인 연맹조합상, 1962년에는 그해의 최고 베스트셀러상을 수상했다.

하퍼 리는 최근까지 『앵무새 죽이기』 한 작품밖에 쓰지 않았는데, 지인이 그 이유를 묻자 "그렇게 히트를 친 작품을 쓴 후에는 또 써 봤자 내리막길밖엔 없을 거야."라고 답했다고 한다. 연설이나 인터뷰도 꺼려 했으며, 글쓰기 외의 관심사는 골프와 음악, 범죄학이었다고 전한다. 하지만 2014년 8월 말에 하퍼 리의 안전 금고에서 『앵무새 죽이기』의 전작이자 후속작이라 할 수 있는 『파수꾼』의 원고가 발견되면서 55년 만에 세상에 공개돼, 2015년 7월 14일 한국을 포함한 10개국에서 동시에 출간되었다. 하지만 이 소설은 전 세계 독자들에게 충격을 안기는데, 전작 『앵무새 죽이기』에서 흑인 톰을 변호했던 주인공의 아버지(실제 하퍼 리의 아버지가 모델인) 애티커스가 20여 년이 지난 시점의 『파수꾼』에서 인종주의자로 등장하기 때문이다.

앨라배마 작가포럼은 1998년에 앨라배마 출신 우수 작가에게 수여하는 하퍼리상을 제정했다.

● 작품 소개-『앵무새 죽이기』

"앵무새는 우리를 위해 노래를 불러줄 뿐이지. 우리 채소밭에서 무엇을 따먹지도 않고, 옥수수 창고에 둥지를 틀지도 않고, 오로지 우리를 위해 마음을 열고 노래를 부를 뿐이지. 그래서 앵무새를 죽이는 건 죄가 되는 거야."

– 『앵무새 죽이기』(Lee/김욱동 역, pp. 173-174)

『앵무새 죽이기』는 인종차별 및 소수 집단에 대한 불평등의 문제가 사회적으로 대두되기 시작한 1930년대 미국 남부를 배경으로 한 소설이다. 주인공 소녀 스카웃의 성장 과정과 함께 그녀의 눈을 통해 당시의 사회문제를 동시에 담아낸 성장소설이자 사회소설이라고 할 수 있다. 스카웃이 화자가 되어 여섯 살부터 아홉 살까지 자신의 어린 시절을 회상하는 형식으로 기술하고 있는 작가 자전적 성격의 소설로 알려져 있다. 소설의 배경인 메이콤의 모델은 하퍼 리가 성장했던 먼로빌이며, 스카웃의 아버지 애티커스 핀치는 실제 변호사였던 자신의 아버지를 모델로 했다고 한다.

말괄량이 소녀 스카웃이 세상과 부딪히면서 인간의 본성과 자신의 정체성을 깨달아 가는 과정의 이야기로 전개되는데, 주된 에피소드는 스카웃의 아버지 핀치 변호사가 백인 여성을 성폭행한 혐의로 구속된 흑인 남성 톰의 변호를 하는 내용이다. 핀치는 마을 사람들의 집단적 비난과 위협에도 불구하고 톰을 변호하지만, 결국 백인 배심원들은 유죄 평결을 내리고 만다.

『앵무새 죽이기』는 흑인의 인권, 소수 집단에 대한 편견, 성차별과 같은 사회비판적

이야기를 중심으로 인간의 부조리한 조건과 인간적 가치, 특히 정의(비판적 사고, 정의감)와 박애(연민, 공감, 소통, 관용, 개방성, 봉사)의 가치에 대한 성찰을 담고 있다. 소설 제목의 앵무새는 약자 혹은 소수자를 상징하며, 소설의 화자는 어린 소녀로 그 동심에 비친 세상은 무거운 것이나 무겁지 않게 그려지고 있다.

1991년 북오브더먼스클럽과 미국국회도서관 공동 조사 결과, 성경 다음으로 독자의 마음을 바꿔 놓는 데 이바지한 책으로 꼽힌 『앵무새 죽이기』는 미국 문학을 대표하는 소설일 뿐만 아니라 세계 40여 개 언어로 번역되었을 만큼 인간 보편의 가치를 담고 있는 작품으로 평가된다.

● 활동지 배부

● 온라인 밴드 개설 공지

제목(주제) 풀어 보기	5분	• 작품 제목 소개 및 의미 풀어 보기

"여러분, 소설의 제목은 보통 작가가 작품을 통해 이야기하고자 하는 가장 핵심적인 의미 내지 메시지를 담고 있기 마련인데요. 그런 관점에서 『앵무새 죽이기』라는 제목의 의미를 우리 한번 같이 생각해 볼까요? ……"

● 작품 제목 소개 및 의미 풀어 보기: '앵무새' 그리고 『앵무새 죽이기』

역자 김욱동에 따르면, 'Mockingbird'는 본래 '앵무새'가 아니라 미국 남부 지방에서 주로 서식하는 지빠귀류(類)의 새이다. 다른 새의 울음소리를 곧잘 흉내 낸다 하여 '흉내쟁이지빠귀'라고도 부른다. 집에서 키우는 앵무새인 'Parrot'과는 전혀 다른 종류의 새다. 역자는 이미 이 작품이 『앵무새 죽이기』라는 이름으로 독자들에게 익숙해져 있기 때문에 굳이 '지빠귀'로 바꾸지 않고 그냥 '앵무새'로 옮겼음을 밝힌 바 있다.

책 속에서 앵무새는 다음과 같은 의미를 지닌다.

"앵무새는 우리를 위해 노래를 불러 줄 뿐이지. 우리 채소밭에서 무엇을 따 먹지도 않고, 옥수수 창고에 둥지를 틀지도 않고, 오로지 우리를 위해 마음을 열고 노래를 부를 뿐이지. 그래서 앵무새를 죽이는 건 죄가 되는 거야."
– 『앵무새 죽이기』(Lee/김욱동 역, pp. 173-174)

즉, 앵무새는 죄 없이 죽어 가는 억울한 존재를 상징한다.

영상 감상	10분	• 영상 편집본 감상

"우리 세상 속 앵무새로는 무엇이 있을까요? 잘 생각하면서 영화를 한번 감상하도록 할까요?"
   ☞ 영상 편집본 감상-〈앵무새 죽이기〉(Mulligan, 1962)

공감하기	20분	• 팀장 주재 팀별 토론 • 팀별 토론 결과 발표

● 팀장 주재 팀별 토론
✓ 팀을 나눠 각 팀별로 팀장 주재 토론을 하고 서기가 기록을 한다.
✓ 팀 구성원은 각자 소설과 영화를 보고 왜, 무엇을, 어떻게 느꼈는지 자유롭게 토론한다.

● 팀별 토론 결과 발표
✓ 토론 후, 팀장이 지명한 팀 발표자가 팀의 토론 내용을 발표한다.

보충설명 및 과제	10분	• 교수자 작품 보충설명 • 작품 읽기 및 온라인 밴드 토론 과제 부과 • 활동지 토론란 작성 과제 부과

● 교수자 작품 보충설명
✓ 해당 작품의 기본적인 메시지를 보충설명해 주면서, 동시에 관점에 따라 생각은 다양할 수 있음을 설명한다.

● 작품 읽기 및 온라인 밴드 토론 과제 부과
✓ 해당 작품을 한 주 동안 읽어 보도록 권장한다.
✓ 온라인 밴드 토론에 참여하도록 독려하고, 가장 열띤 토론이 오간 베스트 이슈는 2차시 토론 주제의 하나로 선정함을 공지하여 자발적인 참여 의지와 학생들 간 선의의 경쟁, 소통, 자아성취감 등의 값진 경험과 학습 효과를 얻을 수 있도록 한다.

● 활동지 토론란 작성 과제 부과

✓ 각자 자신이 생각한 결론을 활동지 토론란에 정리해 오도록 과제를 부과한다.

✓ 다음 시간에 활동지를 가지고 토론에 임해 줄 것을 공지한다.

❑ 2차시

2차시 – 소통·이해		
도입	5분	● 온라인 밴드 토론 베스트 이슈 선정 발표 ● 활동지 작성 과제 확인

"여러분, 한 주 동안 잘 지냈어요? 『앵무새 죽이기』 다들 잘 읽어 보았나요? 그리고 밴드에서 열띤 토론이 오갔더군요. 베스트 이슈의 주인공은 ○○○입니다. 깊이 있는 생각, 대단하고 훌륭합니다. 이번 시간에 함께 좀 더 깊이 토론을 해 보도록 하겠습니다. 여러분, 활동지에 이번 시간에 함께 토론할 각자 관심 있는 주제와 밴드 베스트 이슈에 관한 생각을 잘 정리해 왔죠? 자, 그럼 이번 시간에 작성해 온 활동지를 바탕으로 주제 토론을 하면서 서로의 생각을 이해하고 소통하는 기회를 가져 보도록 하겠습니다. ……"

● 온라인 밴드 토론 베스트 이유 선정 발표

● 활동지 작성 과제 확인

텍스트 함께 읽기	5분	● 작품 발췌문 함께 읽기

"자, 토론에 앞서 지난 시간에 영상으로 본 소설 텍스트의 주요 부분을 같이 읽어 보도록 하겠습니다. 물론 이미 여러분이 읽고 왔겠지만, 토론 주제를 생각하면서 관계가 깊은 부분을 위주로 다시 한 번 읽어 보도록 할까요? ……"

● 작품 발췌문 함께 읽기

아빠는 자리에서 일어나 현관 끝으로 걸어가셨습니다. 등나무 덩굴을 살펴보신 뒤 다시 내게로 걸어오셨습니다.

"무엇보다도 간단한 요령 한 가지만 배운다면 모든 사람들과 잘 지낼 수 있어." 아빠

가 말씀하셨습니다. "누군가를 정말로 이해하려고 한다면 그 사람의 입장에서 생각해
야 하는 거야."

"네?"

"말하자면 그 사람 살갗 안으로 들어가 그 사람이 되어서 걸어다니는 거지."

-『앵무새 죽이기』(Lee/김욱동 역, pp. 64-65)

"사람들이 그 사람을 변호해선 안 된다고 하는데 왜 하시는 거예요?"

"여러 가지 이유가 있지. 가장 중요한 이유는, 내가 그 일을 하지 않는다면 읍내에서
고개를 들고 다닐 수 없고, 이 군을 대표해서 주 의회에 나갈 수 없고, 너랑 네 오빠에게
어떤 일을 하지 말라고 다시는 말할 수조차 없기 때문이야."

"아빠가 그 사람을 변호하지 않으면, 오빠랑 저랑 이제 더 아빠 말씀을 안 들어도
괜찮다는 거예요?"

"그런 셈이지."

"어째서요?"

"내가 너희들에게 내 말을 들으라고 두 번 다시 말할 수 없기 때문이야. 스카웃, 단순
히 변호사라는 직업의 성격으로 보면 모든 변호사는 말이다, 적어도 평생에 한 번은 자
신에게 큰 영향을 끼치는 사건을 맡기 마련이란다. 내겐 지금 이 사건이 바로 그래. 이
문제에 관해 어쩌면 학교에서 기분 나쁜 말을 듣게 될지도 몰라. 하지만 나를 위해 한
가지만 약속해 주렴. 고개를 높이 들고 주먹을 내려놓는 거다. 누가 뭐래도 화내지 않
도록 해라. 어디 한번 머리로써 싸우도록 해봐……. 배우기 쉽지는 않겠지만 그건 좋은
일이란다."

"아빠, 우리가 이길까요?"

"아니."

"그렇다면 왜 ―"

"수백 년 동안 졌다고 해서 시작하기도 전에 이기려는 노력도 하지 말아야 할 까닭은
없으니까."

-『앵무새 죽이기』(Lee/김욱동 역, pp. 148-149)

우리들에게 공기총을 사주셨을 때 아빠는 총 쏘는 법을 가르쳐 주지 않으려고 하셨
습니다. 그래서 잭 삼촌이 기본적인 사격법을 가르쳐 주셨습니다. 삼촌 말씀에 따르면
아빠는 총에 관심이 없으시다는 거였지요. 어느 날 아빠가 젬 오빠에게 이렇게 말씀하
셨습니다. "난 네가 뒷마당에 나가 깡통이나 쏘았으면 좋겠구나. 하지만 새들도 쏘게
되겠지. 맞힐 수만 있다면 쏘고 싶은 만큼 어치새를 모두 쏘아도 된다. 하지만 앵무새

를 죽이는 건 죄가 된다는 점을 기억해라."

어떤 것을 하면 죄가 된다고 아빠가 말씀하시는 걸 들은 것은 그때가 처음이었습니다. 그래서 모디 아줌마에게 여쭤 봤습니다.

"너희 아빠 말씀이 옳아." 아줌마가 말씀하셨습니다. "앵무새들은 인간을 위해 노래를 불러줄 뿐이지. 사람들의 채소밭에서 뭘 따먹지도 않고, 옥수수 창고에 둥지를 틀지도 않고, 우리를 위해 마음을 열어 놓고 노래를 부르는 것 말고는 아무것도 하는 게 없어. 그래서 앵무새를 죽이는 건 죄가 되는 거야."

–『앵무새 죽이기』(Lee/김욱동 역, pp. 173-174)

톰의 사망 소식은 한 이틀 동안 메이콤 사람들의 관심을 끌었습니다. 이틀이면 군 전역에 소문이 퍼지기에 충분했습니다.

"그 얘기 들었나? …… 못 들었다고? 그런데 말이지, 소문에는 그 사람이 번개보다도 빨리 달렸다고 하더구만……."

메이콤 사람들에게 톰의 죽음은 흑인의 '전형적'인 죽음에 지나지 않았습니다. 급히 도주하는 것도 깜둥이의 전형적인 행동이며, 아무 계획도 없이 앞일을 생각지도 않고 기회를 보자 맹목적으로 도주한 것도 전형적인 깜둥이의 정신 상태라는 거지요.

"애티커스 핀치 변호사가 그 자에게 무죄로 석방시켜주겠다고 기다리라고 했다니 정말 웃기는구만. 어림도 없는 노릇이잖아. 그들이 어떤 사람들이라고? 쉽게 벌어 쉽게 쓰는 자들이잖아. 겉으로는 로빈슨 집 녀석은 법적으로 결혼을 했고 처신을 깨끗이 하고 교회에 나가는 등 한다지만, 한 꺼풀만 벗겨놓고 보라지. 그러면 엉망이고말고. 깜둥이들이란 늘 그런 식이거든."

여기에 몇 가지 더 자세한 내용이 있었지만 듣는 사람이 자기 식으로 바꾸어버렸습니다. 마침내 그 다음 목요일 날 「메이콤 트리뷴」신문이 나올 때까지는 별 이야깃거리가 없었습니다. 그 신문에는 흑인 소식란에 짤막하게 사망 기사가 실려 있었는데, 그 사건과 관련한 사설이 있었습니다.

B. B. 언더우드 아저씨는 이 사건을 가장 통렬하게 비난하셨습니다. 광고나 구독이 취소되건 말건 상관없다는 식이었습니다. (하지만 메이콤 사람들은 그렇게는 하지 않았습니다. 언더우드 아저씨는 땀이 흐를 때까지 떠들어댈 수 있었으며 쓰고 싶은 대로 기사를 썼지만 여전히 광고와 구독이 끊이지 않았습니다. 자기 신문에서 웃음거리가 된다 해도 그것은 어디까지나 아저씨가 알아서 할 일이었지요.) 언더우드 아저씨는 잘못된 판결에 대해서는 한마디도 언급하지 않고 어린애들도 알아들을 수 있도록 쉽게 쓰셨습니다. 서 있건 앉아 있건 아니면 도망치건, 불구자를 죽이는 건 죄악이라고 잘라 말씀하셨습니다. 톰의 죽음을 사냥꾼이나 아이들이 노래 부르는 새를 무분별하게 죽이

는 행위에 빗대셨고요. 메이콤 사람들은 아저씨가 「먼트가머리 애드버타이저」 신문에 다시 실릴 만큼 시적인 사설을 쓰려 하신 거라고 생각했습니다.

어떻게 그럴 수가 있을까, 나는 언더우드 아저씨의 사설을 읽으며 의아했습니다. 무분별한 살해라니…… 톰은 죽는 날까지 정당한 법 절차를 적용받았습니다. 공개적으로 재판을 받고 열두 명의 진실되고 선량한 배심원들에 의해 유죄 평결을 받았습니다. 그리고 아빠가 지금껏 줄곧 그를 위해 싸워왔고요. 그렇다면 언더우드 아저씨가 쓴 글의 의미가 뚜렷해졌습니다. 아빠는 자유인이 쓸 수 있는 모든 방법을 동원하여 톰 로빈슨의 목숨을 건져주려고 하셨습니다. 하지만 사람들 마음속에 있는 비밀의 법정에서는 아빠도 어쩔 수가 없었던 겁니다. 톰은 메이엘라 유얼이 입을 열어 소리를 지르는 순간 바로 죽은 것과 다름없었습니다.

-『앵무새 죽이기』(Lee/김욱동 역, pp. 443-444)

의미생성 토론 · 소통	10분	• (각자 토론 주제 및 베스트 이슈를 정리한) 활동지 준비 • 베스트 이슈 포함 토론 주제 제시 • 주제 토론 및 소통

"집에서 혼자 책을 읽었어도, 또다시 한 번 함께 읽으니까 느낌이 다르죠? 책 내용을 다시 잘 상기하면서 여러분이 활동지에 정리해 온 토론 주제 및 베스트 이슈를 중심으로 함께 토론을 해 볼까요? 먼저, 베스트 이슈부터 토론을 시작해 보면 어떨까요? ……"

• (각자 토론 주제 및 베스트 이슈를 정리한) 활동지 준비

• 베스트 이슈 포함 토론 주제 제시
① 주제 1. 온라인 밴드 베스트 이슈
② 주제 2. 앵무새는 무엇을 의미할까요?
③ 주제 3. 하퍼 리가 제사에서 인용한 다음 문장이 말하고자 하는 바는 무엇일까요?
   - "변호사들도 한때는 아이들인 적이 있었겠지요."
④ 주제 4. 다수의 생각이 항상 옳은 것일까요?
⑤ 주제 5. 법은 항상 정의일까요?
⑥ 주제 6. 우리 주위에는 우리가 무심코 죽이는 앵무새가 없을까요?
⑦ 주제 7. 우리의 용기를 필요로 하는 일들은 무엇이 있을까요?

● 주제 토론 및 소통

보충설명 및 과제	10분	● 교수자 주제 보충설명 ● 활동지 '마이스토리'란 작성 및 수행 과제 부과

"각자의 스토리를 통해 토론을 하니 전 시간보다 훨씬 토론이 구체적이고, 여러분의 몰입도가 높군요~『앵무새 죽이기』의 주제는……."

● 교수자 주제 보충설명

● 활동지 '마이스토리'란 작성 및 수행 과제 부과
✓ 다음 차시 수업 진행을 위한 과제를 부과한다.
- 자신의 주변을 돌아보며 활동지에 '마이스토리'(스스로의 '앵무새 스토리')를 작성한다.
- 활동지 '마이스토리'란에 스스로는 어떤 존재인지 기술한다.
- 한 주간 '마이스토리'의 실천포인트를 정리해 수행하고 결과를 기록하도록 한다.

❑ 3차시

3차시 – 자기실현		
도입	5분	● 활동지 수행 과제 확인

"여러분, 한 주 잘 지냈어요? '마이스토리'의 실천포인트를 한 주간 잘 수행하셨나요? 이번 시간에는……."

● 활동지 수행 과제 확인

마이스토리 토론 · 소통	35분	● 각자 마이스토리 수행 활동지 준비 ● 마이스토리 수행 결과 발표 ● 마이스토리 토론 및 소통

● 각자 마이스토리 수행 활동지 준비

- 마이스토리 수행 결과 발표
✓ 각자 자신의 '마이스토리'를 이야기한다.
✓ 한 주간 '마이스토리'의 실천포인트를 잘 수행했는지, 아니라면 무엇이 문제였는지 등을 토론한다.
✓ 각자의 '마이스토리'를 서로 소통·공유한다.

마무리 및 공지	10분	• 교수자 수업 총평 • 다음 차시 작품 공지 및 읽기 독려

- 교수자 수업 총평
✓ 교수자가 『앵무새 죽이기』수업 전반에 대해 총평한다.
✓ 학생들의 참여에 대해 격려한다.

- 다음 차시 작품 공지 및 읽기 독려
✓ 다음 차시의 작품을 공지하고 미리 읽어 보도록 독려한다.

【활동지 1】

『앵무새 죽이기』
■ 작품을 읽고 느낀 점을 적어 보세요.   중략
■ 작품 내용에 대해 토론해 보고 싶은 주제를 적어 보세요.   중략
■ 밴드에서 가장 많은 토론이 오간 베스트 이슈에 대한 생각을 정리해 보세요.   중략

【활동지 2】

마이스토리
■ 지금까지 살아오면서 여러분 자신이 집단적 편견에 사로잡혀 누군가를 판단했던 경험이 있다면 그 경험을 구체적으로 적어 보세요. 또한 반대로, 그러한 편견의 대상이 되어 힘들었던 경험이 있었다면 그것도 적어 보세요. _____ _____ _____   중략
■ 한 사회 혹은 그 시대의 보편적 편견과 차별 의식으로부터 자유로워지기 위해서 여러분은 생활 속에서 어떤 구체적인 노력을 하시겠습니까? (이 소설의 주인공 애티커스 핀치처럼 용기 있는 지성인으로 살아가기 위해서) _____ _____ _____   중략

교수자 스토리텔링 가이드

⌘ 줄거리 가이드

> 1장: 스카웃, 말괄량이 어린 시절을 회상하다.
>
> 2~3장: 등교 첫날 엉망이 되다.
>
> 4~5장: 첫 여름방학을 맞다.
>
> 6~7장: 이웃 부 래들리의 집을 엿보다.
>
> 8~9장: 아버지 애티커스, 흑인 톰의 변호를 맡다.
>
> 10~11장: 아버지 때문에 욕을 먹다.
>
> 12~13장: 고모 알렉산드라가 오다.
>
> 14~16장: 스카웃, 아버지의 목숨을 구하다.
>
> 17~20장: 재판이 시작되다.
>
> 21~23장: 톰, 유죄 평결을 받다.
>
> 24~26장: 톰, 사살당하다.
>
> 27~28장: 스카웃과 젬, 밥 유얼의 공격을 받다.
>
> 29~31장: 부 래들리를 지키다.

이야기는 주인공 스카웃이 여섯 살 소녀 시절을 회상하면서 시작된다. 스카웃이 살고 있는 메이콤은 부 래들리 네를 제외하고는 이웃끼리 서로 속사정 하나하나까지 모두 알고 있는 그런 앨라배마 주 가상의 마을이다. 어린 스카웃에게 베일에 가려진 부 래들리의 집은 신비로움 그 자체이다.

소설 전반부를 통해 스카웃은 메이콤 마을과 자신의 가족, 그녀의 첫 등교, 오랜 친구가 될 딜과의 만남, 첫 여름방학에 얽힌 추억 등 개구쟁이 사내 같았던 말괄량이 어린 시절의 이야기를 들려준다.

소설 중반부에 이르면 스카웃의 아버지 애티커스가 백인 여성 메이엘라를 성폭행한 혐의로 구속된 흑인 톰의 변호를 맡게 되는 이야기가 시작된다. 애티커스는 아내를 잃고 스카웃과 오빠 젬을 홀로 키우고 있는 변호사이다.

메이엘라에게 아무 해도 끼치지 않고 오히려 도움을 주려 했던 톰은 흑인이라는 이유만으로 억울한 누명을 쓰게 된다. 메이엘라의 아버지 밥은 딸의 수치를 숨기기 위해 거짓 증언으로 마을 사람들과 함께 톰을 죄인으로 몰고 간다. 흑인을 변론한다는 이유만으로도 비난을 받던 시절에 애티커스는 마을 사람들의 집단 편견과 이기주의에 맞서 용기 있게 톰의 무죄를 입증하고자 한다.

톰이 유죄라는 증거는 없고 증인의 증언조차 석연치 않았으나 배심원들은 톰에게 유죄를 결정한다. 이에 애티커스는 백인 여성이 흑인 남성을 유혹했다는 사실과 흑인 남성이 백인 여성을 가엾게 생각하고 그가 시키는 허드렛일을 도와주었다는 사실을 받아들이지 않는 편견에 의한 판결이라고 항변한다. 결국 유죄 판결을 받은 톰은 교도소로 이송되는 도중에 도주하다 사살당한다.

재판에서 이겼지만 적의가 풀리지 않은 메이엘라의 아버지 밥은 할로윈 축제날 집으로 돌아오던 애티커스의 두 아이들, 스카웃과 젬을 공격한다. 목숨이 위태로웠던 순간에 이웃에 사는 부 래들리가 두 아이들을 구한다. 그 과정에서 밥은 자신이 휘두른 칼에 찔려 사망한다. 보안관은 밥의 죽음에 대해 젬과 부가 져야 할 책임을 놓고 고민하지만, 밥이 잘못해 자신의 칼 위에 쓰러져서 죽은 것으로 결론을 내린다. 스카웃도 보안관의 판단이 옳다고 생각하고 아버지에게 그렇게 설명한다. 애티커스 역시 망설였지만 동의한다. 위험하고도 극적인 하루를 보낸 스카웃은 아버지가 읽어 주는 책 소리를 들으며 잠이 든다.

⌘ 토론 가이드

1) 앵무새는 무엇을 의미할까요?

• "앵무새는 우리를 위해 노래를 불러줄 뿐이지. 우리 채소밭에서 무엇을 따먹지도 않고, 옥수수 창고에 둥지를 틀지도 않고, 오로지 우리를 위해 마음을 열고 노래를 부를 뿐이지. 그래서 앵무새를 죽이는 건 죄가 되는 거야."

• 애티커스는 처음 아버지로부터 받은 총을 가지고 총 쏘는 연습을 할 때 아버지가 하셨던 말을 스카웃과 젬에게 들려준다. 총으로 깡통 맞히는 연습을 하다보면 새를 맞히고 싶어진다. 그럴 때는 아무런 해도 끼치지 않는 앵무새를 죽이면 안 된다, 라고…….

• 소설 제목의 앵무새는 약자 혹은 소수자를 상징한다.

2) 하퍼 리가 제사에서 인용한 다음 문장이 말하고자 하는 바는 무엇일까요?

"변호사들도 한때는 아이들인 적이 있었겠지요."

- 무죄인 톰에게 어떻게 배심원들은 유죄 평결을 내릴 수가 있는가를 묻는 젬에게 애티커스는 이렇게 답한다. "그 사람들은 전에도 그랬고, 오늘 밤에도 그랬고, 앞으로도 그럴 거야. 그 사람들이 그럴 때마다 우는 것은 어린아이들뿐이지."
- 어른이 되면서 잃어 가는 것은 무엇일까?
- 힘 혹은 권력을 얻으면서 잃어 가는 것은 무엇일까?
- 현실을 깨달으면서 잃어 가는 것은 무엇일까?
- 현실을 모르는 것이 좋은 것일까?
- 현실을 알고 맞서는 데는 어린아이와 같은 순수함과 용기가 필요하다.

3) 다수의 생각이 항상 옳은 것일까요?
- "어떤 배심원도 자기가 유죄라고 선고한 피고를 결코 쳐다보는 법이 없다. 이 법정의 배심원들도 들어와서는 어느 한 사람 톰 로빈슨을 쳐다보지 않았다. 배심원 대표가 종이 한 장을 테이트 아저씨에게 건넸고, 아저씨는 그것을 서기에 건넸으며, 서기는 다시 그것을 판사님께 건넸다. 나는 두 눈을 꼭 감았다. 테일러 판사님이 배심원들이 평결을 읽어 내려가셨다. 유죄…… 유죄…… 유죄…… 유죄……."
- 백인 배심원들은 모두 톰이 유죄라는 평결을 내렸다.
- 다수의 백인이 힘과 권력으로 결국 무고한 톰을 죽음으로 몰고 갔다. 단지 톰이 흑인이라는 이유만으로…….

4) 법은 항상 정의일까요?
- "정의가 패배할 수도 있다. 죄가 있으면 유죄, 죄가 없으면 무죄라는 단순 명쾌한 사실을 두고도 다른 결론에 도달할 수 있기 때문이다. 인종차별의 편견은 비극적 결과를 초래한다. 한 인간을 죽음에 이르게도 한다."
- 아무에게도 해를 끼치지 않았던 톰도 죽었다. 톰처럼 아무에게도 해를 끼치지 않은 부도 죽을 수 있는 것이다. 자신을 방어할 능력조차 없는 부를 보호하기 위해 보안관은 그런 결론을 내릴 수밖에 없다고 생각했다. 물론 아이들을 구하기 위한 정당방위로 판결이 날 수도 있으나 정의가 패배할 수도 있기 때문이다. 과연 법 앞에 모든 인간은 평등한가, 법은 정의인가?

5) 우리 주위에는 우리가 무심코 죽이는 앵무새가 없을까요?
- 각자의 경우를 서로 이야기해 보도록 한다.

6) 우리의 용기를 필요로 하는 일들은 무엇이 있을까요?
- 애티커스는 젬에게 용기란 "시작하기 전에 패배할 줄 알더라도 옳다고 생각하면 어쨌든 시작하고 무슨 일이 있든 끝까지 해보는 것"이라고 말했다.
- 각자의 생각을 서로 이야기해 보도록 한다.

📁 참고문헌

김영래, 강선보, 정창호, 이성흠, 류은영, 이동윤(2015). 인성교육을 위한 '핵심 가치덕목'과 '핵심 역량'의 연구 모형에 관한 고찰. 교육의 이론과 실천, 20(2), 21-45.

류은영(2009). 내러티브와 스토리텔링: 문학에서 문화콘텐츠로. 인문콘텐츠, 14, 229-262.

백영균(2005). 에듀테인먼트의 이해와 활용. 서울: 정일.

이인화, 고욱, 전봉관, 강심호, 전경란, 배주영, 한혜원, 이정엽(2003). 디지털 스토리텔링. 서울: 황금가지.

Lee, H. (1960). *To kill a mockingbird*. 김욱동 역. 앵무새 죽이기(2015). 서울: 열린책들.

Csikszentmihalyi, M. (1990). *Finding flow*. 이희재 역(1999). 몰입의 즐거움. 서울: 해냄.

Manifeste des Digital humanities. (2010). https://tcp.hypotheses.org/318.

Mulligan, R. (1962). *To kill a mockingbird*. (2012). 앵무새 죽이기. 서울: 피터팬픽처스.

Salmon, Ch. (2008). *Storytelling: La machine à fabriquer des histoires et à formater les esprits*. 류은영 역(2010). 스토리텔링: 이야기를 만들어 정신을 포맷하는 장치. 서울: 현실문화.

The Digital humanities Manifesto 2.0. (2009). http://manifesto.humanities.ucla.edu/2009/05/29/the-digital-humanities-manifesto-20/.

제6장
사회정서학습을 통한 인성교육

1. 사회정서학습이란 무엇인가

1) 개요

사회정서학습(Social-Emotional Learning: SEL)이란 대니얼 골먼(Daniel Goleman)의 베스트셀러『EQ 감성지능(Emotional intelligence)』의 영향을 크게 받아 20세기 말경부터 미국에서 개발되기 시작한 교육 프로그램의 통칭이다.

SEL의 기본 목표는 아동·청소년의 정서적 역량과 사회적 역량을 증대시킴으로써 학교생활을 의욕적·자발적으로 해 나갈 수 있도록 하는 데에 있다. SEL의 장점은 무엇보다도 학생들이 SEL이 제시하는 개념과 기술에 흥미를 느끼면서 쉽게 습득한다는 점과, 이러한 개념과 기술들이 학생들의 일상생활과 자연스럽게 연계되어 그들의 삶에 실질적인 도움을 준다는 점이다(Merrell & Gueldner/신현숙 역, 2011: 51). 이에 따라 SEL은 현재 미국의 일리노이주를 비롯한 많은 주에서 필수 교과과정으로 지정하고 있으며, 학생들은 수학이나 언어 과목과 마찬가지로 SEL에서도 일정 수준의 점수를 획득하도록 되어 있다. SEL에 대한 각종 효과성 검증 결과도 고무적이다. 신체적 폭력과 정학, 중퇴 비율이 현저하게 감소되고, 수업참여도와 학업성취도, 의사소통 능력, 문제해결 능력, 삶의 만족도 등이 유의미하게 향상되는 것으로 보고되고 있다(손성현, 2012: 204f).

미국에서의 이와 같은 SEL의 성공 배경을 돌아보면, 그동안 미국의 학교교육이 아동·청소년의 지적인 발달에 치중하면서 사회적·정서적 발달이 심각하게 지체·결핍되는 현상을 낳게 되자, 이러한 문제점을 보완해 주는 효과적인 교육적 처방으로서 SEL이 호응을 얻게 된 것으로 볼 수 있는데, 이것은 우리나라의 교육 상황에도 비슷하게 해당되는 일이 아닐 수 없다.

사회정서학습의 권위자인 머렐(Merrell)과 궐드너(Gueldner)는 학교교육에서 강조하는 3R(Reading, WRiting, ARithmetic) 외에, 네 번째의 R은 사회정서적 유연성(Social-Emotional Resilience)이며, 이러한 네 번째 R을 개발하는 SEL 프로그램이 학교교육체제 안에 통합되어야 한다고 주장한다. 사회정서역량은 미래사회를 살아갈 아동·청소년이 갖추어야 할 핵심 역량이므로 이러한 역량의 개발이 학교교육의 핵심 과제 중의 하나가 되어야 한다는 것이다(Merrell & Gueldner/신현숙 역, 2011: 35).

2) 사회정서역량

사회정서학습은 일반적으로 ① 자기인식(self-awareness), ② 사회적 인식(social awareness), ③ 자기관리(self-management), ④ 관계관리(relationship skills), ⑤ 책임 있는 의사결정(responsible decision-making)의 5대 역량의 개발을 목표로 하며, 그 세부적인 내용은 〈표 6-1〉과 같다.

〈표 6-1〉 사회정서역량의 5대 요인

역량	정의	예
자기인식 (self-awareness)	자신의 정서, 인지, 가치, 강점, 요구를 확인할 수 있는 능력	한 학생이 어려운 수학문제를 풀면서 좌절을 느끼고 있는데, 좌절감이 부정적이며 비현실적인 사고를 초래함을 인식한다.
사회적 인식 (social awareness)	타인의 입장, 차이, 정서를 인식하는 능력	친구들과 농구를 할 때, 칭찬을 받은 팀원은 더 열심히 경기를 하며 더 행복한다는 것을 인식한다.
자기관리 (self-management)	개인적 목표를 달성하기 위하여 자신의 감정, 충동, 행동을 감독하고 통제하는 능력	어려운 시험을 치면서 심한 좌절과 불안을 느끼는 한 학생이 긴장을 풀기 위해 심호흡을 한다.
관계관리 (relationship skills)	만족스러운 대인관계를 이루기 위하여 의사소통하고 협동하며 타협하고 지지를 주고받는 능력	규칙을 둘러싸고 부모와 갈등을 겪으면서 가정에서 힘든 시간을 보내고 있는 한 학생이 부모와 규칙에 대해 상의하고 타협한다.
책임 있는 의사결정 (responsible decision-making)	도전을 인식하고 효과적인 문제해결 절차를 실행하는 능력. 자신의 행위를 평가하고 숙고하는 능력. 개인적 책임감을 발달시키는 능력	한 학생이 몇 주 안에 제출해야 하는 어려운 학기말 프로젝트를 완성하기 위해 시간계획표를 짠다.

3) 대표적 사회정서학습 프로그램

이와 같은 사회정서역량의 개발을 목표로 하는 여러 사회정서학습 프로그램 가운데에 머렐과 궐드너는 현재 활용 중인 9개의 대표적인 SEL 프로그램을 〈표 6-2〉와 같이 소개하고 있다(Merrell & Gueldner/신현숙 역, 2011).

〈표 6-2〉 대표적 SEL 프로그램

프로그램명	프로그램 목적	대상연령	주요 학습요소
CSC (Caring School Community)	학교풍토 개선	유치원~ 6학년생	• 교실 내 행동과 규범을 토론하기 위한 학급회의 • 관계와 신뢰의 증진을 위한 교차연령 단짝 활동 • 학교활동에 관한 아이디어를 알려 주고 공유하기 위한 가족참여 • 교직원, 학생, 부모를 포함한 15가지 학교활동 • 문학과 수학에 통합된 SEL 지도안
ICPS (I Can Problem Solve)	폭력예방	유아원 (Preschool) ~ 6학년	• 개념-단어 쌍의 대비를 통한 사고 방법 학습 • 감정확인, 경청기술, 주의집중 • 문제해결의 기술
PATHS (Promoting Alternative Thinking Strategy)	정서인식, 자기통제, 대인 간 문제해결, 또래관계 역량 증진	유치원~ 6학년	• 30~45개의 수업지도안으로 구성됨 〈주요 학습영역〉 • 정서확인 • 심호흡을 통한 이완 • 관점수용 • 공부기술
RHC (Raising Health Children)	교실에서 학생들의 건강한 사회정서발달을 증진시키기 위한 교사훈련	1~2학년	• 학습관리 • 사회정서적 기술 • 능동적 참여 • 읽기전략 • 동기전략
SCS (Safe and Caring School)	친사회적 기술, 학업능력의 향상	유아원~ 8학년	• 자기인식 • 사회적 기술 • 책임 있는 의사결정
AVPC (Second Step: A Violence Prevention Curriculum)	파괴적 행동의 가능성을 감소시키기 위한 친사회적 기술	유아원~ 9학년	• 공감수업 • 충동조절을 통한 문제해결 • 정서조절

SDM (Social Decision Making/Social Problem Solving)	친사회적 의사결정기술	2~5학년	〈FIG TESPN의 직접교수와 실습〉 • 감정확인　• 문제확인 • 목표설정　• 해결방안 구상 • 결과의 예상　• 최상의 해결방안 선택 • 계획과 시행　• 발생한 결과의 파악
SK (Strong Kids: A Social and Emotional Learning Curriculum)	교수를 통한 사회정서적 건강성 증진	유아원~12학년	• 정서인식 및 공감훈련 • 분노 및 스트레스 관리 • 사고오류 확인과 변경 • 대인관계 및 갈등 관리 • 목표의 설정 및 실천
TFB (Thinking, Feeling Behavior)	정서교육	1~12학년	• 정서확인, 비합리적 사고의 변경, 부정적 결과의 인식을 의한 REBT의 적용 • 활동 중심의 수업

2. 사회정서학습과 인성교육

　그렇다면 사회정서학습이 인성의 함양에 얼마나 기여할 수 있는지에 대해 살펴보기로 한다. 사회정서학습의 목표는 한국 사회에서 요구하고 있는 인성교육의 목표와 많은 부분 중첩된다. 요컨대, 사회정서학습은 감정(정서)의 건전하고 유연하며 '인간적인' 발달에 초점을 맞추고 있는데, 이러한 목표를 추구하다 보면 다양한 인성요소가 함께 추구되는 것이다. 이를 통하여 사람 간의 감정이 '사람됨'의 핵심적이고 포괄적인 부분이라는 것을 다시 확인하게 된다.

　사회정서학습과 인성교육의 관계를 확인하기 위하여, 미국에서 개발된 '사회정서학습(SEL)' 커리큘럼 중에서도 학교교육에 가장 용이하고 효과적으로 적용될 수 있도록 고안된 『강한 아이: 중학생용』(Merrell/김영래 역, 2014b) 프로그램이 지향하는 인성요소들을 분석해 본 결과는 〈표 6-3〉과 같다(김영래, 2017: 41ff.).

〈표 6-3〉『강한 아이: 중학생용』프로그램 인성요소 분석표

차시	제목	주요 학습내용	관련 인성요소	해당 학습활동
1	프로그램 소개: 정서적 힘의 훈련	교육과정의 개요	• 타인 존중 • 배려	이 프로그램에 참여하기 위해 갖추어야 할 기본 자세에 대한 약속
2	내 감정을 이해하기(1)	정서의 소개/편한 정서와 불편한 정서의 확인	자기인식	감정의 종류 및 표현 학습
			정직·진실성	자신의 감정을 있는 그대로 긍정해야 하며, 솔직하게 표현해야 함을 배움
			공감/소통	타인들이 느낌을 표현하는 방식의 이해
3	내 감정을 이해하기(2)	정서 표현의 적절한 방식과 부적절한 방식에 대한 토론	자기인식	자기감정의 인지 및 표현 훈련
			공감/소통	부정적 감정 표현의 이해
			긍정적 사고	부정적 감정 표현의 문제점 학습
4	분노를 관리하기	분노 촉발 요인의 확인/부적절한 반응 변경 방법 학습	자기조절	분노조절의 필요성과 방법 학습
			긍정적 사고	부적절한 분노 표현의 문제점 학습
			배려	부적절한 감정 표현으로 인한 타인의 피해 이해(역할극)
5	타인의 감정 이해하기	단서를 활용하여 타인의 정서 확인	공감/소통	타인이 보여 주는 단서(端緒, cue)를 통해 타인 감정 이해하기 훈련
			관용	동일한 상황에 대하여 사람마다 서로 다른 감정과 서로 다른 관점(觀點, perspective)을 가질 수 있다는 것을 배움
			배려/연민	타인의 심리적 고통을 이해하고 배려함
6	명료하게 사고하기(1)	부정적 사고 패턴의 인식	자기인식	일상생활 중에 빠지기 쉬운 사고오류의 유형을 학습하고, 자신이 범했던 혹은 범하고 있는 사고오류 알아채기
			긍정적 사고	사고오류는 종종 부정적 감정과 연관되어 있다는 것과, 부정적 사고패턴이 건강한 생활스타일을 어렵게 한다는 점을 이해함
7	명료하게 사고하기(2)	긍정적 사고를 위한 부정적 사고의 변경	자기인식	부정적 사고패턴을 인지하고, 이에 대한 사실성, 합리성 검토하기
			긍정적 사고	오류에 근거한 사고를 긍정적인 방향으로 재구조화하기

8	긍정적 사고의 힘	낙관적 사고의 증진	자아성찰	자신의 자아관념을 검토하게 함
			긍정적 사고	부정적 자아관념의 근거를 확인하게 하고, 근거 없는 부정적 자아관념을 〈ABCDE 학습된 낙관주의〉 모형을 가지고 극복하게 함
			자주성/자기 통제	자신의 사고방식을 자신의 힘으로 바꿀 수 있음을 학습함
			용기	자신의 사고를 바꾸어 자신의 운명을 개척하겠다는 용기를 갖게 함
			책임	자신의 삶은 많은 부분 자신에게 책임이 있음을 인식하게 함
9	대인 간 문제를 해결하기	갈등해소의 전략	사회적 인식	사회(인간관계)에서는 종종 갈등이 야기되며, 갈등이 항상 부정적인 것은 아님을 이해함
			공정·정의	모든 사람은 서로 다른 요구를 가질 권리가 있으며, 공동체 생활을 위해 이 요구들이 합리적으로 조정되어야 함을 배움
			협동	갈등 당사자들과 협력하면서 갈등해결방법을 학습함
			자기조절	갈등해결을 위해서는 종종 타협이 필요하며, 자신의 요구도 조절해야 함을 배움
			자기 존중/타인 존중	갈등해결을 위해 당사자들의 상호 존중이 불가결한 전제임을 배움
			판단력/의사결정	갈등해결을 위한 아이디어를 낼 수 있으며, 이를 상대방에게 이해시키고 수용토록 하는 것을 배움
			책임	자신의 판단과 결정의 책임이 자신에게 있음을 배움
			용기	갈등해결을 위해서는 당사자들 서로가 원하는 바를 분명히 표현하고 주장하며, 당당하게 협상해 나갈 수 있는 용기를 가져야 함을 배움

10	스트레스 날려 버리기	스트레스 감소와 이완 연습	긍정적 사고	스트레스가 항상 나쁜 것은 아니며, 동일한 상황에 대해서도 어떤 사고패턴을 갖고 있느냐에 따라 스트레스의 강도가 달라질 수 있다는 것을 배움
			자기조절	스트레스는 친교적 대화, 명료하게 사고하기, 이완법, 신체활동 등을 통하여 스스로 조절할 수 있다는 것을 배움
11	행동 변화: 목표를 설정하고 능동적으로 실천하기	즐거운 활동 참여와 목표 달성	자기인식	자신의 가치, 역량, 상황적 조건을 사실적·합리적으로 검토하고 판단하는 것을 배움
			자주성/판단력	자기인식을 바탕으로 자신의 삶의 목표를 정하고 이를 실현하는 전략을 배움
			• 통합성 • 지혜	자신의 가치, 역량, 상황적 조건들을 고려하여 자신의 삶에 일정한 방향성을 부여할 수 있는 능력 습득
			성실	정해진 목표를 달성하기 위해서는 작성된 행동계획대로 꾸준히 실천해야 함을 배움
			용기/긍정적 사고	나의 결단과 노력으로 내 삶을 발전시킬 수 있다는 자신감을 갖고 용기 있게 실천해 나감
12	끝내기!	복습		

'강한 아이'는 집단상담 프로그램으로 제작되어 있으며, 대부분의 수업을 5명 내외의 모둠으로 나누어서 시행하도록 되어 있어서 '협동' '존중' '소통' '공감' '배려' '관용' 등이 기본적인 덕목으로 강조된다. 또한 감정 다스리기가 사회정서학습(SEL)의 주요 목표이므로 감정에 충실하기, 있는 그대로의 감정 표현하기, 자신과 상대방의 감정을 있는 그대로 이해하고 수용하기 등이 기초가 되어야 한다. 따라서 '정직' '진실성' '신뢰' '책임' '용기' 등이 기본 덕목이 된다. 이상의 내용을 종합해 볼 때, 사회정서학습으로서의 '강한 아이'는 「인성교육진흥법」 제2조에서 제시하고 있는 예(禮), 효(孝), 정직, 책임, 존

중, 배려, 소통, 협동(이상 핵심 가치덕목)과 공감·소통하는 의사소통 능력이나 갈등해결 능력(이상 핵심 역량)에서 예, 효를 제외한 모든 요소를 망라하고 있음을 알 수 있다.

그럼에도 불구하고, 사회정서학습 프로그램 '강한 아이 프로그램'을 시행하는 것만으로 인성교육의 목표가 충분히 달성될 수 있다고 하기는 어렵다. 왜냐하면 사회정서학습 프로그램은 지적 측면보다는 정의적(情意的) 측면에 초점을 맞추고 있기 때문이다. 따라서 온전한 인성교육이 되기 위해서는 지적 측면의 보완이 필요하며, 또한 인간이 육체를 지닌 존재임을 감안해 볼 때, 신체·감각적인 측면에 대한 인성교육도 보완되어야 한다.

지적 측면에 대한 보완은 무엇보다도 인성덕목에 대한 인식, 즉 핵심 가치 인식능력의 배양을 통해 이루어져야 할 것이다. 사회정서학습을 통해 형성된 정서적인 경향성에 명확한 원리적 방향을 결합시켜야 인성은 확고한 방향을 지니게 된다. 이렇게 보면 사회정서학습은 인지적 측면이 강화된 인성교육(또는 도덕윤리교육)을 통한 보완이 필요하다고 말할 수 있다. 그러나 디지털 유목민(digital nomad)인 오늘날의 성장세대에게 도덕원리를 주입하려는 시도는 성공가능성이 낮으므로, 사회정서학습을 통하여 감정을 다스려 순화시키고, 이러한 순화된 감정을 도덕원리와 연결시켜 준다면 큰 무리 없이 인성교육과 도덕교육을 성공시키는 길이 될 것이다.

신체적 측면에 대한 보완은 주로 예체능활동에서 많이 이루어질 수 있다고 본다. 마음이 몸을 다스리기도 하지만 몸이 마음을 다스리는 측면도 있는 것은 분명하다. 이렇게 보면 다양한 체육활동이나 국토순례, 극기훈련 같은 체험활동은 물론이고, 보건, 섭생, 안전교육 등 생활 전반에 걸쳐서 몸과 마음의 조화가 증진될 수 있도록 해야 할 것이다.

3. 사회정서학습 프로그램 '강한 아이' 소개

앞에서 제시한 9개의 대표적 사회정서학습 프로그램 중 이 책에서는 여타의 프로그램에 비해서 학교수업을 통해 시행할 수 있도록 최적화되어 있으며, 사회적·정서적 역량을 골고루 발달시키도록 균형이 잘 잡힌 프로그램인 '강한 아이(Strong Kids)' 프로그램을 범례적으로 소개하고자 한다.

프로그램의 명칭인 '강한 아이'가 보여 주듯이 이 프로그램은 사회적·정서적 역량과 적응유연성의 계발을 목표로 하며, 우울, 불안, 사회적 위축, 이들 심리적 요인들과 관련된 신체증상과 같은 내재화 증상들을 해소할 수 있는 기술을 가르치는 간결하고도 사용하기 쉬운 프로그램으로 설계되어 있다 (Merrell & Gueldner/신현숙 역, 2011: 77f.).

프로그램은 연령 단계별로 5개의 프로그램으로 구성되어 있다.

〈표 6-4〉『강한 아이』 연령 단계별 프로그램

연번	프로그램명	연령 단계
1	Strong Start for Pre-K	유치원 취학 이전
2	Strong Start for Grades K~2	유치원 취학~초등 2학년
3	Strong Kids for Grades 3~5	초등 3학년~초등 5학년
4	Strong Kids for Grades 6~8	중등 1학년~중등 3학년
5	Strong Teens for Grades 9~12	고등 1학년~고등 3학년

각 프로그램의 책자는 10~12개의 수업지도안으로 구성되어 있는데, 각 프로그램의 기본적인 구조는 동일하다.

〈표 6-5〉『강한 아이』 프로그램 차시별 구성

차시	제목	설명
1	프로그램 소개: 정서적 힘의 훈련	교육과정의 개요
2	내 감정을 이해하기(1)	정서의 소개/편한 정서와 불편한 정서의 확인
3	내 감정을 이해하기(2)	정서를 표현하는 적절한 방식과 부적절한 방식에 대한 토론
4	분노를 관리하기	분노 촉발 요인의 확인/부적절한 반응을 변경시키는 방식의 학습
5	타인의 감정 이해하기	단서를 활용하여 타인의 정서 확인
6	명료하게 사고하기(1)	부정적 사고패턴의 인식
7	명료하게 사고하기(2)	긍정적 사고를 위한 부정적 사고의 변경
8	긍정적 사고의 힘	낙관적 사고의 증진
9	대인 간 문제를 해결하기	갈등해소의 전략
10	스트레스 날려 버리기	스트레스 감소와 이완 연습
11	행동 변화: 목표를 설정하고 능동적으로 행동하기	즐거운 활동 참여와 목표 달성
12	끝내기!	복습

이 책에서는 중학생들을 대상으로 하는 『강한 아이: 중학생용』(Merrell/김영래 역, 2014b)의 주요 내용을 살펴보기로 하겠다. 지면관계상 12개 차시를 다 소개할 수 없으므로, 1, 2, 4, 5, 6, 7차시의 내용만 간단히 소개하기로 한다.

1) 1차시: 교육과정 소개

개요: 1차시에는 12차시 교육과정을 소개하고, 기본적인 규칙을 알려 준다. 또한 교육과정을 시작하기 전에 학생들의 사회적 · 정서적 상태(역량)를 사전 검사한다.

- 12차시의 내용에 대한 간단한 설명

- Strong Kids 학습을 위해 지켜야 할 규칙
  - 타인을 존중하라. 다른 사람이 말할 때 조용히 집중해서 들으라.
  - 준비하라. 숙제를 해야 한다.
  - 개인적인 사항을 그룹 밖으로 유출하지 말라. 친구들의 프라이버시를 존중하고, 소문을 내지 말라.

- 활동지(숙제)
  당신이 참으로 행복을 느꼈던 시간을 생각해 봅니다. 이 기억에 따라 다음 질문에 답해 보세요.
  - (행복을 느꼈을 때) 무슨 일이 있었나요?
  - (행복을 느꼈을 때) 어떤 생각들이 떠올랐었나요?
  - 당신이 행복했다는 것을 어떻게 알았나요? 어떤 특징들이 이것을 나타내 주었나요?
  - 당신이 행복하다는 것을 다른 사람에게 어떻게 표현했나요?

2) 2~3차시: 정서의 이해(1)

개요: 2차시와 3차시에는 기본적인 감정들을 확인하고 이해시키는 훈련이 이루어진다.

- 기본적인 감정들의 확인 및 이해
  - 편안한 느낌이나 불편한 느낌에 대한 사례가 무엇이 있을까?
  - 편안한 느낌이나 불편한 느낌으로부터 무엇을 배울 수 있으며, 무엇이 전개될 수 있을까?
  - 어떤 느낌이 안락하거나 불편하다는 것을 당신은 어떻게 알 수 있는가?

- 느낌들의 확인
  - 안락한 느낌: 좋은 기분을 느끼게 함/즐거움을 갖도록 도울 수 있고, 삶을 즐기게 할 수 있음
  - 불편한 느낌: 나쁜 기분이 들게 함/보다 좋은 것을 위해서 성숙하고 변화할 수 있도록 사람들을 도울 수 있음/안락한 느낌에 주목하고 음미하는 것을 도울 수 있음

- 느낌 목록 1
  행복한 외로운 겁먹은 지루한 화난 슬픈 혼란스러운 놀란
  강한 자만하는 걱정하는 기쁜 부끄러운 당황한 피곤한 사랑하는

• 느낌 목록 2

　유감인　　　죄책감을 느끼는　　　행복한　　　참담한　　　흥분된　　　혼란된
　충성스러운　　　심술궂은……

• 당신은 어떻게 느낍니까? (활동지: 숙제)

　내가 (　)을 느끼는 경우는 [　　　　　　　　　　　　　　　　　　] 이다.
　※ 행복, 즐거움, 스릴, 외로움, 분노, 감사

3) 4차시: 분노를 관리하기

　개요: 분노의 단계 모델을 소개하고, 분노를 조절하는 기술을 학습시켜, 일상생활 중에 분노를 관리할 수 있도록 돕는다. 다음의 표에서 왼쪽이 분노가 진행되는 단계를 표시한 분노 단계 모델이다.

분노 단계 모델	사례
1. 계기 （유발 상황）	네가 점심급식을 받기 위해 줄을 서 있는데, 한 아이가 네 앞에 서 있는 아이에게 다가오더니 그와 이야기를 하기 시작한다. 줄이 움직이자 그 아이는 너의 앞으로 끼어들면서 계속 이야기에 열중한다.
2. 해석	너는 그 아이가 자기 친구와 이야기를 하다가 떠날 것인지, 아니면 교활하게 줄에 끼어든 것인지를 생각하다가, 그가 줄에 끼어든 것이라고 판단한다.
3. 감정적 반응	그렇게 판단하자 화가 치밀어 오른다.
4. 결심	너는 가만히 있어서는 안 되겠다고 생각하고 그에게 고함치겠다고 마음먹는다.
5. 행동	너는 줄에서 벗어나 그에게로 다가가서, "끼어들지 마, 바보야! 줄의 맨 끝으로 가란 말이야!" 하고 말한다.
6. 결과	그 아이도 너에게 고함으로 맞대응을 하여 말싸움이 일어났다. 너는 그를 밀어붙였고 그 또한 너를 밀치면서 엎치락뒤치락하는 상황이 벌어졌다. 이로 인해 너와 그 아이는 교장실로 불려 갔고, 5일간 정학처분을 받았다. 그 때문에 너는 이 기간에 있었던 멋진 견학여행을 놓치고 말았다.

　그다음에 다음의 분노조절 기술을 학습시킨다.

제6장 사회정서학습을 통한 인성교육

분노조절 기술	설명	사용 시기
숫자 거꾸로 세기	차분하게 10에서부터 1까지 거꾸로 센다.	네가 화난 것을 알아챘을 때 (감정적 반응)
'만일-그러면' 진술	네가 무엇인가 행동하고자 결심할 때, 다음과 같이 자문하라. "내가 그것을 행하면, 나에게 무슨 일이 일어날까?"	네가 무엇인가를 행동으로 옮기고자 할 때(결심)
자기대화	너 자신에게 말하라. "진정해, 별일 아니야, 무시해, 지나쳐 버려!"	네가 화가 난 것을 알아챘을 때, 너 자신을 진정시키기 위해(감정적 반응)
자기평가	이 상황에서 무엇을 얻어 내기를 원하며, 어떻게 하면 가장 잘 그것을 얻을 수 있는지를 결정하라.	그 상황에서 성취하기를 원하는 것이 무엇인지를, 그리고 이것을 행하기에 최선의 방법이 무엇인지를 결정할 때(결심)

이상과 같은 분노조절의 기술을 적용하여 앞에 사례로 든 분노 단계를 다음과 같은 긍정적인 결과로 바꿀 수 있음을 학습한다.

분노 단계 모델	상황의 설정
1. 계기	네가 점심급식을 받기 위해 줄을 서 있는데, 한 학생이 네 앞에 서 있는 학생에게 다가가더니 그와 이야기를 하기 시작한다. 줄이 움직이자 그 학생은 너의 앞으로 끼어들면서 계속 이야기에 열중한다.
2. 해석	너는 그 학생이 자기 친구와 이야기를 하다가 떠날 것인지, 아니면 교활하게 줄에 끼어든 것인지를 생각하다가, 그가 줄에 끼어든 것이라고 판단한다.
3. 감정적 반응	그렇게 판단하자 화가 치밀어 오른다.
4. 거꾸로 세기	평정심을 회복하기 위해 차분하게 10에서부터 거꾸로 1까지 센다.
5. 자기대화	거꾸로 세기를 마친 뒤, 자신에게 말한다. "진정해, 별일 아니니까!"
6. '만일-그러면' 진술	너는 무엇을 해야 하는지 생각한다. 몇 가지 선택지를 생각해 보고, 각각의 선택지를 실행할 경우 어떤 일이 일어날 것인지를 자문해 본다.

7. 자기평가	다음에, 주어진 상황으로부터 자신이 어떤 결과를 얻기를 바라는지 자문해 보고, 네가 원하는 것을 얻을 수 있는 선택지를 고른다.
8. 결심	너는 무엇인가를 말해 주기는 하되, 싸움은 피하겠다고 마음먹는다.
9. 행동	너는 차분히 그 학생에게 다가가서 묻는다. "너 줄을 선 거니, 아니면 단지 친구하고 이야기만 하는 거니?" 그가 "둘 다야."라고 답한다. 너는 말한다. "그것은 먼저 와서 줄을 서서 기다린 우리들에게 부당한 일이야. 그러니 줄의 맨 뒤로 가서 서야 하지 않을까 생각해."
10. 결과	그는 비꼬는 투로 사과를 하면서 눈을 부라렸지만, 줄의 끝으로 가서 선다.

4) 5차시: 타인의 감정 이해하기

개요: 5차시에는 타인의 감정을 확인하는 방법과 다른 관점을 가져보는 것을 학습한다.

먼저, 타인의 감정을 확인하고 이해하기 위한 네 가지 카테고리가 다음과 같이 제시된다.

항목	설명
감정/느낌	너에게 일어난 어떤 일에서 오는 느낌은 너에게 무엇인가를 의미하고 있다. 감정은 보통 너의 몸 안의 느낌이나, 너의 마음속에 있는 생각에 의해서 확인된다.
공감 (감정이입)	다른 사람의 느낌이나 감정 이해하기
관점	사람들이 갖고 있는 느낌이나 의견은 각자의 서로 다른 경험 안에서 얻어진다.
단서(실마리)	너는 다른 사람에 관해 무엇인가를 말해 주는(그 사람의 감정 상태를 알려 주는) 표지(標識)나 징후를 볼 수 있다.

그다음에는 타인의 감정 상태를 외적인 표지(특징)를 통해 인지하는 연습을 한다.

항목	외적인 표지
행복한	미소, 팔을 벌림, 벌떡 일어남, 고개를 들고 걸음, 웃음
슬픈	고개를 떨굼, 팔을 몸에 붙임, 발을 질질 끎, 울음
화난	불룩해진 입술, 얼굴 찌푸림, 움켜쥔 주먹, 얼굴 붉힘, 드러낸 치아, 팔짱을 낌, 공간 차지하기(예컨대, 팔을 몸에서 떨어뜨려 들고 있기), 빨리 걷기, 신체를 떨거나 흔들기, 위협하는 눈으로 마주하기
겁먹은(scared)	고개를 떨굼, 눈을 크게 뜸, 천천히 뒷걸음질 치기, 몸을 떨기
민망한 (embarrassed)	고개를 돌림, 등을 구부림, 얼굴 붉힘, 눈 맞추기를 회피함

이러한 학습을 바탕으로 하여 활동지를 통하여 상황을 제시하고 상황 중 인물의 감정을 이해해 보도록 한다.

내 이름은 윤희이다. 오늘은 일요일 오후인데, 마음이 심란하다. 내 친한 친구가 전화로 오늘 저녁시간에 자기 집에서 영화를 함께 보자고 했는데, 나는 내일 아침에 수학시험이 있다. 부모님도 내가 내일 시험이 있다는 것을 알고 있기 때문에 내가 친구 집에 가도록 허락하지 않을 것이다.

• 너는 윤희의 생각과 느낌이 어떠할 것이라고 생각하니?
• 어떠한 외형적 단서가 그러한 판단을 하게 했을까?
• 또한 너는 누구의 관점을 고려할 수 있었니? 왜 그랬니?
• 왜 그 사람이 그러한 관점을 갖게 되었다고 생각하니?
• 다른 사람의 관점을 아는 것은 왜 중요할까?

5) 6차시: 명료하게 사고하기(1)

개요: 부정적 사고유형을 확인하고 감정의 범위에 대한 지각을 발전시키고자 한다. 먼저, 일반적으로 범하는 사고오류의 유형에 대해 학습을 시키고, 자신이 지니고 있는 사고오류 유형을 발견하여 이로부터 벗어나도록 지도한다.

번호	오류 유형	설명	사례
1	망원경 시각	사물을 실제보다 크게 보거나 작게 보는 것	파라(Farah)는 받아쓰기 시험에서 낮은 점수를 받았다. 이제 그녀는 자신이 학급 안에서 가장 열등한 학생이라고 생각한다.
2	흑백 사고	사물을 양극적으로 보는 것(좋은 것이 아니면 나쁜 것, 전부 아니면 전무 등)	링(Ling)은 집안일을 하지 않은 것에 대해 다음과 같은 근거를 댄다. "나는 언제나 나쁜 아이이고, 내 동생 키미(Kimmy)는 언제나 좋은 아이니까."
3	검은색 안경	사물의 부정적인 측면만 봄	마르셀라(Marcella)의 담임교사는 그녀에게 반장에 출마해 보라고 권유한다. 그러나 그녀는 아무도 자신에게 표를 주지 않을 것이라고 생각하고 있기 때문에 출마를 하지 않겠다고 마음먹는다.
4	점치기	충분한 증거도 없이 미래를 예언하기	아마드(Ahmad)의 축구코치는 아마드에게 많은 칭찬을 해 주었고, 축구연습에 많은 용기를 주었다. 아마드가 연습을 마치고 돌아갈 때 코치는 아마드에게 집에서 드리블 기술을 많이 연습해야 한다고 말했다. 아마드는 실제로 그가 얼마나 경기를 못하는지를 비로소 깨닫고 무척 속이 상했다.
5	개인화	자신의 잘못이 아닌 것을 자신의 탓으로 돌리기	마이클(Michael)의 부모는 이혼수속 중이다. 마이클은 자신이 가장 최근에 문제를 일으켰다는 것 때문에, 부모의 이혼이 모두 자신의 잘못 때문이라고 생각한다.
6	비난게임	자신에게 책임이 있는 문제를 남 탓으로 돌리기	라티샤(Latisha)는 포도주스를 거실로 가지고 간 것에 대해 부모로부터 꾸중을 들었다. 그녀의 동생이 그녀에게 부딪치는 바람에 포도주스가 바닥에 쏟아져 카펫을 더럽혔다. 그녀의 부모는 포도주스를 주방에서 가지고 나와서는 안 된다고 말했지만 그녀가 이를 무시해서 생긴 일이니 그녀가 깨끗이 청소를 해야 한다고 말했다. 라티샤는 동생도 청소에 참여해야 한다고 생각한다.

6) 7차시: 명료하게 사고하기(2)

개요: 이번 차시에서는 학생들 자신이 최근에 잘못 생각한 사례를 가지고 올바른 사고로 바꾸는 연습(사고의 재구조화)을 시킨다. 먼저, 학생들에게 최근에 가졌던 부정적인 생각들을 쓰게 하고 이를 합리적이고 긍정적인 생각으로 바꾸어 보도록 한다.

사고오류 재구조화의 단계는 다음과 같다.

① 부정적 사고 사례 기술(앞 장에서 배운 사고오류의 패턴이 실제 삶에서 나타나는 사례)
② 근거(증거)의 확인(지지 근거/반대 근거)
③ 그 사고의 타당성에 관해 결정하기
④ 사고오류 유형 확인
⑤ 재구조화(부정적 사고가 사고오류에 기초한 것일 경우 이를 제거하거나 긍정적인 방향으로 재구조화하기)

〈재구조화 사례〉

부정적 사고	근거는 무엇인가?		그것이 사실적/합리적인가?	내가 범한 사고오류는?	좀 더 사실적/합리적인 사고방식은?
	지지 근거	반대 근거			
나의 친구 정혁이는 농구팀을 짤 때 결코 나를 선택하지 않는다. 그는 나를 싫어한다.	지난주 내내 우리가 농구를 할 때마다, 정혁이는 나를 그의 팀으로 선택하지 않았다.	정혁이는 자주 나하고 논다. 점심도 같이 먹는다. 그는 나의 농담에 웃는다. 그는 농구에 대해서 정말 진지하지만 나는 그렇지 않다.	정혁이가 나를 싫어한다면 어떤 때에도 나와 시간을 보내려 하지 않을 것이며, 말조차 하려고 하지 않을 것이다.	흑백사고	정혁이는 내가 농구를 썩 좋아하지 않는다는 것을 안다. 그래서 그는 농구를 좋아하는 다른 친구를 선택하는 것일 것이다.

 그다음에는 학생들 자신이 최근에 잘못 생각한 사례를 가지고 올바른 사고로 바꾸는 연습(사고의 재구조화)을 시킨다. 먼저, 학생들에게 최근에 가졌던 부정적인 생각들을 쓰게 하고, 이를 합리적이고 긍정적인 생각으로 바꾸어 보도록 한다. 이를 활동지에 적고 팀별로 토론을 한 다음, 희망자의 지원을 받아 발표를 하도록 한다.

〈나의 사례〉

부정적 사고	근거는 무엇인가?		그것이 사실적/ 합리적인가?	내가 범한 사고오류 는?	좀 더 사실적/ 합리적인 사고방식은?
	지지 근거	반대 근거			

4. 요약

 사회정서학습의 전체 구조를 볼 때, 먼저 정서를 인지하고 관리하는 연습을 제공하고, 그다음에 사고를 인지하고 관리하게 하며, 이를 바탕으로 행동(실천)을 해 나갈 수 있도록 되어 있다(정서 → 사고 → 실천). 이는 기본적으로 자기를 돌아보고 자각하게 하는 훈련이라고 할 수 있다. 먼저, 자신의 감정을 돌아보고 다스리며, 이를 근거로 타인의 감정을 공감해 주고 수용할 줄 알게 한다. 그다음에 사고훈련으로 자연스럽게 넘어간다. 감정은 사고와 연결되어 있기 때문이다. 자신의 사고패턴을 관찰하고 근거 없는 부정적 사고 방식이 발견되면 합리적이고 긍정적인 사고방식으로 바꾸게 한다. 그런데 대체적으로 볼 때, 사회정서학습은 정서적 훈련에 초점이 맞추어져 있기 때문에 사고 및 실천 부분은 상대적으로 비중이 낮은 편이다. 따라서 사회정서학습을 적용하는 경우, 이러한 취약점을 보완해 줄 수 있는 다른 교육활동을 연계하여 시행할 수 있는 방안을 연구할 필요가 있다.

🗁 참고문헌

강선보, 박의수, 김귀성, 송순재, 정윤경, 김영래, 고미숙(2008). 인성교육. 경기: 양서원.

김영래(2017). 역량 중시 인성교육으로서의 사회정서학습(SEL). 교육의 이론과 실천, 제22권 제2호, 27-49.

손성현(2012). 사회적 · 감성적 학습(SEL): 평화교육의 현장성 확보를 위한 모색. 신학연구, 61집, 203-235.

신현숙, 류정희, 박주희, 이은정, 김선미, 배민영, 윤숙영, 강금주(2015). 중학생을 위한 사회정서학습 프로그램(교사용 지도서). 서울: 학지사.

Merrell, K. W. (2012a). *Strong kids: A social and emotional learning curriculum grade 3-5*. 김영래 역(2014a). 강한 아이: 초등고학년용. 경기: 교육과학사.

Merrell, K. W. (2012b). *Strong kids: A social and emotional learning curriculum grade 6-8*. 김영래 역(2014b). 강한 아이: 중학생용. 경기: 교육과학사.

Merrell, K. W. (2012c). *Strong kids: A social and emotional learning curriculum grade 9-12*. 김영래 역(2015). 강한 청소년: 고등학생용. 경기: 교육과학사.

Merrell, K. W., & Gueldner, B. A. (2010). *Social and emotional learning in the classroom: Promoting mental health and academic succdess*. 신현숙 역(2011). 사회정서학습: 정신건강과 학업적 성공의 증진. 경기: 교육과학사.

미국 SEL 통합홈페이지(Collaborative for Academic, Social, and Emotional Learning) http://www.casel.org

제7장
배려교육을 통한 인성교육

1. 인성교육에서 배려의 중요성

인성의 의미는 인간 본성, 인격, 인간다운 품성, 성격, 전인 등 다양한 관점에서 이해되고 있고, 어떤 용어를 사용하는가에 따라 강조점에서 차이가 있을 수 있다. 그러나 사회적으로 인성교육의 필요성을 지적하게 된 계기는 인간이 인간으로서 해야 할 올바른 도리를 실천하지 못하고 있다는 데 기인한다. 요컨대, 인간이 인간다운 행동을 하지 못해서 개인적이고 사회적인 문제들이 발생한다고 보고, 이를 위해서 하루빨리 인간다운 삶을 살아가는 인성을 갖춘 인간을 길러야 한다는 처방적인 측면이 내재해 있다.

그리하여 많은 학자가 인성의 의미에 대해 다양하게 진술하고 있으나 주로 "인간이 인간으로서 갖추어야 하는 이상적인 인간다운 모습, 인간다운 성품"(강선보 외, 2008: 278)이 그 핵심에 해당된다. 이것은 「인성교육진흥법」에도 그대로 나타나고 있는데, 인성교육을 "타인, 공동체, 자연과 더불어 살아가는 데 필요한 인간다운 성품과 역량"(제2조)을 기르는 교육으로 규정하고 있다.

인성, 즉 인간이 인간으로서 갖추어야 하는 인간다운 성품은 우리의 일상적인 삶에 깊숙이 영향을 미치고 있다. 우리가 가게에서 물건을 사고, 식당에서 밥을 먹으며, 친구들과 과제를 수행하고, 모르는 사람과 대화를 할 때도 인성은 드러나게 되고, 이것은 동물이나 식물을 대할 때도 마찬가지이다. 우리는 인간과 인간 사이에서만이 아니라 동물이나 사물과 같은 인간 이외의 존재들을 대하는 태도 및 행동에서도 상대방의 인성이 어떠한지를 알 수 있다. 인성을 갖추지 못한 인간은 자기의 이익이나 쾌락만을 생각하고, 주변이나 다른 사람에게 아무렇지 않게 해를 가하며, 상대방의 어려움이나 고통에는 아무런 관심도 없다.

그리하여 인성을 갖춘 인간은 자기중심적이지 않고 상대방의 마음을 헤아려서 상대방의 복지를 증진시키려고 하는데, 이것은 상대방을 배려하는 인간에게서 나타나는 행위이다. 인성교육의 많은 부분은 배려교육과 연관된다. 배려는 근본적으로 상대방을 걱정하고 염려하며 상대방의 필요를 위해서 무엇인가를 행하는 것과 관련된다. 배려(配慮)라는 한자를 보면, '배(配)'는 '짝 배'로서, 나와 관계를 맺고 있는 사람과의 유기적 연관을 나타내고, '려(慮)'는 '생각할 려'로서, 마음을 깊이 쓰고 헤아리는 것을 나타낸다. 한자적 의미에서 배려란 상대방에게 관심을 갖고 염려하며 마음을 쓰고, 서로 도움을 주며 관계를 맺어 가는 것이다(강선보, 신창호, 2009: 16-18). 이러한 배려에서의 상대방에 대한 관심과 염려, 상대방의 복지를 위한 행위는 인성을 갖춘 사람이 갖고 있어야 하는 자질이자 특성이다.

또한 배려는 인간의 생존을 가능하게 만드는 근본적인 가치로 인정되기도 한다. 환자, 신생아, 아이 등은 기본적인 필요를 충족시켜 주는 다른 누군가가 없다면, 즉 돌봄으로서의 배려를 해 줄 사람이 없다면 생존이나 발달이 어렵기 때문에, 배려는 가장 뿌리 깊은 근본적인 가치이다. 우리는 다른 사람에 의해 배려를 받을 필요도 있고 배려를 할 필요도 있으며, 이처럼 배려하고 배려를 받는 것은 기본적인 인간의 욕구이다(Held, 2006: 17; Kittay, 1999: 1; Noddings, 1992: xi). 사실, 우리는 태어나서 부모님의 돌봄으로 인해 이렇게 인간으로서의 삶을 영위하며 살고 있는 것이고, 성인이 되면 돌봄을 덜 받게 되지만, 돌봄과 관련이 없는 것은 아니다. 키테이(Kittay, 2001: 536)는 '우리는 모두 어느 어머니의 아이'이고 다른 사람의 돌봄으로부터 혜택을 받은 사람이기 때문에, 우리는 돌봄에 대한 사회적인 책임을 지닌다고 본다. 이와 같이 돌봄을 포함하는 배려는 인간이 인간다운 삶을 살아가는 데 있어서 기본적인 것이며, 우리는 평생 배려관계를 맺으며 살아가고 배려관계를 통해 우리 자신이 형성된다. 배려는 가족 내에서만 필요한 것이 아니다. 학교나 직장에서 누군가가 나의 처지를 생각하여 나의 필요에 부응하는 행위를 하고 염려하는 사람이 있을 때, 우리는 그 사람에게 고마움을 느끼고, 그러한 배려들을 통해 성장하게 된다.

이와 같이 우리는 배려를 받으며 성장하고 또 배려를 하며 다른 존재를 성장시키도록 돕기 때문에 우리의 삶은 배려의 삶이다. 배려하고 배려를 받을 줄 아는 인간, 즉 배려역량을 갖춘 인간을 양성하는 배려교육은 인성교육의 중심에 자리하는 것이다. 우리에게 배려는 생존 방식이자 우리의 인격을 형성하도록 하는 존재 방식이다.

2. 배려란 무엇인가

배려는 오랜 세월을 거쳐 온 역사적인 용어로서, 정의하기 쉽지 않다. 여기서는 보살핌이나 돌봄을 모두 포괄하는 용어로서 배려라는 용어를 사용하고자 한다. '아이 배려'와 '아이 돌봄'에서처럼 배려와 돌봄 중 어느 것을 사용하는가에 따라 의미상 약간의 차이가 있을지라도, 보살핌이나 돌봄을 모두 아우르는 개념으로서 배려를 사용하고, 간혹 그 용어들을 혼용하고자 한다. 현시대에서 배려의 의미는 특정한 개인 간의 관계에 한정되지 않고 폭넓게 확장되고 있는 추세이다. 필자는 배려의 의미를 '상대방에 대한 관심과 염려를 바탕으로 상대방의 마음을 헤아리며, 상대방의 필요와 복지에 부합하기 위해 서로 조율해 가는 활동'으로 지적하고자 한다(고미숙, 2007: 166). 이러한 배려에 대한 정의는 관심과 염려를 넣어 정의적 태도를 중요하게 생각하고, 조율이라는 과정을 통해서 배려하는 자와 배려받는 자의 관계성을 강조하며, 활동이라는 용어를 통해서 배려실천을 지적한 것이다. 즉, 배려에 평등한 관계(동료 사이의 배려)와 불평등한 관계(부모-자녀 사이의 배려)를 모두 포괄시키고, 개인 대 개인 간의 배려만이 아니라 공동배려도 포함시키며, 자기배려와 타인배려, 인간배려와 인간 이외의 존재에 대한 배려 등까지 넣어서 고려한다. 우리는 배려라고 하면 다른 사람을 배려한다고만 생각하는데, 자기 자신도 배려의 대상이 될 수 있으며, 개인 간의 배려만이 아니라 많은 사람이 많은 사람을 함께 돌보는 공동배려도 가능하다. 또한 배려는 관심, 염려와 걱정과 같은 정의적 태도만이 아니라 실천을 포함하는 활동이고, 부모가 자녀를 돌보는 것처럼 사랑의 노동으로 이해되기도 하고(Kittay, 1999: 29-32), 배려 있는 교사나 배려 있는 친구처럼 덕의 의미로 이해될 수도 있다 (Noddings & Slote, 2003: 346).

배려의 도덕적 가치가 부각되는 데 큰 영향을 미친 예로는 길리건(Gilligan)이 『다른 목소리로(In a different voice)』에서 여성의 도덕발달을 지적한 것을 들 수 있다. 길리건에 의하면, 남성의 공정성으로서의 도덕관이 권리와 규칙에 대한 이해를 도덕발달의 중심에 두는 것과 달리, 여성은 책임과 관계에 대한 이해를 중심으로 배려의 도덕관을 추구한다는 것이다(Gilligan, 1982: 19). 이러한 연구를 통해 우리는 배려가 여성의 경험과 연관되어 있는 것이라고 이해할 수 있으나, 배려를 여성의 몫으로 보아서는 안 되고, 모든 사람과 연관된 것으로 이해해야 한다.

길리건(C. Gilligan)의 배려의 발달단계

길리건은 콜버그(Kohlberg)가 제안한 3수준 6단계의 도덕발달단계론이 남성들에 대한 연구에 토대를 두고 있다고 보고, 여성은 도덕적 문제들에 대해 남성과 다른 목소리를 낸다고 주장한다. 길리건은 가상적인 딜레마가 아니라 '임신중절 결정 연구'와 같은 실제적인 딜레마를 통해서, 배려의 윤리가 발달해 나가는 순서를 보여 준다. ① 제1수준: 여성이 자기의 생존을 확보하기 위해 자신만을 배려하는 단계, ② 첫 번째 과도기: 첫 단계에서 자신이 내렸던 생존 위주의 판단이 이기적이라고 자기비판하는 과도기, ③ 제2수준: 선을 다른 사람에 대한 책임과 동일시하는 단계, 선행을 다른 사람을 배려하는 것과 동일시하는 단계, ④ 두 번째 과도기: 자기희생과 배려를 혼동하고, 인간관계에 있어 자신과 타인 간의 불평등을 야기한 것에 대해 혼란스러워하는 단계, ⑤ 제3수준: 배려의 활동이 자아와 타인을 모두 고양시키는 단계, 인간관계의 상호성과 자신도 배려의 대상으로 인식하는 단계이다.

출처: Gilligan (1982: 74-75).

길리건 이외에 배려 이론에 큰 영향을 미친 사람은 나딩스(Nel Noddings)이다. 그녀에게 배려는 근본적으로 관계에 기초하며, 배려관계의 가장 기본적인 형태는 배려하는 자와 배려받는 자 사이의 관계 혹은 만남이다. 그리하여 양 당사자가 모두 관계에 기여를 해야 한다는 것이다(Noddings, 1992: 15). 나딩스가 덕목으로서의 배려보다 배려관계에 관심을 더 두려는 것은 배려를 한 사람의 덕목의 소유로 이해하기보다는 배려받는 자 역시 배려관계의 완성에 기여를 한다고 보기 때문이다(Noddings, 1992: 15-17; Noddings, 2002a: 2). 어떤 사람은 자기 자신이 상대방을 열심히 배려한다고 생각하지만, 그 상대방은 자신이 배려받지 못한다고 생각하는 경우들을 떠올려 볼 수 있다. 배려하는 자가 특정한 사람을 배려하는 것만으로 배려가 이루어졌다고 할 수 없으며, 배려를 받는 자가 자신에게 행해진 배려를 받아들일 때 배려가 완성된다는 것이다.

1) 배려하는 자와 배려받는 자의 관계

나딩스는 배려하는 자의 의식상태를 전념(engrossment)과 동기 전환 (motivational displacement)으로 설명한다. 배려하는 자의 의식상태인 전념은 배려받는 자를 개방적이고 비선택적으로 수용하는 것이다. 이 말은 상대방 이 무엇을 겪고 있는지, 상대방이 무엇을 전달하려고 하고 무엇을 필요로 하 는지를 진심으로 집중적으로 듣고 보고 느끼는 것이다(Noddings, 1992: 15- 16). 예를 들어, 나의 도움을 필요로 하는 누군가가 나에게 말을 건다고 해 보자. 그러면 우리는 그 상대방을 그냥 지나쳐 가는 것이 아니라, 아주 잠깐 이지만 상대방이 무엇을 말하려고 하는지를 집중해서 듣고 그 상대방을 받 아들인다. 나딩스에게 배려하는 자를 놓고 보면, 배려란 타자와 함께 느끼는 것인데, 이는 투사적인 감정이입이 아니다. 일반적으로 '타인의 입장에 나 자신을 놓아 보는 것'으로서의 감정이입은 상대방의 현실에 대한 객관적인 자료를 분석하고, '나라면 이러한 상황에서 어떻게 느꼈을까?'를 묻는 것이 다. 그런데 나딩스는 이러한 방식보다는 상대방이 느끼는 것을 가능한 한 근 접하게 함께 느껴야 하고, 상대방을 나 자신에게 받아들여야 한다고 주장한 다(Noddings, 1984: 16-30). 이런 의미에서 보면, 나딩스의 설명은 감정이입 이라기보다는 공감에 가까운 의미를 지닌다. 이렇게 상대방에게 전념을 하 게 되면, 나에게 관심이 쏠렸던 에너지가 상대방으로 향하게 된다.

동기 전환은 동기 에너지가 나 자신의 프로젝트를 향해 있던 것이 상대방 및 상대방의 프로젝트를 향해 흐르게 된다는 것이고, 그리하여 우리는 상대 방의 목적이나 프로젝트를 촉진시키는 방식으로 응답하고자 한다(Noddings, 1992: 16). 나딩스는 전념과 동기 전환을 배려하는 자의 의식상태라고 말한 것이지, 이것이 바로 배려의 실천이라고 말한 것은 아니다. 배려하는 자는 상대방에 대한 애정과 관심으로 상대방을 위해 내가 할 만한 일이 무엇인지, 어떻게 하면 상대방의 필요에 부응할 수 있는지를 찾고 상대방의 복지를 증 진하기 위한 행위를 하게 된다(Noddings, 1984: 24). 이와 같이 배려는 배려하는 자가 상대방의 복지를 위하는 마음을 기본 바탕으로 하기 때문에 배려하는 자의 관심과 태도가 중요하기는 하지만, 이것만으로 배려는 완성되지 않는다.

배려받는 자 역시도 관계에 기여를 한다. 즉, 배려받는 자의 의식상태는 수용, 인정과 응답으로서 배려받는 자는 배려를 받아들이고 배려가 받아들여졌음을 보여 주는 것이다. 배려관계는 배려받는 자가 배려를 받아들여야 완성된다(Noddings, 1992: 16). 배려하는 자가 행한 배려가 상대방에게 배려로 느껴지지 않거나 원하는 방식의 배려가 아니라면, 배려하는 자가 아무리 배려를 하였다고 할지라도, 그때 상대방은 자신이 배려받았다고 생각하지 않을 수 있다. 이러한 일은 부모-자녀 간, 교사-학생 간, 남녀 연인 간에도 흔히 일어난다. 부모는 자신을 희생해 가며 자녀를 배려하였다고 생각하지만 자녀는 부모로부터 배려를 받았으면 좋겠다고 생각하는 것이다.

간혹 어떤 사람들은 배려를 하는 데만 익숙하여 자신에게 행해지고 있는 배려를 지각하지 못하는 경우들도 있다. 또한 성숙한 사람은 자신의 일을 혼자 스스로 해야지, 다른 사람의 도움을 받는 것은 약한 사람이나 하는 것이라는 생각 때문에 다른 사람의 배려를 받아들이지 못하는 경우도 있다. 배려받는 자의 배려 수용하기는 배려받는 자에게 목소리를 제공하고, 이로 인해 배려가 일방적이 아니라 상호적이 되도록 한다. 배려 수용이 있음으로써 배려가 어디서 어떻게 적절하지 못한 것인지를 알 수 있게 된다(Dalmiya, 2016: 71-72). 배려받는 자는 자신에게 행해지고 있는 배려를 지각하고, 자신이 배려를 받아들이고 있음을 상대방에게 보여 주어야 하는데, 이는 꼭 말로서 나타내야 하는 것은 아니다. 말이든 몸짓이든 배려하는 자가 행하고 있는 배려가 상대방에게 충족되고 있음을 보여 주는 것이 필요하다. 배려받는 자의 이러한 태도는 배려하는 자에게 배려를 더 잘하도록 만든다.

2) 자연적 배려와 윤리적 배려

우리는 친한 사람이 어려움에 처하거나 도움을 필요로 하면, 그 사람이 도움을 요구하지 않더라도 자발적으로 도와주고 싶은 마음이 생기고 상대방의 복지를 위한 배려를 하게 된다. 이것을 나딩스는 '자연적 배려'라고 생각하였다. 자연적 배려라는 용어에서 '자연적'이라는 것은 특별한 윤리적인 노력을 요구하지 않는다는 의미로, 애정이나 성향으로부터 다소 자발적으로 일어나는 배려의 형태라는 것이다(Noddings, 2002b: 29). 배려는 의무이기 때문에 억지로 한다기보다는 하고 싶은 성향이나 애정으로 인해서 자발적으로 배려를 행하기 때문에 자연적 배려라고 할 수 있다. 어머니가 아이를 보살피는 것도 마찬가지이다. 자연적 배려에서는 우리가 자발적으로 배려를 하지만, 친밀한 사이라고 해도 배려받는 자의 필요에 부응하고 싶지 않을 때가 있다.

따라서 윤리적 배려는 자연적 배려가 일어나지 않을 때, 우리가 지치거나 힘들고 바빠서 배려하고 싶지 않을 때 필요하다. 윤리적 배려는 "칸트의 윤리적 태도와 유사한 의무적인 형태의 배려"(Noddings, 2002b: 30)이다. 이때는 우리가 지치지 않았다거나 상대방이 우리가 사랑하는 사람이었으면 어땠을까를 생각하며 윤리적 이상을 이끌어 내야 한다는 것이다. 그리하여 윤리적 배려는 노력이 필요한 것이고, 그 노력이란 윤리적 이상, 즉 우리의 최상의 자아상, 우리 자신의 최상의 모습을 나타내는 배려를 하고 배려를 받았던 기억들을 이끌어 내야 한다는 것이다. 이러한 기억들이 우리가 상대방의 곤경에 응답을 해야 한다고 느끼게 한다(Noddings, 1984: 79-80; Noddings, 2002a: 13; Noddings, 2015: 404).

이와 같이 우리는 배려를 하기 위해서 윤리적 배려가 필요하지만, 나딩스는 윤리적 배려보다도 자연적 배려를 더 중시한다. 그녀에게 윤리적 배려는 자연적 배려를 확립하고 회복하기 위한 도구이다. 배려하는 자로서 우리가 최상의 상태에 있다면, 또한 내가 진정으로 배려를 받는다면 어떻게 응답할 것인지, 이러한 것에 대한 자문이 배려하는 자로서 우리 자신에 대한 이상을 유지하도록 도움을 준다(Noddings, 2002b: 30). 나딩스의 지적처럼, 우리가 자발적으로 배려하고 싶지 않을 때에도 자기 자신이 배려를 하는 사람이기를 바라고 배려를 받거나 배려를 하였을 때의 즐거운 기억들을 떠올리며 배려를 하게 되면, 다시 자발적인 배려의 마음이 생길 수도 있는 것이다.

3. 배려의 유형

일반적으로 배려라고 하면, 주로 인간, 특히 다른 인간을 배려하는 것을 떠올린다. 그런데 배려의 대상은 인간만이 아니라 다양한 사물과 존재들도 될 수 있다. 나딩스는 다양한 배려의 대상을 제안하고 있다. ① 자기, ② 친밀한 사람, ③ 낯선 사람과 멀리 떨어져 있는 사람, ④ 동물, 식물, 환경, ⑤ 인간이 만든 세상이다(Noddings, 1992: 74-149). 이러한 다양한 대상을 생각하면, 우리는 모든 것에 대해 배려할 수 있다.

1) 자기배려

우리는 배려의 대상을 주로 타인들로 생각하는 경향이 있는데, 자기 역시 배려의 대상이 될 수 있다. 배려는 타인배려에 초점이 주어져 왔고, 어떤 면에서는 타인을 배려하기 위해서 자신을 희생하는 것이 더 도덕적인 것처럼 간주되기도 하였다. 그러나 한 개인이 자신을 지속적으로 희생하고, 자신의 욕구나 필요를 억누르면서 다른 사람을 배려하기만 한다는 것은 그 배려하는 자를 지치게 하고, 고통에 빠지도록 하며, 자신의 존재 자체를 부정하도록 만든다. 이것은 결국 상대방을 배려하는 데 악영향을 미치게 된다.

자기배려는 자기만 아는 이기적인 사람이 되라는 뜻이 아니다. 자기배려는 우리가 타인을 배려하는 것처럼, 자기와 자기의 관계에 초점을 두어 자기가 자기 자신을 돌보고 배려하는 것이며, 자기존중과 자기가치감을 바탕으로 윤리적 주체로서의 자기를 형성해 가는 것이다. 자기배려는 자기도 타인과 같이 동등한 권리를 가진 존재로 인정하며 자기 존재를 형성하는 것과 관련된다(고미숙, 2015: 235-260). 그리하여 자기배려는 자신의 신체적, 정신적, 정서적, 영적 측면 등 다양한 방면에서 자신을 배려의 대상에 포함시키고 자신의 필요에도 부응하면서 자기 존재를 형성해 가는 것이다. 이러한 관점에서 비티(Beattie)는 자기배려가 자기 자신에게 책임을 지는 일이고, 자기 자신 및 자신의 삶에 대한 태도임을 역설한다. 그녀에게 있어서 자기배려는 자신의 필요에도 부응하면서 자신에게 책임을 지는 삶을 사는 것이다(Beattie, 1992: 114). 자기배려는 자신을 소중히 여기고 존중하며 자신의 삶을 주체적으로 살도록 자신을 가꾸는 것이다. 자기를 배려함으로써 자기 존재의 소중함을 깨닫게 된다면, 자기 자신만이 아니라 다른 존재에 대해서도 그러한 마음을 갖게 될 것이다.

2) 친밀한 사람에 대한 배려

친밀한 사람들에는 가족, 친구, 이웃, 동료, 학생 등 다양한 대상이 속할 수 있고, 여기에는 불평등한 관계도 있고 평등한 관계도 있다. 예를 들어, 부부, 친구, 동료는 배려하는 자와 배려받는 자의 역할을 번갈아 왔다 갔다 하는 평등한 관계인 반면, 부모와 자녀, 교사와 학생의 관계는 한쪽이 주로 배려하는 자의 위치를 차지한다는 것이다(Noddings, 1992: 91-92). 그렇다고 하더라도 배려는 특정한 한 사람만의 몫이 아니며, 학생 역시 교사를 배려할 수 있고, 자녀 역시 부모를 배려할 수 있다. 친밀한 관계에서는 배려받는 자가 상대방이 자신을 위해서 행하는 배려를 잘 인식할 것처럼 생각될 수도 있으나, 당연하다고 생각되어 배려의 소중함을 자각하지 못할 수도 있다. 예를 들어, 부모가 자녀를 배려하는 것은 당연하다고 간주하여 그 배려의 감사함을 모를 수도 있다. 또한 친한 친구관계에서도 친밀함을 이용하여 배려를 잘못된 방향으로 요구할 수도 있다. 간혹 어떤 사람들은 자신이 요구하는 모든 것을 상대방이 해 주어야 자신을 배려하는 것이라고 생각하여 상대방에게 많은 요구를 하는 경우도 있다. 친밀한 사람들 간의 배려는 한편으로는 배려실천이 쉽게 발생할 수 있는 측면이 있으면서도, 한편으로는 배려가 왜곡되어 나타날 여지가 있다. 그렇다고 할지라도 친밀한 관계에서 배려가 무엇이고 배려는 어떻게 하는 것인지, 즉 배려를 경험하고 배려하는 법을 배우게 되면, 이것이 모르는 사람들에게로까지 확장될 수 있도록 하기 때문에, 친밀한 사람들과 배려관계를 경험해 보는 것은 중요하다.

3) 낯선 사람과 멀리 떨어져 있는 사람에 대한 배려

배려는 직접적인 면대면 배려 이외에도 잘 알지 못하는 사람에 대한 배려도 가능하다. 우리는 낯선 사람보다는 친밀한 사람들에게 자발적으로 배려하는 것이 더 쉬울 수 있으나, 그렇다고 해서 낯선 사람이나 멀리 떨어져 있는 사람에게 배려를 하지 못하는 것은 아니다. 사실, 사회적으로 배려의 부족이 문제가 되는 것은 친밀하지 않은 사람들과 관련되는 경우가 많다. 악인 중에서는 자기와 친밀한 사람에 대해서는 배려를 잘하면서도, 자기와 직접적인 관계를 맺지 않은 사람에게는 서슴없이 악한 행동을 하는 사람들도 있다. 그러므로 친밀한 사람들에게 배려를 잘한다고 해서, 그 사람이 반드시 배려 있는 사람인 것은 아니다. 자기와 관련이 되어 있든 그렇지 않든 모든 사람을 배려의 대상으로 삼을 수 있어야 한다. 나딩스가 지적한 것처럼 멀리 떨어져 있는 사람들을 배려할 때 직접 대면하지 않고 관계를 맺지 않은 채 배려를 하기 때문에, 추상적인 지식에 근거할 수 있고, 그리하여 상대방의 필요에 부적합한 배려를 할 수 있다. 이와 같이 배려가 완성되었는지를 확신할 수 없다는 것이 멀리 떨어져 있는 사람을 배려하는 데 있어서의 어려움이다(Noddings, 1992: 113-116). 우리가 멀리 떨어져 있는 사람을 배려하기 위해서는 국제 정세나 외국인의 삶의 상황, 문화, 그들과 우리의 관계를 이해할 기회를 갖는 것이 필요하다. 지구 공동체의 관점에서 보면, 우리와 직접

대면하지 않는 사람들 역시 우리와 관련을 맺고 있는 사람들이며, 그러한 관련성에 대한 이해가 그들을 배려하도록 촉구할 수 있다.

4) 동물, 식물, 환경에 대한 배려

동물, 식물, 환경에 대한 배려는 배려의 대상이 단지 인간만이 아니라 다양한 대상으로 확대될 수 있음을 인식하게 한다. 현실 속에서는 동물을 잘 배려하지만 인간을 배려하지 못하는 사람도 있고, 그 반대로 인간은 잘 배려하지만 식물이나 환경에 대해서는 관심이 없는 사람도 있다. 그러나 나딩스가 지적한 것처럼 우리는 동물, 식물, 환경과 상호 연관을 맺으며 살아가기 때문에 그 모든 대상에 대해 배려를 할 필요가 있다. 동물을 배려하려면 동물에 관심을 갖고 동물을 알고 공감하며 동물에 적절히 응답하는 법, 동물과 우리의 관련성을 배워야 한다. 또한 식물은 직접적·개인적인 방식으로 우리에게 반응하지 않지만, 식물의 삶에 대한 고려나 식물을 직접 기르는 경험이 식물과 우리와의 관계를 이해하고, 식물을 기르는 사람에 대한 감사함도 배우도록 할 것이다(Noddings, 1992: 126-134). 동물이든 식물이든 그들을 알고 이해하게 되면, 우리는 그들이 얼마나 소중한지를 깨닫게 된다. 우리 주변의 환경과 자신의 관계에 대한 인식이 세상을 보는 이해를 달리하도록 할 것이며, 우리가 주변의 세계에 대해 민감해질수록 우리는 더욱 배려하는 마음을 갖게 될 것이다. 나딩스는 땅과 같은 환경에 대한 배려가 너무 추상적이고 멀리 떨어진 장소에 집중하는 방식이 아니라 우리 주변의 환경 문제들을 다루고, 반대편 입장의 사람들의 이야기도 고려하여 타협점을 형성할 준비를 갖추는 것이어야 한다고 주장한다(Noddings, 1992: 135-137). 예를 들어, 우리가 먹는 음식과 관련하여 육식 및 채식주의 관련 쟁점이나, 우리 주변의 공기나 물의 오염 등의 쟁점, 반려동물, 나무 심기, 학교환경 등 다양한 주제가 다루어질 수 있다.

5) 인간이 만든 세상에 대한 배려

인간이 만든 세상에 대한 배려도 인간을 배려할 때와 달리 배려를 받는 대상이 직접적인 반응을 보이지 않을 수 있다. 그러나 인간이 만든 세상에는 인간이 만든 사물들과 도구들이 있을 것이고, 이들은 직접적인 도덕적 영향은 없지만, 우리가 사물을 다루는 방식이 인간과 동물의 삶에 영향을 미친다고 나딩스는 주장한다(Noddings, 1992: 139). 물건들은 인간과 같은 생명력이 있는 것은 아니지만, 물건들을 대하는 태도에서도 그 사람의 품성은 드러난다. 이런 생각하에 나딩스는 물건에 대한 자세한 관찰, 물건의 유용성, 물건을 올바르게 사용하는 방법, 물건들의 배치, 물건들 만들기와 보수에 이르기까지 다양한 것을 제안하고 있다(Noddings, 1992: 139-149). 우리가 사용하고 있는 우리 주변의 사물들과 도구들에 대해 배려를 하다 보면, 그것들의 의미와 소중함, 그리고 그것과 우리 자신과의 관계도 이해할 수 있을 것이다. 또한 우리가 물건을 만들 때 있어서도 그 물건을 사용하는 이들을 배려하여 만들 수 있다. 이러한 것을 더 확장시켜 인간이 만든 유형의 것만이 아니라 무형의 것도 배려할 수 있다. 우리는 문화와 가치관도 배려의 대상으로 고려하여, 이러한 것들에 대해 알고, 그것이 우리의 삶과 어떤 관련성이 있는지 의미를 생각할 기회를 가질 수 있다.

6) 공동배려

배려는 그동안 개인 간의 배려 혹은 인간 간의 배려에 초점을 두어 왔다. 배려는 주로 개인의 책임 문제로 인식되어 왔기 때문에, 타인을 배려하든 동물을 배려하든 함께 배려하는 것에 대해서는 거의 논의가 이루어지지 않았다. 그러나 배려는 개인의 문제로만 취급할 수 없는 것이다. 배려는 우리 모두의 책임이 되는 것이다. 그리하여 우리는 '나는 배려를 잘 못해.' '나는 일하느라고 바빠.' '나는 내 가족을 보살피고 있는 중이야.'와 같은 핑계를 대며 배려실천을 피할 것이 아니라, 배려를 더 많이 하게 됨으로써 배려를 더 잘하도록 해야 한다(Tronto, 2015: 30-32). 배려는 우리의 삶과 밀접하게 관련되어 있어 배려가 필요하지 않은 사람은 아무도 없다. 트론토(Tronto)는 우리가 모두 배려를 받고 배려할 권리와 자격이 있으며, 이러한 조건을 사회가 얼마나 보장하는지에 대해 판단하는 공적인 과정에 참여할 자격이 있다고 보았고, 그리하여 그녀는 시민이 끊임없이 참여하게 되는 활동으로서 공동배려를 지적한다(Tronto, 2013: 153-154). 그녀는 그렇다고 공동배려에 대해 단지 국가의 책임만을 말하고자 하는 것이 아니다. 돌봄을 개인의 책임으로 맡겨놓을 것이 아니라 함께 연대하여 공동의 책임으로 하며, 그러한 다양한 배려가 관계되는 사안에 대해 함께 참여할 수 있어야 한다는 것이다. 이런 점에서 공동배려는 사회적 연대나 정치적 문제와도 연관된다(Tronto, 2013: 164). 배려는 이제 공공의 문제이면서 모든 사람의 문제이며, 우리는 누구나 배려를 받고 배려를 할 수 있는 환경을 함께 만들어 가야 한다.

4. 배려교육의 의미와 방법

1) 배려교육의 의미

배려교육이란 직접적으로는 배려하고 배려를 받을 줄 아는 사람을 기르는 교육을 말한다. 배려교육은 학생들이 배려역량을 함양하도록 하는 것이라고 할 수 있지만, 이러한 실천역량은 배려를 둘러싸고 전개되고 있는 다양한 현상들과 쟁점들에 대해 폭넓은 이해와 비판적인 시각도 갖추어야 한다. 배려역량을 함양하기 위해서 우리가 학교에서 다루어야 할 주제들을 다음과 같이 제기할 수 있을 것이다.

① 배려의 의미 및 배려하는 인간으로서 자신과 다양한 배려 대상에 대한

폭넓은 이해: 배려의 의미, 자신과 타인의 배려에 대한 이해, 배려의 대
상으로서 자기, 타인, 동물, 식물, 환경, 인간이 만든 세상 등에 대한 이해

② 배려를 위한 정의적 역량과 배려실천역량 함양: 배려와 관련된 공감,
감정이입 등의 정의적 역량 향상, 다양한 배려방식 확인 및 자신의 배
려실천방식 성찰과 배려실천

③ 배려와 연관되어 있는 성, 권력, 불평등 등에 대한 비판적 인식: 우리의
일상생활 속에서 배려하는 자와 배려받는 자를 둘러싸고 불평등이나
권력의 문제가 어떻게 연루되어 있는지에 대한 비판적인 성찰

④ 공동배려와 관련된 사회적 문제 이해: 배려가 공적인 문제인지에 대한
논의 및 이와 관련하여 노인돌봄, 아이돌봄 등 여러 가지 사안 탐구

배려교육은 단지 배려를 실천할 줄 아는 인간의 양성에만 초점을 두어서
는 안 된다. 배려교육이 다루어야 할 배려 문제에는 배려의 개념을 이해하는
이론적인 것으로부터 배려와 관련된 사회현실에 대한 비판적인 인식을 갖추
는 문제, 모든 사람이 배려하고 배려받는 것이 억압이 아니라 권리가 될 수
있는 정의로운 사회 건설에 이르기까지 다양한 내용이 포함되어야 한다. 배
려는 상대방을 걱정하고 염려하는 사랑의 마음이기도 하지만, 상대방을 위
한 노동행위이기도 하다. 사회는 돌봄 노동 없이 운영될 수 없다. 사회적 배
려는 단지 정치적인 문제나 경제적인 문제로만 이해될 것이 아니라 우리가
모두 어떤 사회를 만들고 싶은가, 우리가 추구하는 사회는 어떤 사회인가에
초점이 맞추어져야 한다. 그리하여 모든 사람이 이러한 돌봄 노동과 관련된
일에 대해서도 관심을 기울이고, 이것이 어떻게 이루어지고 있는지, 거기에
연관된 사회적 문제는 무엇인지를 비판적으로 성찰할 수 있어야 한다. 배려
실천은 도덕적인 행위이기도 하지만, 더 나은 사회를 만들어 가는 평등실현
의 장치이기도 하다. 배려는 우리를 인간다워지게 하며 우리 사회를 인간다
운 사회가 되도록 한다.

2) 배려교육의 방법

배려교육을 하기 위해서는 자신, 다른 존재, 그리고 자신과 다른 존재 사이의 관계를 이해하고 느끼며 성찰하고 실천하는 것이 지속적으로 일어나야 한다. 이것을 위해서 글쓰기, 감정이입하고 공감하기, 대화, 직접 실천하기 등의 교육 방법들이 제시될 수 있지만, 우리는 각자 '내가 왜 다른 사람을 배려해야 하는가?'와 같은 근본적인 윤리적 물음에 대해서 대답을 해야 한다. 이러한 인간적이고 윤리적 존재로서의 자신에 대한 이해 없이 단편적인 교육 방법들의 나열은 스스로 배려 방법을 구상해 볼 수 없도록 할 것이다. '나는 왜 배려를 해야 하는가?'에 대한 진지한 물음을 통해서 끊임없이 배려를 완성해 나가려고 노력하는 것이 우리의 배려교육의 방향이고, 이것이 인간다운 품성을 갖추어 가도록 하는 것이다.

(1) 자기 자신 및 다른 사람의 배려관을 성찰하기

먼저, 자신이 배려라고 생각하는 것이 무엇인지를 깨달아야 한다. 우리가 배려의 의미는 모든 사람에게 동일할 것이라고 생각하지만, 배려의 의미는 사람에 따라서 아주 다양하게 이해되고 있다. 자신은 배려라고 생각하여 행한 행위가 다른 사람에게는 배려로 이해되지 않을 수도 있고, 자신이 배려라고 생각하지 않은 행위가 다른 사람에게는 배려라고 느껴질 수도 있다. 그렇기 때문에 자기 자신이 무엇을 배려라고 생각하는지를 이해해야 한다.

또한 자신의 배려관을 아는 것으로는 충분하지 않으며, 상대방의 배려에 대한 관점을 아는 것도 필요하다. 우리는 배려 상대방의 가치관, 성격, 문화, 성, 인종 등 다양하고 특수한 차이를 고려하여 그 상대방에게 맞는 배려를 해야 하고, 이를 위해서는 상대방과의 소통이 요구된다. 그렇다고 해서 배려를 상대방의 필요나 요구에 무조건 맞추는 것으로 볼 수는 없으며, 배려하는 자의 상황이나 조건 역시 고려해야 하기 때문에, 서로 간에 조정이 필요하다. 다음은 배려에 대해 이해하기 위해서 우리가 다룰 수 있는 질문들이다.

- 당신에게 배려는 무엇인가요?
- 당신은 언제 배려를 받았다고 느끼고, 당신은 주로 누구에게 배려를 받고 있나요?
- 당신은 주로 어떤 대상을 배려하나요? 당신이 그 특정 대상을 배려하기 위해서 행하는 방식은 주로 무엇인가요?
- 당신이 배려라고 한 말이나 행위가 다른 사람에게는 배려로 받아들여지지 않은 경우들이 있었나요? 있었다면 그것은 어떤 것이었나요? 그 반대로 다른 사람이 당신을 배려한다고 행한 행위가 배려로 느껴지지 않은 적이 있었나요? 그 경우는 어떤 경우였나요?
- 남녀는 배려관이나 배려방식에서 차이가 있다고 생각하나요? 사례를 이야기해 보세요.
- 당신은 배려가 상대방에게 잘 받아들여지지 않을 때, 어떻게 서로 조정을 하나요?
- 당신에게 배려를 하고 배려를 받았던 좋은 경험들은 어떤 것이었나요?
- 당신은 누군가 혹은 무엇인가를 배려하기 싫을 때, 배려 성향을 어떻게 회복하나요?

이러한 질문에 대해 글을 쓰거나 말을 하는 과정 속에서, 배려가 무엇이고 배려를 둘러싸고 관련되는 문제들을 인식할 수 있을 것이다. 집중적으로 배려에 대해 성찰하는 시간을 갖는 것은 배려의 실천에도 영향을 미치게 될 것이다.

(2) 자기배려의 방법

자기배려는 자기가 자기 자신을 배려의 대상으로 삼고, 신체적, 정신적, 정서적, 영적 측면 등 전 측면을 대상으로 자기를 돌보는 것이며, 그리하여 자기지식, 자기존중, 자기가치감, 자기수용 등과 연관된다(고미숙, 2011: 235-260). 자기배려의 방법으로 자기 글쓰기, 자기대화의 방법을 사용할 수 있을 것이고, 자기를 성찰하여 더 나은 자기 자신이 되도록 자신과 관계 지을 수 있는 방법이라면 모두 사용될 수 있다.

첫째, 자기배려에 대한 글쓰기를 한다. 글쓰기를 통해 자신이 자기배려에 대해 어떻게 생각하는지, 자기배려를 잘하고 있는지, 어떤 부분들이 부족한 것인지를 성찰할 수 있게 된다. 근본적으로 자기배려는 자기 존재에 대해 질문하고, 그 존재를 가꾸도록 하기 때문에, 단지 배려의 문제로 끝나는 것이 아니라 자신의 정체성 및 자신의 삶의 방향 등과도 연관된다. 다음은 한 학생의 자기배려에 대한 글쓰기이다.

> 사실, 나는 스스로에 대한 배려가 많이 부족한 사람인 것 같다. 늘 바쁘고 시간이 부족하다는 핑계로 하루하루를 계획성 있게 보내지 못하고 시간에 쫓기는 경우가 허다하다. 특히 학기 중에는 과제나 시험 준비로 밤 새기가 일쑤다. 사실, 나는 무언가를 즐기면서 하기보다는 압박감에 시달려 스스로를 엄격하게 채찍질하는 경향이 있는 것 같다. 고치려고 노력하고 있는 중이지만 여전히 쉽지만은 않다. 하지만 기본적으로 내가 학생으로서 해야 할 일에 대해서는 스스로 최선을 다한다는 점에서 자기배려의 완성을 12시간으로 보았을 때 1/3 정도 수준인 4시로 표현해 보았다(강선보, 신창호, 2009: 213에서 재인용).

앞의 자기배려에 대한 글쓰기처럼, 글쓰기는 자기 자신의 삶에 대해 반성하게 하기도 하고, 자기이해를 심화시키기도 한다. 그리하여 앞으로 어떻게 자기배려를 해야 할 것인가를 계획하는 데 도움이 된다.

둘째, 윤리적인 자기대화를 한다. 자기대화는 자기와 자기 자신의 대화를 말하는 것으로서, "머릿속에서 침묵으로 우리 자신에게 말하는 대화뿐만 아니라 혼자 있을 때나 타인이 있을 때 소리 내어 말하는 대화"(Manning & Payne, 1996: 62)를 포함한다. 그런데 자기대화가 왜 윤리적으로 중요한 것인가? 그것은 "윤리적 존재로서의 우리 자신에 대한 믿음을 나타내고 강화하기"(Diller, 1999: 78) 때문이다. 자기대화가 모두 자신에게 유익한 것은 아니다. 어떤 사람들은 자기대화가 자신을 비난하고 혐오하는 대화여서, 자신의 감정이나 자신의 행동, 자기 자신에 대한 이해에 악영향을 미치는 경우도 있다. 어떤 경우에는 자기대화가 자신을 존중하고 수용하며, 자신에게 힘을 주고, 자신을 더 나은 사람이 되도록 돕기도 한다. 딜러(Diller)는 "자기대화의 성격과 내용이 현재의 자기존중의 수준을 나타내는 척도"(Diller, 1999: 78)라고 주장한다. 자기대화를 보면, 자기가 자기를 얼마나 존중하는지를 알 수 있다는 것이다. 비윤리적인 자기대화를 윤리적인 자기대화로 바꾸도록 하기 위한 방식을 살펴보기로 하자(Diller, 1999: 78-89).

첫 번째 방식은 반박과 대체하기이다. 이것은 비윤리적인 자기대화에 맞서 왜곡된 자기비하적인 내부의 대화를 반박하고, 좀 더 자기수용적이며 자기지지적인 진술로 대체하는 것이다(Diller, 1999: 85-87). 예를 들어, 자신이 어떤 일을 잘하지 못했을 때, '바보같이 그 일 하나 제대로 못하다니. 넌 멍청해.'라는 말 대신에, '이번에는 잘 안 되었지만, 난 멍청하지 않아. 난 원하는 일을 잘할 수 있는 꽤 멋진 사람이야. 다음에 더 잘해 보자.'라고 자기대화를 할 수 있다.

두 번째 방식은 분리와 거리 두기이다. 이것은 비윤리적인 내부의 목소리와 우리의 자아감각 사이에 가능한 한 많은 심리적인 공간을 두고 객관적인 시각을 발달시키는 것이다. 이를 위해서 비배려적인 내부의 목소리를 적어 보고, 자기공격적인 말들을 친구들과 토론하며 공유한다. 이러한 과정 속에서 우리는 그런 말들이 유익하지 못하고 비배려적이고 해롭다는 것을 알게 되고, 좀 더 윤리적인 접근에서 내부의 목소리를 평가할 기회를 가질 수 있다(Diller, 1999: 87-89).

비윤리적인 내부의 목소리에 대해 글쓰고 이야기를 나누는 것은 좀 더 객관적인 관점에서 자신의 목소리, 자기 자신을 이해하게 한다. 이와 같이 자기배려를 하기 위해서 우리는 자신에게도 관심을 기울이고 자기가 자신에게 행하고 말하는 것을 성찰할 수 있어야 한다.

(3) 배려를 위한 정의적 역량 함양하기

정의적 역량인 감정이입과 공감 능력이 배려를 보장하는 것은 아니지만, 배려가 관계 속에서 이루어짐을 생각하면, 상대방을 이해하고 상대방의 입장을 느끼기 위해 감정이입과 공감 능력이 요구된다. 감정이입이란 다른 존재의 사고, 감정, 접근을 인지적으로 이해할 뿐만 아니라 정서를 대리적으로 경험하는 것을 말하고, 공감이란 다른 존재의 감정을 공유하는 것이다(고미숙, 1999: 25). 그런데 이러한 감정이입과 공감이라는 것이 배려에 도움이 되면서도, 또 한편으로는 도덕적이지 않을 수도 있기 때문에 조심할 필요가 있다. 우리가 감정이입을 할 때 일시적으로 우리 자신의 접근을 유보할 수는 있지만, 다른 사람에 대한 수용성을 자기를 부정하고 상대방에게 흡수되는 것과 혼동해서는 안 된다는 것이다(Carse, 2005: 176). 어떤 사람들은 배려를 하기 위해서 감정이입과 공감을 발휘할 때, 상대방에게 완전히 동일시되어서 자신의 생각이나 입장은 없고 상대방에게 종속되기도 한다. 이것은 배려를 위한 감정이입이나 공감이 되지 못하고, 자신은 물론이고 상대방을 제대로 배려하지 못하도록 만든다.

배려를 위한 감정이입과 공감을 하기 위해서 다음의 단계들을 고려할 필요가 있다. 첫째, 집중해서 상대방을 경청한다. 이것은 상대방이 무엇을 겪고 있는지, 필요한 것이 무엇인지를 알기 위해서 상대방이 전하는 것을 집중하여 듣는 것이다. 경청기술로는 ① 사람들이 말할 때, 눈맞춤을 하고 몸짓을 사용하는 등 몸 전체가 경청하는 기술이 있다. ② 다른 학생과 갈등할 때 서로 번갈아 가며 경청기술을 실천한다. 한 번에 한 사람이 말을 하며, 말을 하는 사람은 자신에게 무슨 일이 벌어졌고, 자신이 무엇을 느꼈는지, 자신이 바꾸고 싶은 것은 무엇인지에 대해 자신의 관점을 설명하고, 그러는 동안에 다른 사람은 말하지 않고 적극적으로 경청한 다음, 이번에는 그 사람이 동일한 과정을 거치며 말을 한다(Toulis, 2011: 132-133). ③ 상대방이 한 말에 대해 자신이 잘 경청하였는지를 확인하기 위해 요약을 해 주거나 다른 말로 표현해 주거나 전달하고, 상대방의 의견을 듣는다. 둘째, 자신의 입장에서 상대방을 경험한다. 이것은 자신의 입장에서 상대방의 상황, 입장, 감정 등을 이해하고, 상상력을 발휘하며 느끼는 것이다. 셋째, 상대방의 입장에서 상대방을 경험한다. 이것은 상대방의 상황, 입장, 감정 등을 그 상대방의 관점에서 이해하고, 상상력을 발휘하며 함께 느끼는 것이다. 넷째, 자신과 상대방의 입장을 모두 고려해 본다. 이것은 자기 자신과 상대방을 연관 지으며, 함께 이해하고 느끼는 것이다. 이 단계들을 보면, 둘째는 투사적인 감정이입에 해당하지만, 셋째는 공감에 해당한다. 그런데 넷째를 포함시킨 것은 배려관계는 배려하는 자와 배려받는 자 모두를 고려할 필요가 있기 때문이다.

(4) 배려를 위한 대화

교육적인 상황에서 주로 사용되고 있는 의사소통 방식은 토론이다. 그런데 이러한 토론의 방식은 토론 주제가 중심이 되고, 그 토론을 하고 있는 사람들에게 초점이 맞추어지지 않는다. 그러나 배려를 위한 대화는 대화 참여자들이 대화를 하면서 상대방으로부터 배려를 받고 있다고 느낀다. 나딩스에게 대화는 서로 말하고 경청하고 공유하며 서로에게 응답하는 것이다. 대화는 어떤 결론이 날지 모른다는 점에서 개방적이고, 논쟁에서처럼 이기는 것을 목적으로 하지 않는다. 이러한 대화에서는 대화 주제만이 아니라 참여하는 상대방에게 항상 주의를 기울이며, 자신의 생각을 말해도 안전하다고 느끼고 서로를 이해하며 신뢰한다(Noddings, 1984: 186; Noddings, 2002a: 16-18). 우리는 대화를 나누지 않고는 서로를 알 수 없고, 대화를 나누면서 우리 자신이 상대방으로부터 배려를 받고 있다는 것을 알게 되고, 우리 존재 자체가 받아들여지고 있음을 느끼게 된다. 나딩스는 일상적 대화의 중요성을 지적한다. 이것은 모든 당사자가 공유된 관심사와 일상적인 사건들에 대한 대화에 참여하고, 주제나 결론보다도 상대방이 더 중요하고 서로에게 긍정적인 관심을 갖고 있고, 따뜻함, 웃음, 공감, 지지와 같은 것들이 나중에 기억에 남게 되는 대화이다(Noddings, 2002a: 126-129). 학교에서 중요하게 생각되어 왔던 것은 이러한 대화라기보다는 논쟁, 토론, 탐구와 같은 것이었다. 그리하여 학생들이 하는 말이 정확한 논거에 의해서 논리적으로 타당한 주장을 펼치고 있는가 하는 부분이 관심사였다. 이것은 우리 자신보다는 대화의 내용과 결과가 더 중요하게 다루어졌다는 것이다.

그러나 배려를 위한 대화를 하기 위해서 학교에서는 학생들 간에 일상적인 경험들을 자유롭게 이야기할 기회를 주는 것이 필요하다. 논리적인 방식의 대화보다는 자신의 경험을 솔직하게 표현하는 대화가 배려상황으로 더 적합하다. "당신이 요즘 가장 관심이 있는 것은 무엇인가요?" "당신이 슬펐던 경험들을 이야기해 보세요." "당신이 기뻤던 경험들을 이야기해 보세요." "당신은 생일날 어떻게 보냈나요?" 이러한 일상적 경험들에 대해 이야기함으로써 서로를 맥락 속에서 이해하고 서로의 경험에 공감하면서 상호적인 배려가 증진된다.

(5) 배려의 실천과 그에 대해 성찰하기

우리는 배려를 실천해 봄으로써 배려적인 사람이 되어 갈 수 있다. 그리하여 배려를 실천해 보는 것이 필요한데, 이에는 양로원, 복지관, 어린이집 등을 방문해 봉사활동을 하는 것이 도움이 된다. 그런데 나딩스는 뛰어나게 잘하는 과제와 어느 정도 서툴러서 힘겹게 해야 하는 일을 번갈아 하라고 제안한다. 우리는 잘하는 일만 하는 것이 더 나을 것이라 생각하지만, 나딩스는 성공과 실패를 공유하게 되면, 타인이 하려고 애쓰고 있음을 이해하게 되고, 더 쉽게 배려할 수 있다고 본다(Noddings, 1984: 189).

또한 기관방문을 통해 배려를 실천하는 것 이외에, 우리의 일상과 주변에서 행해지고 있는 다양한 배려실천도 생각할 필요가 있다. 학생들은 길거리, 시장 등에 나가서 배려의 장면이나 상황이라고 하는 것들을 찾고, 이에 대해 이야기를 나눌 수 있다. 또한 자신이 하는 배려실천들을 나열하고 성찰하는 방식을 사용한다. 배려를 할 때는 온몸으로, 즉 마음을 담은 눈빛, 정감 있는 손, 염려되는 목소리, 올바른 행동을 하고 있는 다리, 상대방의 입장을 고려하는 배려적인 언어에 이르기까지 모든 부분에서 배려가 나타나도록 한다.

이와 같이 자신의 행동이나 몸에도 때로 주의를 기울여 보는 것이 필요한 이유는 우리가 자기 딴에는 상대방을 배려한다고 생각하고 행동하는 경우에도 상대방은 배려를 받는다고 느끼지 않는 경우들이 있기 때문이다. 우리는 자신의 몸이 배려를 보여 주고 표현하는 데 익숙하지 않기 때문에, 그러한 자신의 몸의 실천들 역시 성찰할 필요가 있다.

또한 배려 포트폴리오를 작성할 수도 있다. 예를 들어, 자신이 배려를 했거나 배려를 받았던 경험들에 대한 포트폴리오나, 자연, 자기 자신, 친밀한 사람, 친밀하지 않은 사람 등 다양한 대상에 대한 배려 포트폴리오를 작성해 본다. 지속적인 배려의 과정을 통해서, 자신의 느낌은 어떠했고, 상대방이 어떻게 느꼈을 것으로 생각하는지, 상대방의 입장에 서 보기도 하고, 상대방의 실제 반응은 어떠하였는지 등도 진술하며, 자신의 배려 경험에 대해 성찰해 보는 시간을 갖는 것이다.

(6) 배려받는 법을 배우기

배려하는 것에 못지않게 중요한 것은 배려받는 것을 배우는 것이다. 배려받는 것은 어린이나 노약자와 같은 특정한 사람들만 배려의 대상이 되는 것이 아니라 모든 사람이 배려를 받는 대상이 된다. 그리하여 교사나 부모와 같은 배려하는 자로서 인식되어 왔던 사람들 역시 배려의 대상이 되는 것이고, 자신도 배려받는 존재가 될 수 있다는 것을 받아들이는 것이 필요하다. 배려받는 법을 배운다는 것은 배려하는 자가 행하는 배려를 무조건 받아들이라는 의미가 아니다. 배려받는 것을 배우기 위해서 우선 자기 자신도 배려를 필요로 하는 자이고, 배려받을 권리를 갖고 있다는 것을 인정할 필요가 있다. 특정한 사람만이 배려에 참여한다거나 배려를 받아야 하는 것은 아니다 (Tronto, 2013: 152-154). 배려받는 자는 자신이 무능하기 때문에 배려를 받는다고 생각해서는 안 된다. 배려받는 법을 배운다는 것은 자신에게 행해지는 배려를 지각할 수 있도록 배려적인 민감성이 있고, 배려하는 자에 대한 관심, 감정이입과 같은 도덕적 정서를 발휘하며 배려에 응답을 하고, 배려하는 자의 관심과 수고를 인정하는 것을 배운다는 것이다(고미숙, 2015: 240-241).

그리하여 수업시간에 활용한다면, 자신이 배려를 받았던 경험들을 이야기해 보는 것이 필요하다. 부모-자녀 관계만이 아니라 현재 자신의 주변에서 자신을 배려하고 있는 사람들을 떠올려 보는 시간들을 갖고, 그때 자신의 느낌은 어떠하였는지, 자신은 어떤 방식으로 배려에 반응을 보였는지, 그러한 배려의 수용이 상대방에게 어떤 영향을 미친 것 같은지 등을 서로 이야기해 본다.

📂 참고문헌

강선보, 박의수, 김귀성, 송순재, 정윤경, 김영래, 고미숙(2008). 인성교육. 경기: 양서원.

강선보, 신창호(2009). 배려, 교육을 향한 열정. 서울: 원미사.

고미숙(1999). 도덕교육에서의 정서에 관한 연구. 교육철학, 22, 19-43.

고미숙(2007). 여성의 모성경험 분석을 통한 배려교육의 재음미. 도덕윤리과교육, 25, 151-180.

고미숙(2011). 자기배려의 도덕교육. 윤리연구, 80, 231-265.

고미숙(2015). 배려받는 자의 윤리. 윤리연구, 100, 227-256.

김수동(2005). 배려의 교육. 서울: 장서원.

박병춘(2002). 배려윤리와 도덕교육. 서울: 울력.

「인성교육진흥법」(2015. 1. 20. 제정)

Beattie, M. (1992). *Codependent no more*. Center City: Hazelden.

Carse, A. (2005). The moral contours of empathy. *Ethical Theory and Moral Practice, 8*, 169-195.

Dalmiya, V. (2016). *Caring to know*. New Delhi: Oxford University Press.

Diller, A. (1999). The ethical education of self-talk. In M. Katz, N. Noddings, & K. Strike (Eds.), *Justice and caring* (pp. 74-92). New York: Teachers College Press.

Fisher, B., & Tronto, J. (1990). Toward a feminist theory of caring. In E. Able & M. Nelson (Eds.), *Circles of care* (pp. 35-62). Albany: State University of New York Press.

Held, V. (2006). *The ethics of care*. Oxford: Oxford University Press.

Gilligan, C. (1982). *In a different voice*. Cambridge: Harvard University Press.

Kittay, E. (1999). *Love's labor*. New York: Routledge.

Kittay, E. (2001). A feminist public ethic of care meets the new communitarian family policy. *Ethics, 111*(3), 523-547.

Manning, B., & Payne, B. (1996). *Self-talk for teachers and students*. Boston: Allyn and Bacon.

Noddings, N. (1984). *Caring*. Berkeley: University of California Press.

Noddings, N. (1992). *The challenge to care in schools*. New York: Teachers College Press.

Noddings, N. (2002a). *Educating moral people*. New York: Teachers College Press.

Noddings, N. (2002b). *Starting at home*. Berkeley: University of California Press.

Noddings, N. (2010). *The maternal factor*. Berkeley: University of California Press.

Noddings, N. (2015). Care ethics and virtue ethics. In L. Besser-Jones & M. Slote (Eds.), *The Routledge companion to virtue ethics* (pp. 401-414). New York: Routledge.

Noddings, N., & Slote, M. (2003). Changing notions of moral education. In N. Blake, P. Smeyers, R. Smith, & P. Standish (Eds.), *The blackwell guide to the philosophy of education* (pp. 341-355). Malden: Blackwell Publishing Company.

Toulis, J. (2011). Teaching Children Empathy. In A. Johnson & M. Neagley (Eds.), *Educating from the heart* (pp. 127-135). Lanham: Rowman & Littlefield Education.

Tronto, J. (1993). *Moral boundaries*. New York: Routledge.

Tronto, J. (2013). *Caring democracy*. New York: New York University Press.

Tronto, J. (2015). *Who cares?* Ithaca: Cornell University Press.

제8장
창의적 체험활동을 통한 인성교육

1. 체험 · 활동과 교육

우리는 눈으로 보고 귀로 듣고 몸으로 느끼는 체험의 과정을 통해 세계를 만나고 앎을 구성해 간다. 넓은 의미에서 경험의 총체는 삶이고, 경험의 질을 변형시켜 가는 것이 교육이다. 따라서 교육의 과정에는 필수적으로 체험이나 경험 활동이 포함될 수밖에 없고, 포함되어야 한다.

그런데 이와 같이 포괄적인 관점은 쉽게 간과한 채, 우리는 끝없이 이분법적 세계에 갇혀 있다. 예컨대, 학교교육은 지식교육만 하고 인성교육에 실패하고 있다고 비판한다. 이러한 비판은 인성교육과 지식교육을 별개의 것으로 바라보는 것이다. 이것은 지식 위주 교과교육으로는 인성교육을 할 수 없고, 따라서 체험과 활동 중심의 인성교육을 해야 한다는 주장으로 이어지고, 이때 체험활동은 인성교육의 효과적인 방법론이나 특별한 실습 프로그램 정도로 간주된다. 그러나 이와 같이 지식교육과 인성교육, 교과와 체험활동을 구분된 실체로 보는 이분법은 한국 교육문제 해결에 별 도움이 안 된다. 물론 교과 내용을 매개로 이루어지는 교과교육과 체험과 실습 활동으로 이루어지는 체험활동이 같다고 말하는 것이 아니다. 교과와 체험활동은 모두 인간이 세상을 만나고 세상을 해석하며 자신의 경험의 질을 지속적으로 변형시켜 가는 교육의 과정이요, 교육의 일부라는 점에서는 같다는 것이다. 이런 점에서 체험과 활동은 '특별활동' '재량활동' '창의적 체험활동' 등과 같은 이름으로 학교 교육과정에 포함되어 왔다.

'특별활동'이란 하나의 과외 활동으로서 교육과정의 관심사가 되지 못하다가, 경험중심 교육사조에 기반을 둔 1954년도 교육과정 시간 배당 기준령에서는 종래 사용해 오던 '교과과정'이라는 용어를 '교육과정'으로 바꾸고, '과외 활동'이라는 용어도 '특별활동'으로 개정하였다(교육부, 1998: 210). 이후 특별활동의 의미는 일반적으로 학교교육의 목표를 달성하기 위해서 마련된 교과 학습활동 이외의 학교교육활동으로 광범위하게 정의된다. 여기에 6차 교육과정에서 있었던 '학교 재량 시간'을 계승하여 7차 교육과정에서 '재량 활동'을 신설하게 된다. 7차 교육과정 해설집에 따르면, 재량활동의 목표는 기존 교육과정과 교과의 틀에서 다루지 못한 교육 경험을 갖게 하는 데 있다고 본다. 따라서 특별활동이나 재량활동, 그리고 개정교육과정의 창의적 체험활동은 모두 학교교육의 목적을 달성하기 위해 교과교육 영역에서 부족한 체험과 활동을 강조하고 있다.

그런데 '체험활동' 하면 '현장체험학습'을 떠올리고 교실 밖 수업에서 이루어지는 실습과 체험, 봉사활동 등에 한정시키면서, 교실 안에서 가르치는 교과교육과는 별개의 것으로 간주하는 경향이 있다. 그러나 경험 또는 체험과 활동은 살아 있는 생명체로서의 인간의 특성이며, 이러한 특성을 통해 끊임없이 경험의 질을 향상시켜 가는 과정 자체가 삶과 교육의 과정이라고 생각한다. 따라서 체험활동은 교실 안 교과교육 수업에서건 창의적 체험활동 수업에서건 학교 밖 현장 수업에서건 어디서든 일어날 수 있는 것이다. 이틴(Itin, 1999)의 주장대로, 체험과 활동을 중시하는 교육은 단지 교수 방법이나 교수전략이 아니라 교육철학이다. 체험이 일어나는 교육에서 학습자는 전인적 관여를 통해 지식과 기술은 물론, 가치를 새롭게 구성한다. 이 점이 바로 체험과 활동이 사람다운 사람됨을 기르는 인성교육에 기여하는 점일 것이다.

2009 개정 교육과정에서 '창의적 체험활동'을 신설한 것은 교과 지식 위주의 학교교육 관행을 개선하고, 전인적 성장이 가능한 학교교육으로 개선하기 위한 것이다(조난심 외, 2010: 35). 양승실, 이규은, 오재길, 양수진(2011: 16-17) 역시 창의적 체험활동의 신설 배경을 세분해서 다음과 같이 제시하는데, 전인교육의 실현을 강조함을 알 수 있다. 창의적 체험활동의 신설 배경은, 첫째, 전인교육의 실현, 둘째, 공동체 의식 함양, 셋째, 핵심 역량 강화, 넷째, 앎과 함의 간극 최소화와 학생들의 행함의 능력 극대화, 다섯째, 개성 신장과 여가 선용, 여섯째, 창의성 계발, 일곱째, 개별 학교 특성화 교육 실현이다.

요컨대, 체험과 활동은 학교교육에서 가르치는 교과는 물론 일체의 모든 활동 속에서 이루어져 학습자의 전인적 성장에 기여한다. 체험과 활동은 경험의 총체의 일부로서 교과 영역에 부수적인 것이 아니다. 지적인 교과 내용의 부담을 덜어 주기 위한 기분전환용 특별 프로그램도 아니다. 교과 내용을 단단하게 붙들어 매 주어, 학습자에게 체화되고 내면화될 수 있는 가교 역할을 하는 것이다. 그런데 실제로 한국 학교교육에서 체험과 활동의 교육적 가치를 제대로 평가하고, 교과와 상호 연관된 교육의 과정으로 실행해 왔다고 보기는 힘들다. 학교교육에서 체험과 활동은 주로 학교 밖에서 오감을 활용하는 비교과활동에 국한한 것처럼 이해하거나, 체험만 있고 교육은 빠져 있는 점에 대한 우려가 있는 것도 사실이다. 따라서 이 장은 체험과 활동의 교육적 가치를 살펴보고, 사람됨을 위한 교육 본래의 목적에 이르기 위해 체험·활동[1]이 어떻게 학교교육 속에 관련되어야 하는지 살펴볼 것이다.

---

1) 체험·활동은 교육과정상의 '창의적 체험활동'은 물론, 교육에서 이루어지는 체험과 활동 일체를 포함하는 것을 뜻한다. 맥락에 따라 체험과 활동을 따로 사용하기도 했고, 체험활동을 붙여 사용하기도 했다. 가운뎃점(·)을 넣어 '체험·활동'으로 표기한 것은 그 다양한 의미를 포괄하기 위한 것이다.

2. 체험 · 활동을 강조하는 이론적 근거[2)]

'체험'의 사전적 의미는 '몸소 경험함 또는 그 경험'을 뜻하며, '경험'과 비슷한 의미를 갖는다. '경험'과 '체험'이 의미 구분 없이 혼용되기도 하지만, 현상학 분야에서는 경험과 구분하여 '체험'이라는 용어를 사용한다. '활동'의 사전적 의미는 어떤 성과를 위해 일을 활발히 한다는 뜻으로, 교육에서는 '특별활동' '재량활동' '창의적 체험활동' 등과 같은 용어 속에서 사용되었다. 이 장에서는 경험과 체험, 그리고 활동을 중시한 교육전통을 살펴볼 것이다.

1) 경험으로서의 교육

경험으로서의 교육을 주장하는 대표적인 사람은 진보주의 교육을 주장한 듀이(J. Dewey)이다. 듀이는 자신의 철학을 기존 철학 경험론과 선을 긋고, 경험의 의미를 새롭게 정의한다. 듀이는 기존의 경험론이 주체의 능동적 측면을 무시했다고 비판하면서, 주체와 환경과의 상호작용으로서의 경험의 의미를 강조한다. 또한 듀이의 경험 개념은 해 보는 활동과 사고가 결합된 의미를 갖는다.

(1) 경험은 살아 있는 생명체에 필수적이다

경험이란 매우 다양한 의미로 사용되었으나, 듀이는 경험의 본질을 생명의 필수조건들에 의해 규정된다고 본다.

듀이에 의하면 생명이 있는 곳에 행동과 활동이 있다. 생명을 존속시키기 위해 활동은 지속되어야 하고 환경에 적응되어야 한다(김병길, 송도선, 1995: 44에서 재인용).

---

2) 이 부분은 정윤경(2011)의 「창의적 체험활동에 관한 이론적 고찰: 체험활동의 교육적 가치를 중심으로」 내용 일부를 이 장의 의도에 맞게 수정 · 보완한 것이다.

(2) 경험은 환경과 유기체의 상호작용이다

듀이는 모든 생명체와 마찬가지로 인간이 존재하는 근본적 모습이 환경 속에서 환경과 상호작용하면서 행하고 겪는 일체의 경험이라고 광범위하게 정의한다. 행하고 겪는다는 것은 환경 속에서 환경과 상호작용하는 것을 뜻한다.

듀이는 인간과 환경이 분리되어 있는 상태가 아니라 양자가 '상호작용'하는 상태라고 주장한다. 상호작용으로서의 경험은 두 가지 요소, '객관적이고 외적인 요소와 주관적이고 내적인 요소'가 있으며, 이 두 가지 요소가 함께 작용하고 있다는 것을 의미한다(박철홍, 2008: 123에서 재인용).

듀이는 환경과 유기체가 원초적인 상태에서 주체와 객체가 분리되어 있지 않다는 '주체와 객체의 통합성'을 주장한다. 주체와 객체의 통합성을 강조하기 위해 듀이는 '상호작용(inter-action)'이라는 말을 '교변작용(trans-action)'이라는 용어로 대체하기도 한다.

교변작용으로서의 경험의 아이디어에 의하면, 삶은 구분 이전의 주체와 객체 모두를 포괄하는 작용이며, 양자를 변인으로 하는 일종의 '함수'와 같은 것이다(박철홍, 2008: 123).

(3) 완전한 경험이란 '시작-과정-결말'이 있는 하나의 사건(event)이다

박철홍(1995: 80)은 듀이의 경험 개념이 그동안 오해받아 왔음을 지적하고, 듀이가 말하는 교육 경험은 일회적이고 순간적인 사건이 아니라, 시작과 과정과 결말이 밀접한 관련 속에서 일어나는 하나의 사건(event)이라는 점을 강조한다. 듀이에 의하면 모든 완전한 경험이란 하나의 결말과 종결을 향해 나아간다. 듀이는 이것을 '하나의 경험'이라고 한다. 하나의 경험은 다시 반성 이전의 단계, 반성적(reflective) 경험 단계, 질성적(qulitative) 경험 단계로 세분할 수 있다. 질성적 경험이란 반성적 경험의 단계에서 이루어진 결과가 다시 원래 문제 사태에 되돌려지고 그 경험의 결과를 구체적인 사태 속에서 이해하고 음미하는 반성 이후의 단계를 말한다.

…… 하나의 경험은 하는 것과 겪는 것이 그저 단순히 번갈아 가면서 생기는 것을 뜻하는 것이 아니라 일정한 관련을 맺고 그 양자가 일어나는 것을 말한다. …… 하나의 경험이 되기 위해서는 행위와 행위의 결과가 서로 결합되어 일정한 관련을 맺고 있는 것으로 지각되어야 한다. 모든 지적 능력의 목적은 관련을 파악하는 데 있다. 이때 파악된 관련이 바로 그 경험의 의미가 된다. 하나의 경험의 가치는 지력에 의해 파악된 관련이 어느 정도 풍부한 내용을 갖고 있는가 하는 것에 의해서 평가된다(Dewey, 1934: 박철홍, 1995: 90에서 재인용).

이것은 듀이의 경험 개념이 활동과 사고가 이분된 것이 아니라, 통합된 일체임을 시사한다. 듀이의 경험의 의미는 사고과정을 통해 겪은 일을 경험 속에서 지속적으로 관련짓고, 관련성을 파악해서 다시 문제 사태에 되돌리는 일체의 과정을 포함하는 것이다.

이러한 듀이의 경험 개념은 전통적 경험론과 달리 경험의 능동적이고 활동적인 면을 강조한다. 듀이에 의하면 경험이란 생명체가 환경 속에서 살아가면서 '행하고 겪는' 일체의 것을 말한다. 얼핏 보면 이것은 상식적인 경험의 의미와 다르지 않은 것 같다. 그러나 이러한 경험 개념을 말하면서 듀이가 강조한 것은 경험이란 '생명체가 행하는 바(능동적인 면)와 생명체가 세계 속에서 겪게 되는(수동적인 면) 것 간의 상호작용'인 하나의 단일체로서의 통합성을 뜻한다는 점이다. 즉, 듀이의 경험론의 특징은 겪음과 행함의 상호작용을 통한 자아와 세계 간 본질적 관계성을 모든 존재의 근원적 본성으로 파악하는 점이다. 이것은 서구 전통 철학이 갖는 이분법적 특징을 극복하는 것이기도 하다.

2) 해석학적 전통에서의 체험과 추체험

해석학적 전통에서는 경험과 체험의 의미를 구분한다. 반 마넨(Van Manen,

1977: 216-217)은 앵글로 아메리칸 전통의 '경험(experience)'이라는 말은 '실험적-분석적' 지향을 갖고 있는 것에 반해, 대륙의 '변증법적-해석적' 흐름에 속하는 '체험(Erlebnis)'은 변증법적 관점을 갖고 있어서 그대로 사용하기 힘들다고 하면서 '경험'과 '체험'의 의미를 구분한다.

체험은 현상학적 연구의 출발점이자 종착점이다. 현상학의 목적은 체험의 본질을 포착해 텍스트로 표현하는 것이다. 체험의 가장 기본적인 형식에는 직접적 · 전반성적 생활의식이 있다. 그러나 이러한 체험은 직접적인 현현에서는 결코 포착할 수 없고, 지나간 현존으로서 단지 반성적으로만 포착할 수 있다(Van Manen/신경림, 안규남 공역, 1994: 56-57).

해석학자 딜타이(Dilthey)에 의하면 '체험'은 삶에 접근하는 유일한 인식 방법이다(Dilthey, 1978: 이상오, 2008: 46에서 재인용). 딜타이의 해석학은 삶을 이해하고자 하며 삶으로부터 출발한다. 딜타이는 이러한 '삶의 해석학'을 정신과학의 철학적 근거이자 방법론으로 삼았다. 딜타이의 방법론적 해석학은 '체험-표현-이해'의 해석학적 순환구조를 통해 이루어진다.

딜타이의 체험은 삶을 구성하는 부분이자 삶에 접근하는 유일한 인식 방법이다. 체험은 표현으로 이어진다. 체험이 표현이 되고, 그러한 표현이 이해가 되는 것이다. 개별 체험이 더욱 완숙한 이해로 가기 위해서 우리는 그러한 체험이 표현되는 순간을 포착해야 한다. 표현은 순간적이겠지만 표현된 것을 잡아 놓고 이를 해석의 대상으로 설정한다. 표현을 대상화하는 해석을 통해 이해는 객관화될 수 있는 기회를 얻게 된다. 결국 표현과 이해는 또다시 추체험의 가능성 때문에 생산적이고 창조적인 이해로 열린다. '체험-표현-이해'라는 해석학적 도식은 영원히 순환하는 것으로서, 체험이 이해되고, 또다시 체험되고, 그것이 또다시 이해됨으로써 이해는 점점 더 선명해진다(이상오, 2008: 48-49). 딜타이는 체험의 의미를 이해하는 과정이 체험과 그 체험이 표현되는 과정을 역조작하여 재구성하는 일이라고 설명한다. 즉, 표현을 매개로 해서 체험으로 되돌아가는 일이다. 딜타이는 이를 '추체험(Nacherleben)'이라고 부른다. 딜타이에 의하면 추체험을 통해 고차적인 이해에 도달하기 위해서는 먼저 표현된 체험들을 서로 연결해서 재구성하고, 재구성된 체험 세계 안으로 들어가야 한다. 이러한 추체험의 과정을 통해 작가의 체험을 보다 객관적으로 이해하게 된다. 예를 들어, 작가가 자신의 체험을 문학작품으로 표현한다고 하면 우리는 문학작품을 읽으면서 작가의 체험을 추체험한다. 딜타이에 의하면 우리는 쉼 없이 흐르는 삶 속에서 지나간 순간을 회상하며 내적인 체험을 한다. 이러한 체험은 시간적으로 과거 및 미래와의 연관 속에서 그리고 다른 체험들이나 삶 전체와의 관계 속에서 통일성 있는 의미를 형성한다.

김란주(2016)는 딜타이의 추체험이 타인의 체험들을 재구성해 다시 체험하고 고도의 이해에 도달하는 점에 착안하여 인성교육적 의의를 찾는다. 즉, 딜타이의 추체험은 학습자들로 하여금 '현재의 나'로부터 벗어나 타인을 만나고, 타인을 만남으로써 '나'를 새롭게 만나는 체험을 제공할 수 있다는 것이다. 이러한 추체험은 나와 타자를 더 넓은 맥락에서 이해하게 함으로써 공감 능력을 발달시킬 수 있을 것이다.

3) 노작교육의 의미와 원리

교육에서 활동을 강조하는 전통으로는 '교육'과 '작업'을 결합하는 '노작교육'을 들 수 있다.

노작교육(work-oriented education, Arbeitsunterricht)은 종래의 학교교육이 주지성을 강조하는 서적학교로서 타율적이고 수동적이며 비활동적인 특성을 띠고 있음에 반하여, 학생들의 자기활동을 통한 노작적 학습을 전개시키는 것을 강조하는 교육을 말한다. 1908년의 취리히 페스탈로치 기념제에서 케르센슈타이너(Kerschensteiner)가 노작학교라는 말을 처음 사용한 이후, 노작학교 및 노작교수의 문제가 교육계와 교육사상계의 중심 문제로 부각되었다(서울대학교 교육연구소 편, 1994: 185).

'노작'이란 독일어 'arbeit'의 번역어로서 노예의 부역, 노역 등의 의미로 사용되었다. 18세기경부터 정신노동의 의미가 포함되기 시작하면서 현대에 와서는 그것이 정신노동 및 근육을 사용하는 육체적 활동 모두를 포함하는 의미로 활용되고 있다(전일균, 1996: 88).

페스탈로치(Pestalozzi)는 조화로운 인간을 도야하는 교육 원리이자 방법으로서 노작교육을 강조하였고, 이것을 계승한 케르셴슈타이너가 독일에서 본격적으로 서적 중심의 학교교육을 비판하고 노작학교를 주장하였다. 케르셴슈타이너는 먼저 인간 형성의 원칙을 '수작업을 통한 교육'이라는 중요한 생각과 연결시킨다. 이는 당시 주지주의적이고 인문주의 일변도의 교육사상을 극복하기 위한 것이었다. 따라서 그는 1895년에 뮌헨의 한 초등학교와 직업학교의 교장이 되어 그곳에서 교육개혁을 시도하면서, 학교에 실습할 수 있는 작업실을 만든다. 이와 같이 케르셴슈타이너는 처음에는 손으로 하는 작업을 주로 강조했지만, 노작의 의미를 보다 포괄적인 의미로 이해하게 된다.

케르셴슈타이너가 제시한 노작학교의 개념이 주로 수작업의 학교로 협소하게 받아들여지자, 그는 "낡은 교과서 중심의 학교의 폐해보다도 노작학교의 개념 규정이 더욱 위험한 혼란상태"(柳久雄, 1985: 304)라고 우려하면서 노작교육의 본질적 특성을 명확히 하고자 하였다. 케르셴슈타이너는 자신이 비판한 주지주의 교육에 대한 대안으로 제시한 노작학교와 노작교육의 의미가 수공적인 활동과 관습적인 교과를 결합하는 것 정도로 축소되어 이해되는 것을 경계하였다.

노작교육은 크게 두 가지 관점에 따라 해석된다. 좁은 뜻으로는 신체적 활동, 주로 손의 활동을 중심으로 하는 수공적 활동을 뜻하며, 넓은 뜻으로는 신체적 활동을 주로 하는 기술상의 일이라든가 자연을 다루는 것에 그치는 것이 아니라 정신적 활동을 강조함으로써 교육의 개선을 기도하려는 것이다(서울대학교 교육연구소 편, 1994: 185). 물론 케르셴슈타이너가 주장한 노작교육의 의미는 단순히 수작업에 국한된 의미가 아니라 정신활동을 포함하는 것이다. 이러한 의미는 케르셴슈타이너가 주장한 노작교육의 원리를 통해 더 잘 드러난다. 노작교육의 원리와 특징을 살펴보면 다음과 같다.

(1) 노작교육은 수공활동과 정신적 도야의 통일이다

노작교육은 수공활동과 정신활동의 통합을 강조한다. 케르셴슈타이너에 의하면 교육적 노작은 정신적 사전작업의 표출일 때 진정한 의미의 노작이 된다(Kerschensteiner/정기섭 역, 2004: 44). 노작교육에서 수작업과 정신적 도야의 상관성을 잘 보여 주는 원리가 '체험'이다.

체험은 생명(Leben)이라는 의미에 기초하며, 특히 노작활동에서 얻어지는 결과와 행동양식을 동시에 포함한다. 따라서 체험은 생활 속에서 동작을 통하여 얻어지는 것인데, 케르셴슈타이너의 경우에는 문화재 속에 함축되어 있는 객관적·정신적 에너지를 체험을 통하여 주관화할 수 있다는 점을 강조하였다(梅根悟, 1985: 전일균, 1995: 46에서 재인용). 즉, 그는 노작이 직접 해 보는 경험이나 시행착오적 반복의 의미가 아니라, 도야재의 객관적 가치를 주관적으로 의미부여함으로써 체화하는 정신활동인 체험으로 일어나야 함을 강조한다.

(2) 노작교육은 수공활동을 강조한다

노작이 단순한 수공활동이 아니라 수공활동과 정신적 도야 간 통일이지만, 손으로 하는 수공활동은 노작교육에서 중요한 원리이자 방법이다. 케르셴슈타이너(Kerschensteiner/정기섭 역, 2004: 97)에 의하면 원리로서의 노작 수업과 교과로서의 노작 수업은 칼의 손잡이와 칼날처럼 떼서 생각할 수 없는 것이다. 이것은 케르셴슈타이너가 수공활동을 노작교육의 원리로 보았으며 동시에 실제 교과로서의 수공활동도 중시했음을 뜻한다.

이상의 의미를 갖는 노작과 교육의 결합인 노작교육의 교육적 가치는 교육의 주된 흐름에서 간과되어 온 것의 회복이라고 볼 수 있다. 이런 점에서 정훈(2001)은 노작교육의 대안적 가치를 특히 '감각의 되살림' '몸에 대한 성찰' '생태적 능력' '공동체성' '미적 감수성'에서 찾는다.

3. 체험·활동과 인성교육

1) 체험·활동의 교육적 가치와 시사점

경험과 체험, 활동과 일 또는 노작을 교육에서 강조한 이론들은 공통적으로 체험·활동의 교육적 가치를 높게 평가한다. 구체적으로 체험·활동의 교육적 가치는 다음과 같다.

첫째, 체험과 활동을 중시하는 교육 전통은 교육과 삶을 관련짓는다. 따라서 교육이 머리를 쓰는 지적 영역에 해당된다고 보는 일반적인 통념을 비판한다. 예컨대, 페스탈로치에 의하면 인간은 선천적으로 세 가지 기본적인 인간성의 능력의 싹이 깃들어 있다. 도덕적-윤리적, 지능적-정신적, 신체적-기능적 능력의 싹이 이것이다. 교육이란 이 세 능력을 조화롭게 발전시키는 '삼육'을 통한 전인적 발달을 의미한다(김정환, 1995: 20). 인성교육은 사람됨의 교육이다. 사람됨은 지성은 물론 도덕성과 시민성을 포함한 인성을 발달시키고, 그것을 실행할 수 있어야 한다.

둘째, 직접 경험을 통한 오감의 일깨움과 손(몸)으로 하는 활동의 가치는 단순히 지적 교과를 공부하는 부담을 덜어 주고, 긴장을 풀 기회를 제공하며, 딱딱한 공부로부터 기분전환의 기회를 제공하는 데 있지 않다. 감각의 일깨움과 몸의 활동은 전통적 학교교육이 추상화된 교과 내용의 전달과 습득에 초점을 두었던 것과 달리, 학습자가 능동적으로 움직이고 참여하며 교과 내용을 자신의 것으로 체화하고 내면화할 수 있게 하는 중요한 역할을 한다. 즉, 체험과 활동은 지식을 단단하게 매어 주고 학습자가 지식에 총체적으로 관련되게 한다. 듀이가 정원 가꾸기라는 활동의 교육적 가치를 설명하는 것도 이 점을 잘 보여 준다.

정원 가꾸기를 가르치는 이유를 꼭 장차 정원사가 될 사람을 기르기 위해서라든지, 시간을 즐겁게 보내는 방편이 된다는 데에 두어야 하는 것은 아니다. 그것은 농사와 재배가 인간의 역사에서 어떤 위치를 차지해 왔으며 현재 사회조직에서 어떤 위치를 차지하고 있는가에 대한 지식을 획득하는 통로가 된다(Dewey/이홍우 역, 1989: 316).

듀이에 의하면 체험활동의 교육적 의의는 지적·사회적 근거를 갖는다. 케르센슈타이너 역시 진정한 의미의 노작이란 수공활동과 정신활동의 통합이라고 강조한다. 따라서 경험으로서의 교육과 노작교육의 교육적 가치는 통합적 과정으로서 교육 가능성을 시사한다. 체험을 하고 무엇인가 활동을 한다는 것은 직접 행함으로써 자신의 신체, 마음, 영혼, 정신 모두 관여하게 하는 총체적인 것이다.

따라서 체험·활동을 교과 내용에 대한 학습이나 지식교육과 별 관련성이 없는 것으로 간주하거나, 그 교육적 가치를 인정한다고 하더라도 겨우 지적 활동의 부담을 완화해 주는 정도로 보는 것은 체험·활동의 교육적 가치를 바르게 평가하지 않는 것이다.

2) 체험·활동과 인성교육의 관련성

오늘날 체험·활동이나 체험학습은 인성교육의 중요한 방법으로 간주되어 관심을 받고 있다. 특히 최근 '실천 위주의 인성교육 강화' 방침 아래, 체험활동은 인성교육의 효과적인 방법론이자 프로그램으로 환영받기도 한다. 그러나 앞에서 살펴본 바, 체험·활동의 의미는 훨씬 포괄적인 것임을 알 수 있다.

고미숙(2006: 150)은 체험활동을 중시하는 체험학습과 인성교육을 관련짓는 연구 경향을 두 가지로 대별한다. 하나는 체험활동을 주로 '교실 밖 활동'으로 간주하고 인성교육 역시 이러한 교실 밖 활동을 통해 이루어져야 한다고 보는 입장이다. 다른 하나는 체험학습을 인성교육과 동일시하는 것에 비판적인 입장이다. 이것은 체험학습이 학습자가 능동적이고 적극적으로 참여하는 자기주도적 학습 과정을 포함하며, 학습자는 교과교육을 체험해야 하고, 주체적인 문제제기와 문제해결 과정에 참여해야 한다는 입장이다. 이것은 체험학습을 인성교육과 동일시하지 않지만, 체험학습이 결과적으로 학습자를 인격적으로 성장하게 하는 점에서 인성교육과 관련된다고 본다. 이와 같이 체험 · 활동의 의미를 어떻게 보느냐에 따라 차이를 나타내지만, 전자와 후자 모두 체험 · 활동에서 학습자가 능동적으로 참여함으로써 학습자의 인성교육에 큰 영향을 준다고 본다.

　이와 같이 체험 · 활동과 인성교육 간 관련성을 보는 데 차이가 나는 것은 체험 · 활동의 의미를 어떻게 이해하느냐에 따라 달라지는 것 같다. 체험 · 활동의 의미를 주로 직접 경험과 실제적 움직임의 의미로 협소하게 이해하면, 체험 · 활동은 주로 교실 밖에서 이루어지는 현장체험학습의 의미를 갖게 된다. 물론 체험 · 활동에서 직접 경험과 몸의 움직임을 통한 노작활동은 중요하다. 하지만 이 장의 2절에서 보았듯이, 체험 · 활동의 의미는 이미 행함과 사고의 통합이 전제된다. 따라서 체험 · 활동 속에서 직접 경험하고 반복적으로 실천의 습관화를 통해 신체가 관련된다. 그러나 여기에 그치지 않고 학습자의 사고, 기술, 가치 구조가 재형성된다. 다시 말해, 사람됨의 변화가 일어나고, 이런 점에서 체험 · 활동은 인성교육과 깊게 관련된다.

　이와 같이 사람됨의 변화와 깊게 관련된 체험 · 활동은 현장체험학습이나 창의적 체험활동 수업에서만 일어나는 것이 아니다. 수학, 과학 등 교과를 가르치는 시간에 이러한 의미의 체험 · 활동이 매개된 수업이 이루어져야 한다. 이러한 수업이 바로 단순히 지식이 전달되는 수업이 아니라, 지식이 내면화되고 체화되어 학습자의 인성 발달로 이어지는 수업이라고 할 수 있다. 이런 점에서 고미숙(2006: 151)은 체험교육이 인성교육에서 중요한 이유는 사고하고 느끼고 행위하는 통합적인 존재가 경험을 하는 동안 도덕적인 행위를 몸에 습득할 뿐만 아니라 경험에 대한 반성을 통해 이후의 삶을 변형시키도록 자극하기 때문이라고 본다.

　이상에서 본 것처럼, 체험·활동은 교육과정 내 '창의적 체험활동'에 국한
한 것이 아니라, 교과수업과 창의적 체험활동 그리고 학교에서 이루어지는
일체의 교육활동 속에서 이루어진다고 볼 수 있다. 물론 2009 개정 교육과
정부터 신설된 창의적 체험활동은 이러한 체험과 활동을 집중적으로 경험할
수 있는 시간임에는 틀림없다.

　2009 개정 교육과정에 따르면, 창의적 체험활동은 종래의 재량활동과 특
별활동 영역을 통합하여 교육과정의 새로운 영역으로 도입한 것으로, 특히
학생의 체험활동에 초점을 두어 목표를 설정한 것이다. 창의적 체험활동의
세부 영역은 자율활동, 동아리활동, 봉사활동, 진로활동으로 구성되어 있다.
구체적인 활동 내용과 운영 방안은 학교에 일임하여, 학생들의 전인적 성장
을 위한 프로그램으로 운영할 수 있게 한다는 방침이다(조난심 외, 2010: 35-
36). 창의적 체험활동은 초·중·고등학교 구분 없이 총괄목표와 4개의 하
위 목표를 제시하는데, 양승실 등(2011: 37-38)은 이것을 〈표 8-1〉과 같이
인성교육 요소와 관련짓는다.

〈표 8-1〉 창의적 체험활동 목표에 따른 인성교육 관련 요소 분석

영역	창의적 체험활동 목표	인성교육 관련 요소
총괄 목표	학생들은 창의적 체험활동에 **자발적으로 참여**하여 개개인의 소질과 잠재력을 계발·신장하고, **자율적**인 생활 자세를 기르며, 타인에 대한 이해를 바탕으로 **나눔**과 **배려**를 실천함으로써 **공동체 의식과 세계시민으로서 갖추어야 할 다양하고 수준 높은 자질 함양**을 지향한다.	자발성, 나눔, 배려, 공동체 의식, 세계시민의식 등
하위 목표	• 각종 행사, 창의적 특색 활동에 **자발적으로 참여**하여, 변화하는 환경에 **적극적으로 대처하는 능력**을 기르고, **공동체 구성원으로서의 역할**을 수행한다(자율활동). • 동아리 활동에 **자율적**이고 지속적으로 참여하여 각자의 취미와 특기를 창의적으로 계발하고, **협동적** 학습능력과 창의적 태도를 기른다(동아리활동).	자발성, 공동체 의식, 협동, 나눔, 배려, 정체성 확립 등

영역별 목표			
		• 이웃과 지역사회를 위한 **나눔**과 **배려** 활동을 실천하고, 자연환경을 보존하는 생활습관을 형성하여 **더불어 사는 삶의 가치**를 깨닫는다(봉사활동). • 흥미와 소질, 적성을 파악하여 **자기정체성을 확립**하고, 학업과 직업에 대한 다양한 정보를 탐색하여 자신의 진로를 설계하고 준비한다(진로활동).	
영역별 목표	자율활동목표	• 전입학과 진급 등에 따른 생활변화에 적응하고 이를 **주도하는 능력**을 길러 **원만하고 즐거운** 학교생활을 한다. • 다양한 협의 및 실천 경험을 통해 문제를 합리적으로 해결할 수 있으며, 민주적인 의사결정의 기본 원리를 익힌다. • 학급과 학교에서 일어나는 제 문제에 대해 적극적으로 참여하여 협의하고 실천함으로써 **협동심과 유대감**을 기른다. • 교내외에서 실시되는 여러 행사의 의의와 중요성을 이해하고, 행사에 **자발적으로 참여**하여 **학교와 지역사회 발전을 위해 노력하는 태도**를 가진다. • 학급, 학년, 학교의 특성 및 학습자의 발달 단계에 맞는 다양한 특색 활동을 계획하고, 이에 참여함으로써 **자신감**과 창의성을 기른다. • 학교의 전통을 계승하고 이를 창의적으로 발전시키려는 노력을 통해 **소속감과 애교심**을 기른다.	자기주도성, 우정, 협동심, 공동체의식, 자율성, 애국심, 자신감 등
	동아리활동목표	• 흥미, 취미, 소질, 적성, 특기가 비슷한 학생들로 구성된 활동부서에 **자발적으로 참여**하여, 창의성과 **협동심**을 기르고, **원만한 인간관계**를 형성한다. • 다양한 활동에 참여하여 자신의 잠재 능력을 창의적으로 계발·신장하고, 자아실현의 기초를 닦는다. • 여가를 선용하는 생활 습관을 형성한다. • 지역 내 학교 간 각종 동아리 경연대회를 통해 **우의**를 다지는 **협력**과 공정한 경쟁을 익히도록 한다.	자발성, 협동심, 우정, 공정 등
	봉사활동목표	• 타인을 **배려**하는 너그러운 마음과 더불어 살아가는 **공동체의식**을 가진다. • **나눔**과 **배려**의 봉사활동 실천으로 이웃과 서로 **협력**하는 마음을 기르고, **호혜정신**을 기른다. • 지역사회 일들에 관심을 가지고 참여함으로써 사회적 역할과 **책임**을 분담하고, **지역사회 발전에 이바지하는 태도**를 가진다.	공동체 의식, 나눔, 배려, 협동, 호혜정신, 책임감, 애국심 등

진로활동목표	• 자신의 특성, 소질과 적성, 능력 등을 이해하고, 이를 바탕으로 자신의 **정체성을 확립**하고 자신만의 독특한 진로를 탐색한다. • 각종 검사, 상담을 통해 진로 정보를 탐색하고 자신의 진로를 계획한다. • 진로와 직업 선택의 중요성을 인식하고, 자신의 적성과 소질에 맞는 진로를 탐색 · 설계한다. • 학업과 직업 세계를 이해하는 직업체험활동 기회를 통해 진로를 결정하고 준비한다.	정체성 등

이 표는 창의적 체험활동의 목표를 제시하고, 오른쪽에 인성교육과 관련되는 요소를 제시하고 있다. 하지만 꼭 여기에 국한하지 않고 교사가 자신의 수업에서 다양한 체험과 활동을 연계한 수업을 통해 인성교육의 효과를 극대화하는 데 참조하면 도움이 될 것이다.

4. 체험 · 활동이 통합된 수업의 실제

체험 · 활동은 수공활동과 현장체험에 국한된 것이 아니라, 경험의 변형을 가져오는 것이면 모두 체험이고 활동임을 살펴보았다. 따라서 이러한 체험 · 활동은 교과수업에서건 창의적 체험활동 시간에서건 또는 야외에서 실시하는 현장체험학습에서건 어디에서든 일어날 수 있다. 중요한 것은 이러한 체험이 일어나고 활동이 병행될 수 있는 수업일 때 단순히 지식이 전달되는 수업을 극복할 수 있는 가능성이 커진다는 점이다. 또 이런 수업에서 내면화가 일어나고 체화가 이루어져 학습자의 인성 발달로 연결되는 수업이 될 수 있다. 이런 수업이 될 수 있게 하는 것은 바로 교사의 지성과 인성의 통일 속에 교사가 다양하게 재구성하는 능력에 달려 있다. 이 장에서는 다양한 체험과 활동이 병행된 수업 사례를 소개하는 '크레존(Crezone)'에 대해 알아보고, 크레존에 제시된 실제 수업 사례를 참조하여 체험과 활동이 병행된 수업을 만들어 보자.

교사들은 체험 · 활동이 연계된 수업을 통해 교육 내용이 내면화되고 체화될 수 있는 수업을 만드는 데 여념이 없다. 특히 인터넷 사이트 '창의인성교육넷'(크레존, Crezone)에는 실제 수업 사례가 소개되어 있다. 또한 여기에 실린 수업 사례는 교사들이 체험 · 활동을 연계해 인성교육에 효과적인 수업을 만드는 데 참조하면 좋을 것이다. '크레존'은 창의적인 수업, 창의 · 인성교육을 위한 실제 우수 수업 사례를 보여 준다.[3]

1) 크레존의 목적

- 창의적 체험활동 종합지원 시스템 전국 서비스 및 활용 활성화를 통해 학생들의 꿈과 끼를 키우는 맞춤형 학습지원
  - 사이트를 통해 학교현장에 필요한 창의적 체험활동과 창의 · 인성교육 정보를 제공하고, 창의적 체험활동 교육과정의 현장 착근을 지원한다.
  - 학생, 학부모, 교사 등 교육주체들이 창의적 체험활동이라는 새로운 교육과정에 대한 인지도 향상을 통해 창의 · 인성교육 실현에 기여한다.
- 자유학기제, 진로교육 등 꿈과 끼를 키우는 행복교육 실현을 위한 창의체험 자원의 수요 증대
- 크레존(창의인성교육넷)을 통한 네트워크 효과 창출로 국가 수준의 정보서비스 시스템으로 자리매김

---

3) 크레존은 전국의 다양한 창의적 체험활동 정보와 창의 · 인성교육 전문자료(수업모델 및 우수 사례, 현장포럼, 사제동행, e-book 등)를 모두 만나 볼 수 있는 창의 · 인성교육 플랫폼이다(크레존 홈페이지).

2) 크레존의 활용

- 전국의 초·중·고등학교 학생들이 자신에게 적합한 창의적 체험활동 자원 및 프로그램들을 다양한 검색 조건으로 찾아볼 수 있다.
- 창의·인성 모델학교, 창의·인성 수업모델, 창의·인성 수업연구회 등 각 분야 전문가들이 개발한 각종 창의인성교육 전문자료들을 이용할 수 있다.
- 자율형 창의경영학교, 독서교육, 사제동행 e-book 저자 되기 등 학생들의 꿈과 끼가 쑥쑥 자라나는 행복한 학교들에 대한 정보들을 볼 수 있다.
- 선생님들의 역량 강화를 위한 창의·인성교육 현장포럼 개최 정보를 알 수 있다.

참고문헌

강선보, 박의수, 김귀성, 송순재, 정윤경, 김영래, 고미숙(2008). 인성교육. 경기: 양서원.
고미숙(2006). 체험교육의 의미. 아시아교육연구, 7(1), 133-162.
교육부(1998). 교육부 고시 1997-15호에 따른 초등학교 교육과정 해설(II).
김란주(2016). Dilthey의 추체험을 통한 학교 인성교육 방안 탐색. 인성교육과 교육철학. 2016년 한국교육학회 춘계학술대회.
김병길, 송도선(1995). J. Dewey의 경험 개념. 교육철학, 13, 31-49.
김정환(1995). 페스탈로치의 교육철학. 서울: 고려대학교 출판부.
박철홍(1995). 듀이의 "하나의 경험"에 비추어 본 교육적 경험의 성격: 수단으로서의 지식과 내재적 가치의 의미. 교육철학, 13, 81-109.
박철홍(2008). 총체적 지식의 함양으로서의 공부-듀이의 교변작용에 비추어 본 공부의 의미와 성격. 교육철학, 34, 115-141.
서울대학교 교육연구소 편(1994). 교육학 용어사전. 서울: 하우.
양승실, 이규은, 오재길, 양수진(2011). 창의적 체험활동을 통한 인성교육 활성화 방안 연구. 연구보고 RRC (한국교육과정평가원).

이상오(2008). 교육해석학: 이론과 적용. 서울: 학지사.

전일균(1995). 케르셴슈타이너와 듀이의 노작교육론 비교연구. 고려대학교 대학원 박사학위논문.

전일균(1996). 노작교육론의 인간학적 원리. 고려대학교 교육사 · 철학연구회 편. 인간주의 교육사상. 서울: 내일을 여는 책.

정윤경(2011). 창의적 체험활동에 관한 이론적 고찰: 체험활동의 교육적 가치를 중심으로. 한국 교육학연구, 17(2), 73-95.

정훈(2001). 노작교육의 '대안적' 가치에 관한 연구. 고려대학교 대학원 석사학위논문.

조난심 외(2010). 2009 개정 초 · 중등학교 교육과정 (총론)시안 개발 연구. 한국교육과정평가원 연구보고.

현주, 이혜영, 한혜성, 한미영, 서덕희, 류덕엽(2013). 초 · 중등 학생 인성교육 활성화 방안 연구(Ⅰ). 한국교육개발원 연구보고서.

柳久雄(1985). 生活と労働の教育思想史. 임상희 역(1993). 교육사상사: 생활 · 노동 · 교육. 서울: 백산서당.

Barancle, R. (2004). Reflection on lived experience in educational research. *Educational Philosophy and Theory, 36*(1), 57-67.

Dewey, J. (1916). *Democracy and education*. 이홍우 역(1989). 민주주의와 교육. 서울: 교육과학사.

Itin, C. M. (1999). Researching the philosophy of experiential education as a vehicle for change in the 21st century. *The Journal of Experiential Education, 22*(2), 91-98.

Kerschensteiner, G. (1961). *Begriff der Arbeitsschule*. 정기섭 역(2004). 노작학교의 이론과 실천. 서울: 문음사.

Van Manen, M. (1977). Linking ways of knowing with ways of being practical. *Curriculum Inquiry, 6*(3), 205-228.

Van Manen, M. (1990). *Researching lived experience*. 신경림, 안규남 공역(1994). 체험연구: 해석학적 현상학의 인간과학 연구방법론. 서울: 동녘.

창의인성교육넷 크레존 www.crezone.net

제9장
대화를 통한 인성교육

1. 인성교육에서 대화의 중요성

일반적으로 수업은 말과 언어적 의사소통을 매개로 해서 진행된다. 물론 경우에 따라 수업은 시각이나 청각 그리고 신체적 활동을 통해서도 진행된다. 그러나 그런 경우에도 수업의 많은 부분은 어떤 대상이나 사건을 언어적으로 제시하고 서술하며, 때로는 논증하고 근거를 제시하는 부분으로 구성된다.

인성교육 역시 언어보다는 감상, 공연, 스포츠 같은 비언어적인 수단을 통해서 진행될 수 있고, 또 많은 새로운 인성교육 프로그램들은 이런 비언어적 수단을 통해 얻어질 수 있는 기회들을 강조한다. 최근에 '알파고'가 일으킨 충격은 인성교육에서 논리나 이성보다는 감성을 강조하는 경향으로 나타나기도 한다. 또한 '제4차 산업혁명'으로 통칭되는 급격한 사회변화는 지성보다는 감성이나 직관의 능력을 부각시키고 있다. 그럼에도 대화라는 인간 존재의 기본적 활동은 인성교육에서 여전히 큰 역할을 차지하고 있다고 생각한다.

인성교육의 전체적 방향이나 목적을 어떻게 설정해야 하는가는 이 글의 관심사가 아니다. 이 글의 관심사는 언어, 특히 대화의 형식을 매개로 한 인성교육은 가능한가, 그리고 가능하다면 어떻게 가능한가를 해명하는 데에 있다.

언어를 주요한 매체로 삼는 수업은 오랜 역사를 가지고 있고, 교육현장에서 언제나 지나치다 싶을 정도로 반복적으로 광범위하게 사용되어 왔다. 그래서 수업의 매체 및 방법으로서의 언어와 대화는 경우에 따라 진부한 느낌을 주기도 한다. 특히 '제4차 산업혁명' 시대의 사람들은 새로운 교육 및 인성교육의 가능성을 모색할 때, 언어와 대화보다는 시각적 체험이나 직관적 활동을 강조하는 경향을 보인다. 이것은 충분히 이해할 수 있고 또 사실상 필요한 일이지만, 그럼에도 그것이 인간의 가장 중요한 사고 및 소통의 수단인 언어에 대한 관심을 약화시킨다면 문제가 될 수 있다.

이 글은 언어를 통한 인성교육의 잠재력이 아직 소진되지 않았으며, 언어 및 대화가 여전히 중요한 인성교육의 매체로서 활용될 수 있다는 점을 주장하려 한다. 그리고 여러 대화적 교육의 방법론들 중에서 특히 독일의 신칸트주의 철학자 레오나르드 넬존(Leonard Nelson)이 시작하고 그의 제자 구스타프 헤크만(Gustav Heckmann)이 발전시킨 '신소크라테스적 대화'를 인성교육의 한 방법론으로서 제시하려고 한다.

2. 대화와 인성 그리고 교육

1) 대화란 무엇인가

가장 넓은 의미에서 볼 때 대화는 언어를 통해서 이루어지는 모든 종류의 상호적인 소통을 의미한다. 물론 무언(無言)의 대화도 있지만 그것도 역시 어떤 의미의 교환이라면, 반드시 언어적 표현과 불가분하게 연결되어 있는 것이다. 그러므로 우리는 자연의 사물들이나 동물들이 서로 상호작용한다고 또는 상호 소통한다고 말할 수 있을지 모르지만 '대화'한다고 말하기는 어렵다. 하지만 인간들의 독특한 소통 방식인 대화도 그 구체적인 의미, 기능, 목적, 구조, 효과는 무한히 다양할 수 있으며, 여기서 모든 종류의 대화를 포괄해서 논의하는 것은 불가능하다. 버뷸리스(N. C. Burbules)는 『대화와 교육: 이론과 실천(Dialogue in Teaching: Theory and Practice)』(Burbules/강선보, 고미숙 공역, 2011)에서 대화를 "특정한 종류의 의사소통관계, 즉 교수와 학습을 의도적으로 지향하는 회화적 상호작용"(p. 18) 또는 "교육적인 의사소통관계"(p. 21)로 규정하고 시작한다. 이 글도 이러한 버뷸리스의 대화에 대한 정의를 중심으로 대화의 교육적 의미에 대한 그의 연구를 소개하면서 시작한다. 이것은 대화적 인성교육의 가능성을 다루기에 앞서 대화란 무엇인가에 대한 하나의 시각을 마련해 보고자 함이다.

앞서 언급한 저작에서 버뷸리스의 목표는 '교육적 의사소통관계로서의 대화'의 이론과 실천에 대해서 연구하는 것이다. 그는 대화의 기본적 특징들을 구체적으로 밝혀내려고 시도한다. 동시에 그의 연구는 이미 하나의 철학적 입장을 전제로 하고 있다. "내가 제안하고 싶은 대화에 대한 접근은 위계 및 교사의 권위에 대한 전통적 관점에 도전하고, 다양성을 용인하고 지지하며, 정답 및 최종적 진리라는 목적론적 가정에 의존하지 않고, 고립된 개인적 노력이 아니라 상호적인 의사소통관계에 의존한다."(Burbules/강선보, 고미숙 공역, 2011: 35) 다시 말해, 그는 비목적론적인 또는 개방적인 대화의 가능성을 모색하려고 한다. 이것은 그의 대화론이 어떤 방향으로 진행될 것인가를 근본적으로 규정하고 있다.

버뷸리스는 '교육적 의사소통관계'로서의 대화란 무엇인가를 ① 교육, ② 의사소통, ③ 관계라는 세 가지 요소를 중심으로 규명한다.

(1) 교육적인 것으로서 대화
대화는 잡담, 협상, 논쟁과 달리 대화 참여자들에게 새로운 발견과 통찰을 가져다주는 것이고, 그 과정에서 참여자들의 다양한 능력을 계발한다. 그것은 단지 직접적인 소통과 사고의 기술과 능력을 계발하는 것 이상의 역할을 한다. "대화는 지속적이고 발달적인 의사소통 교환을 나타내며, 이를 통해 우리는 세계, 우리 자신, 서로에 대해 보다 충분한 이해를 얻게 된다."(Burbules/강선보, 고미숙 공역, 2011: 38) 교실수업의 상황에서 대화는 정확한 자기표현, 경청 등의 토론문화를 배우게 하고 민주시민으로서 필요한 덕과 역량을 기른다.

더 나아가 진정한 대화는 대개 대화의 방향이나 결론이 불확실한 상태에서 진행되는데, 이러한 불확실성은 교육적으로 가치 있는 것으로 생각될 수 있다. 만약 우리가 교육을 교수와 학습, 교사와 학생, 목적과 수단의 관계라는 고정된 틀에 가두려 하지 않는다면 말이다. 다시 말해, 교육이 진정으로 교화와 깨달음을 일으키는 과정이려면 대화에 본래적으로 내재하는 '불확실성'은 교육의 필수적인 요소이다.

또한 대화는 교사와 학생의 역할이 위계적으로 분리되어 있을 경우에조차도, "학습의 탈중심적이고 비권위주의적인 관점을 지향하는 경향"(Burbules/강선보, 고미숙 공역, 2011: 39)이 있다. 왜냐하면 대화의 과정에서는 새로운 정보를 단지 일방적으로 전달하는 식의 수업 방식은 필연적으로 교란될 수밖에 없기 때문이다. 대화의 과정은 학생의 내적인 상태를 표출시키고, 또 새로운 정보가 현재 어떤 방식으로 학생들의 이해구조와 충돌하고 있는지(또는 반대로 자연스럽게 통합되고 있는지)를 드러낸다. 그러므로 대화의 수행은 교수·학습의 과정에서 끊임없는 상호적인(특히 교사 쪽에 요구되는) 조정을 가능하게 한다. 즉, 진지한 대화의 태도를 취하는 교사는 학생들의 마음과 무관하게 확정된 교육 내용을 일방적으로 제시하는 오류를 자연스럽게 피할 수 있다.

(2) 의사소통으로서의 대화

버불리스에 따르면 대화는 주요한 실천 영역인 언어, 이성, 도덕성, 사회

조직에서 핵심적인 역할을 한다.

첫 번째로, 언어의 영역에서 보면 미하일 바흐친(Mikhail Bakhtin)이 말했듯이 "언어는 기본적으로 대화적"(Burbules/강선보, 고미숙 공역, 2011: 41)이다. 이 말은 단지 우리가 대화 속에서 언어를 사용하고 만들어 나간다는 평범한 의미만을 담고 있는 것이 아니다. 바흐친에 따르면, 말과 언어는 그 자체로 이미 내적인 대화의 관계 속에서 존재한다. "다른 말로, 우리는 우리의 언어가 이미 사용된 것임을 알게 되며, 언어를 통해서 우리는 현재의 화자뿐만 아니라 이전의 화자와 만나게 된다. 이런 의미로 언어는 대화의 수단이자 대화의 산물이다. 우리는 목소리를 발견하는 데 있어서 불가피하게 타인의 메아리를 듣게 된다."(Burbules/강선보, 고미숙 공역, 2011: 42) 이런 상황을 바흐친은 '말의 내적 대화론(the internal dialogism of the word)'이라고 불렀다.

두 번째로, 대화는 이성 또는 추론의 능력이 형성되는 데 핵심적인 역할을 한다. 타인과 언어를 매개로 의미를 교환하는 과정은 동시에 이성적 사고를 촉진하며, 또한 동시에 어느 정도 이성적 사고의 도움 없이는 순조롭게 진행될 수 없다. 대화는 주어진 문제를 공동으로 다루고, 그 해결을 향해 개인적·집단적 관심을 집중시키며, 다양한 가능성을 검토하여 합리적인 결론을 도출하고, 그것을 행동에 옮기는 데에 도움을 준다.

대화가 갖는 이러한 기능(즉, 이성적 사고를 촉진하는 기능)을 누구보다도 극적으로 표현한 사람은 독일의 작가 폰 클라이스트(von Kleist)이다.

"나는 내가 말하고자 하는 것과 처음부터 약간의 연관을 지닌 어떤 흐릿한 생각을 이미 가지고 있다. 그래서 내가 과감하게 거기서부터 말하기 시작하면, 이야기를 해 나가는 동안 나의 정신은 어쨌든 시작한 것을 끝맺어야 한다는 필연성 속에서 저 흐릿한 생각을 아주 명확하게 만들고, 그래서 놀랍게도 마침표와 함께 인식이 완성된다." (Mollenhauer/정창호 역, 2005: 158에서 재인용)

또한 "내가 무엇을 알고자 한다면, 그리고 명상을 통해서 그것을 알 수가 없다면, 현명한 친구여, 충고하건대 우연히 만난 가까운 지인과 거기에 대해 대화를 해 보라. 그가 꼭 명민한 두뇌의 소유자일 필요는 없다. 또한 그에게 답을 구해 보라는 뜻도 아니다. 천만의 말씀! 오히려 그에게 그 문제에 대해 설명을 한다는 것 자체가 중요하다."(Mollenhauer/정창호 역, 2005: 158f 에서 재인용)

그러나 버불리스에 따르면 대화와 이성 능력 간의 관련성은 여기에 그치지 않는다. 우리가 대화를 통해서 이성 능력을 획득했다고 하더라도 그 능력이 주변의 사회적 관계 방식, 다시 말해 "합리적인 공동체"(Burbules/강선보, 고미숙 공역, 2012: 43)에 의해서 뒷받침되지 않는다면 그것은 곧 약화되거나 소멸할 것이다. 누구든 완전한 이성 능력을 가진 사람은 없다. 여기서 중요한 것은 그런 불완전한 이성 능력이 공동체 내에서 타인과의 지속적인 대화 과정을 통해 보완되고 지지될 수 있다는 것이다. 결국 대화는 단지 학교 교실수업에서뿐 아니라 합리적 공동체에서도 핵심적 요소가 된다.

세 번째로, 대화는 도덕성의 형성에서 중요한 역할을 한다. 대화에 함축된 윤리적 의미와 효과에 대해서는 여러 논거가 있다. 대화는 상대방에 대한 존중, 관심, 관여, 신뢰, 사랑 등의 가치를 요구하며 또 동시에 촉진한다. 대화와 도덕성의 내적인 연관성은 대화와 인성교육 간의 내적인 연관성을 직접적으로 함축하고 있다는 점에서 좀 더 자세하게 고찰할 필요가 있다.

대화와 도덕성의 연관에 대해서는 프레이리(Paulo Freire)의 대화론을 참조할 필요가 있다. 프레이리에 따르면 각자가 자기의 말을 하는 것은 인간의 근원적인 권리이며 이 권리를 빼앗긴다는 것은 비인간화됨을 의미한다. 즉, 대화는 한 인간이 한 인간으로서 존재하기 위한 기본 조건이다. 그리고 자기 존재의 확인이 인성과 도덕성의 형성에서 가장 근본이 되는 지점이라고 할 때, 진정한 대화의 경험을 박탈당한 상태는 인성과 도덕성에 심각한 손상을 줄 수 있다. 반대로 활발한 대화의 경험은 도덕성 형성의 가장 깊은 토대를 형성하는 데에 도움을 준다.

더 나아가서 대화는 이렇게 자아의 형성과 존재 확인이라는 도덕성의 기초와 연관되어 있을 뿐 아니라, 구체적인 도덕적 가치와도 직접적으로 연관되어 있다. 프레이리가 말하듯이, 진정한 대화에는 언제나 타인에 대한 사랑, 겸손, 믿음, 신뢰 등의 요소가 포함되어 있다. 대화는 세계와 삶 그리고 인간에 대한 깊은 사랑 없이는 존재할 수 없다. 세계를 사랑하지 않는다면, 삶을 사랑하지 않는다면, 인간을 사랑하지 않는다면 우리는 대화의 관계 속으로 들어설 수 없다. 또한 대화는 겸손(humility) 없이는 존재할 수 없다. 배우고 행동하는 공동의 과제를 위해 만난 대화자들이 서로 겸손하지 않다면 대화는 중단된다. 자기만족이나 아집은 대화와 양립할 수 없다. 또한 대화는 타인에 대한 강한 믿음, 즉 그가 삶과 현실을 창조하고 재창조하는 능력을 가지고 있고 또한 그가 좀 더 완전한 인간이 되려는 소명을 간직한 존재라는 믿음을 필요로 한다(Freiri/남경태 역, 2003: 111-160).

네 번째로, 대화는 민주적 사회조직을 형성하는 토대이다. 의사소통으로서의 대화와 민주주의의 밀접한 연관성을 깊이 파악했던 사람은 두말할 나위 없이 듀이(J. Dewey)이다. 듀이는 민주주의를 정치적인 제도 이전의 공동체적 관계로서 파악한다. 그래서 개인의 관점에서 보면 '민주주의'란 개인이 자기가 속한 집단의 행위를 형성하고 지도하는 데 능력에 따라서 책임 있게 참여하고, 필요에 따라서 그 집단이 가진 가치를 지키는 일에 참여하는 것이다. 집단의 관점에서 보면, '민주주의'란 집단 구성원 모두의 잠재력이 공통적인 관심 및 선과 조화를 이루면서 실현되는 상태이다. 그러므로 듀이에게 민주주의는 공동체적인 삶의 방식과 다른 것이 아니다.

그런데 여기서 우리가 공동체를 말할 때 그것은 단순한 군집생활과 구분되어야 한다. 개미나 벌들도 서로 모여서 분업을 하면서 도와가며 하나의 집단을 형성한다. 그리고 어떤 인간사회가 이와 유사한 방식으로 하나의 통일된 집단을 형성하는 것은 가능하다. 그러나 그것은 진정한 의미에서 공동체가 아니다. 진정한 의미에서의 공동체가 되기 위해서는 구성원 각자가 자신

의 활동이 전체에 대해 갖는 의미가 무엇인지를 이해하고 자신의 삶과 활동
이 사회의 다른 부분들에 미치는 전체적인 결과들에 대해서 진지한 관심을
가질 때 성립한다. 이러한 공동체적 관계는 오로지 의사소통적인 대화와 거
기에 기초한 '같은 마음(like-mindedness)'이 형성되어야 가능하다.

　물론 상이한 개인 간이나 집단 간의 활발한 대화는 때로 사회적 긴장을
유발할 수도 있다. 그러나 진정한 의미의 "민주주의는 상이한 개인과 집단
이 논쟁점에 대해 경쟁적인 입장을 배우고 이해할 수 있을 때, 또 논쟁점
에 대해 항상 동의하거나 합의하는 것은 아니지만 타인의 관점을 충분히 파
악할 수 있을 때에만 존재할 수 있다. 그러므로 민주주의 과정에 의해 도달
된 결과는 가장 좋은 것은 아니지만 모든 집단에게 받아들여질 수 있다. 이
런 의미에서 대화는 민주주의에 본질적이다."(Burbules/강선보, 고미숙 공역,
2011: 46)

　이상의 네 가지 측면에서 대화는 인간의 기본적인 도덕적 삶과 민주적 사
회조직의 토대가 되는 것이다.

(3) 관계로서의 대화

　버뷸리스는 대화의 세 번째 특징을 '관계'라는 측면에서 제시한다. 그런
데 이 관계는 단지 대화 당사자들의 만남으로써 시작되고, 그들에 의해서 통
제되는 일상적 의미의 관계를 의미하는 것이 아니다. 버뷸리스는 거기에 훨
씬 더 심오한 의미를 추가한다. 즉, 대화의 관계는 대화 당사가가 실행하고
조종하는 관계가 아니라 오히려 대화 당사자들을 하나의 상호작용 속에 있
게 하는 보다 근원적인 관계로 이해되어야 한다. "나는 대화를 동사로 사용
하는 것이 개념상으로 대화의 본질을 왜곡한다고 생각한다. 대화는 우리
가 행하거나 사용하는 어떤 것이 아니다. 대화는 우리가 들어가는 관계이
다."(Burbules/강선보, 고미숙 공역, 2011: 22)

　이러한 심층적인 의미의 대화적 관계는 dialogue(대화)의 어원을 분석해
보면 금방 드러난다. dia-logue는 피상적으로만 보면 두 사람이 함께 말하는

상황을 의미한다. 하지만 좀 더 깊이 살펴보면 'dia-'라는 접두사는 '둘'을 뜻
하기도 하지만, '사이에' '가로질러' '통하여'를 의미하는 전치사이기도 하다.
또한 로고스를 의미하는 '-logue'는 말이나 단어를 뜻할 수도 있지만, '사유'
'이성' '판단'을 뜻할 수도 있다. 이런 측면에 주목한다면, 대화는 말의 내용과
의미를 사유를 통해 분명하게 만드는 과정을 뜻하며, 그것도 혼자서가 아니
라 다른 대화자와의 대화와 조정 그리고 협상의 과정 속에서 그렇게 하는 것
을 뜻한다. 이러한 대화의 과정은 단지 조화롭고 편안한 길이 아니다. 그것
은 서로의 합의와 동의를 통해서 기준을 만들어 가면서 주어진 문제에 대해
서 평가해야 하는 긴장 어린 과정이다. 대화의 관계는 서로 오해하고 어긋나
고 충돌하는 상황을 원칙적으로 배제할 수 없기 때문이다.

　그러므로 효과적인 대화는 '관계'를 만들어 내고 유지하는 것에 의존한다.
이 관계는 참여자들이 서로에 대해 그리고 대화의 가치에 대해 갖는 태도,
정서 등에 기초해서 형성된다. 그와 동시에 대화는 그 진행 과정에서 참가자
들 사이에 어떤 상호작용을 일으키며, 거기에 기초해서 긴밀한 사회적 관계
를 형성시킨다. 활발하게 그리고 성공적으로 진행된 대화는 차츰 대화자들
서로 간에 '헌신'과 '관여'의 태도를 형성한다.[1]

　결론적으로 대화는 서로 다른 관점과 관심을 가진 참가자들이, 주어진 문
제에 대해서 공동으로 숙고하고 판단하는 과정을 밟아 나가되, 이미 주어지
거나 고정되어 있는 기준에 따라서가 아니라 서로 합의할 수 있는 기준을 스
스로 만들어 가야 한다. 이런 점에서 대화는 항상 위험과 갈등의 가능성을
내포하는 '긴장관계'이지만, 동시에 '긴장의 해소를 통한 조화로운 관계 형성
의 즐거움'을 만들어 가는 과정이기도 하다.

---

1) 이것을 설명하는 좋은 사례 중 하나는 대학에서의 강의이다. 대부분 대학의 교양 강의는 서로
　타자인 수강생들의 우연적인 집단이다. 이 강의가 강의식 수업으로 진행되었을 경우와 대화식
　수업으로 진행되었을 경우 수강생들의 관계는 질적으로 다르다. 전자의 경우 대부분의 학생들
　과 강사는 학기 초와 별로 다르지 않은 '관계'로 학기를 마칠 것이다. 그러나 후자의 경우는 학
　생과 학생 그리고 학생과 강사 사이에 '헌신' 또는 '관여'라고 말할 수 있는 '관계'가 형성될 수
　있다.

2) 대화는 어떻게 인성교육에 기여하는가

우리는 앞에서 대화, 즉 '교육적 의사소통관계'의 기본 특징들을 살펴보면서 대화가 인성 형성과 어떻게 직간접적으로 관련될 수 있는가에 대해서 서술하였다. 여기서는 이와 같은 대화를 전제로 할 때, 대화가 어떻게 그리고 어떤 맥락에서 인성교육에 기여할 수 있는가를 체계적으로 검토해 보려고 한다.

현재 우리나라에서 '인성'의 개념은 다양한 해석과 논쟁에 둘러싸여 있다. 인성에 대한 번역어에 있어서도 'character' 'personality' 'human nature' 등이 혼용되고 있다. 또한 인성을 구성하는 요소나 특징들을 설정하는 데서도 학자마다 다른 의견을 내놓고 있는 상황이다. 인성을 덕목의 집합으로 생각하는 입장에서부터 몇몇 역량으로 환원하는 입장을 거쳐 공동체 속에서 한 개인으로서 살아가는 데 필요한 종합적 자질들로 생각하는 입장까지 다양하다 (강선보 외, 2008, 2015 참조). 이러한 혼란스러운 인성 개념에 교육이 덧붙여지면 혼란은 더욱 극심해진다.

이런 상황에서 필자는 인성과 인성교육에 대한 다양한 논의를 정돈하고 정리하는 방대한 작업을 하기보다는, 우리의 논의에 필요한 만큼의 최소한의 인성 및 인성교육 개념을 정의하고 대화가 인성교육에 미치는 효과를 살펴보려 한다. 필자는 인성교육을 일단 「인성교육진흥법」의 정의를 참조·보완하여 다음과 같이 규정해 보려 한다.[2] 즉, 인성교육은 한 개인의 개성과 능력의 완성을 촉진하되, 가능한 한 그를 둘러싼 사회적·역사적 조건의 발전과 조화를 이루는 방향으로 추진하려는 교육적 시도이다. 이때 인성에는 한 개인이 자신과 주변세계 그리고 양자의 관계를 이해하고 또 그렇게 이해된 상황에 적응하는 동시에 그 상황의 미래적 발전에 기여할 수 있는 지식, 의

---

2) 「인성교육진흥법」에 따르면, 인성교육은 "자신의 내면을 바르고 건전하게 가꾸며 타인, 공동체, 자연과 더불어 사는 데 필요한 인간다운 성품과 역량을 기르는 것을 목적으로 하는 교육"이다.

지, 태도가 모두 포함된다. 한마디로 말해서, 인성교육은 개인이 지닌 다양한 정신적, 기질적, 신체적 요소가 하나의 총체로서 풍부하고 아름답게 성장하도록 하는 동시에 그 성장의 방향이 타인이나 전체 사회의 발전과 조화를 이루도록 도와주고 지도하는 활동이다.

그러나 이런 형식적인 정의는 직접적으로 교육 실천에 적용할 수 있는 것이 아니다. 만약 이제 우리가 학교현장에서 이런 의미의 인성교육을 실행하려고 한다면, 우리는 훨씬 더 구체적인 과제들과 마주하게 된다. 그 과제는 각 학생의 인성에 현재 포함되어 있는 요소들과 그것의 통합적 발전 가능성 그리고 학생이 살고 있고 또 앞으로 살아가야 할 자연적·사회적 환경세계가 요구하는 능력, 가치, 태도들을 종합하여 교육의 목적을 설정하고 그 방법론을 모색하는 것이다.

이 과제를 해결하는 가장 빠른 방법은 먼저 일반화될 수 있는 인성의 요소와 가치들을 21세기 사회의 객관적인 요구와 대조하여 선정하고 발굴하는 것이다. 이 작업은 인간 심리와 현대 사회의 조건들에 대한 실증적인 연구를 요구하며, 동시에 다양한 사회적 세력과 의견들 사이의 민주적인 토론과 협의의 과정을 많이 거칠수록 바람직한 결과를 도출할 수 있을 것이다. 실제로 우리나라의 「인성교육진흥법」은 교육학자와 정책가들에 의해 선택된 특정한 가치와 역량들을 가르치도록 규정하고 있다.[3]

그러나 이제 이렇게 규정된 가치들과 역량들을 어떻게 학생들에게 전달할 수 있을까 하는 것은 또 다른 문제이다. 여기에 대해서 현재 많은 방법론적 제안이 이루어지고 있다. 그 모두가 나름대로의 장점과 가치를 가질 것이다. 하지만 여기서 중요하게 고려하고 싶은 점은 인성교육, 특히 직접적인 교육 목표를 설정하고 그것을 정확하게 달성하려 하는 매뉴얼화된 인성교육은 자기모순에 빠질 수 있다는 사실이다. 왜냐하면 진정한 의미에서의 인성 형성은 학생 자신의 내면의 결단과 자기변화가 없이는 원칙적으로 불가능하기

---

3) 「인성교육진흥법」이 제시하고 있는 핵심 가치는 예, 효, 정직, 책임, 존중, 배려, 소통, 협동의 8가지이다.

때문이다.

사회적으로 합의된 그리고 목록화된 인성의 요소와 가치 그리고 역량들을 실제로 학생들에게 전수하려 할 때 인성교육은 필연적으로 어떤 우회로를 거쳐야 한다. 여기서 우리는 '과연 덕은 가르칠 수 있는 것인가' 하는 교육의 아주 오래된 문제를 상기할 필요가 있다. 우리가 가르칠 것이 덕이든 역량이든 태도이든 그것은 마찬가지이다. 앞에서 우리가 정의했던 의미에서의 인성교육은 고정된 인성의 요소들을 '주입' 또는 '적용'하는 것으로는 실현될 수 없다. 적어도 소크라테스는 이 점을 아주 오래전에 깨달았던 사람이다. 그러나 이후 교육의 역사에서 소크라테스의 발견은 종종 망각되곤 하였다. 그러한 망각은 특히 근대 이후의 교육에서 심화되었다. 그렇다면 인성을 구성하는 목록들은 우리에게 어떤 의미를 갖는 것인가? 여기에 대한 대답으로서 좀 길긴 하지만 버뷸리스의 말은 경청할 만한 가치가 있다.

"교육적 만남에서 우리는 다른 사람을 변화시키지 못한다. 그들은 스스로 변한다. 그들은 자신의 이해를 구성하고 마음을 바꾸며 대안적인 행위과정을 결정하고 우선권 등을 재정의한다. 이런 과정은 단지 부분적으로만 의식될 수 있으며, 작은 변화들이 많이 일어난 결과로 나타나기 때문에 변화하는 사람조차도 일이 일어난 다음에야 성취한 것을 볼 수 있을지도 모른다. 그러나 이러한 관점으로부터 시작하는 것은 기본적으로 상이한 가르침의 자세를 이끈다. 그 자세란 학생에게 어떤 것을 '주고', 특정한 방식으로 학생을 '형성하며', 학생을 특정한 결론으로 '이끌기'보다는 학생이 자신의 질문, 필요 및 목적을 고려할 때, 점차적으로 자기 자신, 세계, 타인에 대해 보다 성숙한 이해(정의상 학생들 자신의 것이 틀림없는 이해)를 구성하게 될 기회를 창조하는 것으로 정의된다."(Burbules/강선보, 고미숙 공역, 2011: 40)

새로운 가르침의 자세에 대한 버뷸리스의 논평 속에는 우리가 앞에서 살펴보았던 인성교육의 핵심 요소가 고스란히 담겨 있다. 학생은 교사의 직접적 개입을 통해서보다는 스스로 "자신의 이해를 구성하고 마음을 바꾸며 대안적인 행위 과정을 결정하고 우선권 등을 재정의"하는 과정에서 스스로 변화한다. 그렇다면 앞에서 말한 인성교육의 가치 목록은 어떤 역할을 하는가? 버불리스의 논의를 원용한다면 그것은 '비계(scaffolding)'로서 역할을 해야 한다. 비계는 학생들에게 특정한 방향으로의 발전을 뒷받침해 주는 역할을 하지만, 그렇다고 학생들에게 어떤 가치나 태도를 직접적으로 강요하지 않는다. 비계는 '조절할 수 있고 임시적인 지원을 제공'하는 가운데 학생들이 중요한 과제와 씨름하도록 인도한다.

필자는 바로 이러한 인성교육의 필수적인 우회로를 고려할 때, 비로소 대화가 어떻게 인성교육에 기여할 수 있는가가 분명히 드러난다고 생각한다. 물론 대화만이 거기서 유일한 수단은 아니다. 하지만 우리가 학생들에게 인성의 덕목들을 직접적으로 전달하는 일이 불가능하거나 비효과적이라는 소크라테스의 발견을 받아들인다면, 그리고 동시에 언어가 여전히 교육의 중요한 매체라는 점을 고수한다면, 남는 대안들 중 하나는 진정한 의미의 수업대화이다.

수업대화는 "학생이 자신의 질문, 필요 및 목적을 고려할 때, 점차적으로 자기 자신, 세계, 타인에 대해 보다 성숙한 이해(정의상 학생들 자신의 것이 틀림없는 이해)를 구성하게 될 기회"(Burbules/강선보, 고미숙 공역, 2011: 40)를 창조한다. 다시 말해, 대화는 학생의 인성을 변화시키고 발전시키는 기회를 제공한다. 그러면 이제 수업대화의 다양한 방식을 살펴보면서, 대화와 인성교육의 관계를 좀 더 깊이 검토해 보자.

3. 수업에서의 말과 대화

1) 독백으로서의 강의식 수업

독백적인 강의는 이미 확정되고 완결된 지식 또는 지식의 체계를 제시함으로써 사실이나 정보를 전달하는 데에 초점이 맞춰진다. 이때 학생은 이 사실과 정보를 수동적으로 받아들이고 머리에 기억하도록 요구된다. 그리고 이러한 요구는 시험이라는 절차를 통해서 검증되는데, 대개의 경우 시험은 학생이 스스로 작성한 답안의 내용을 실제로 이해했는가와 별로 관계가 없다. 중요한 것은 자신이 습득한 사실과 정보를 다시 기억해 낼 수 있는가이다.

강의식 수업이 학교교육의 중요한 수단이 된 이래, 이에 대한 비판은 끊이지 않았고 지금까지 이어지고 있다. 몽테뉴(Montaigne)는 『수상록』 제1권에 실린 「훈장 노릇하기(Schulmeisterei)」라는 글에서 이런 교수 형식을 '현학'이라고 비판한다. 왜냐하면 이 교수 형식은 (머리를 거실에 비유한다면) 단지 머리에 '멋진 가구들을 들여놓는' 일에 불과하기 때문이다. 학생들은 거기서 스스로 사유하고 판단할 기회를 갖지 못한다. 그러므로 몽테뉴는 가급적 많은 것을 배우는 것에 치중하는 양적인 기준을 질적인 기준으로 대체해야 한다고 주장한다. 중요한 것은 많이 아는 것이 아니라 제대로 아는 것이다. 단지 기억의 창고를 정보들로 채우는 것은 학생의 지성뿐 아니라 양심을 황폐하게 만든다.[4]

학생을 수동적으로 만들고 기억된 지식을 재생하게 하는 데 초점을 두는 강의식 수업은 17, 18세기 유럽의 철학자나 교육학자들에 의해서 강력한 비판을 받았다. 이들은 강의라는 독백 형식의 대안으로서 '소크라테스의 방법'을 제안하였다. 소크라테스의 방법은 질문과 대화를 통해서 정신적 능력과 활동을 자극하는 수업 방법을 말한다. 그러면 이제 대화적인 수업의 여러 가지 가능성에 대해서 살펴볼 차례이다.

---

[4] 몽테뉴는 이렇게 말한다. "어미 새가 곡식 알갱이를 찾아서 그것을 먹지 않고 부리에 담아 와서 새끼들에게 먹이듯이, 교사는 서적에서 지식들을 찾아내서 그것을 입술 언저리에 담아 가서 단지 소리로서 재생한다."

2) 문답식 수업

수업에서의 대화의 방식으로서 가장 원시적인 것은 교재의 내용을 미리 학습하게 하고 나중에 교사의 물음을 통해서 학습내용을 확인하는 문답식의 수업이다. 현대의 교육학에서, 교육현장에서 이러한 교리문답식 수업 방법은 거의 사라진 것으로 보인다. 그러나 적어도 교리문답 방식이 우리의 일상에서 사라진 것은 아닌 것 같다. 예를 들어, 요즘 학생들이 시험을 준비하는 모습을 상상해 볼 수 있다. 학생들은 서로에게 교과서 내용에 대해 질문을 던지고 답을 말한다. 때로는 심지어 전혀 내용을 이해하지 못하는 부모님에게 질문자의 역할을 맡기기도 한다. 이것은 학생이 시험 준비를 위해 스스로 문답법을 활용하는 단편적인 사례이지만, 사실 학생들이 이런 방식으로 시험 준비를 한다는 것은 우리에게 많은 것을 시사한다. 어쩌면 우리는 문답법이라는 말을 사용하지 않고 있을 뿐이지, 실제로는 교육의 여러 장면에서 문답 방식을 사용하고 있지 않은지 반성해 볼 필요가 있다.

물론 문답식 수업도 대화의 형식을 취하기는 하지만, 이 대화는 불충분한 형태의 대화이다. 왜냐하면 단지 교사는 답이 이미 정해져 있는 질문을 하고 학생은 대체로 기억에 의거해서 대답을 해야 하기 때문이다. 문답식 수업은 교사의 질문이 주로 학생의 기억을 향할 뿐, 지성이나 사고능력을 향하기 어렵다는 특징을 갖는다. 문답식 수업은 대부분 교사의 강의로 시작하고 이어서 교사와 학생의 '대화', 즉 '묻고 답하기'로 이어진다. 교사의 질문은 자신이 강의했던 세부적인 내용들에 대응하며, 학생이 자신의 강의를 기억 또는 이해하고 있는가를 검사하는 데에 주요 목적이 있다.

문답법은 19세기 초 독일의 초등학교에서 수업의 방법론으로서 널리 보급되었다고 한다. 그러나 학교현장에서 이 질문을 통한 수업 방식은 종종 기계적인 질문-응답의 과정으로 변질되었고, 당연히 강한 비판을 받게 되었다. 비판자들은 문답식 수업에서 교사의 질문이 학생의 정신적 도야에 도움을 주지 못할 뿐 아니라 학생의 '자기 활동'을 저해하는 것이라고 비난하였다. 20세기 초 개혁교육학자 가우디히(Gaudig)는 학교 개혁에 대한 논의에서 당시의 수업에 널리 퍼져 있는 '질문의 독재'를 제거하는 것이 중요하다고 주장했다. 또한 단지 개혁교육자들만이 교리문답식 수업을 비판했던 것은 아니다. 헤르바르트주의자였던 칠러(Ziller)는 문답식 수업이 "학생들을 혐오스러운 사고의 왜곡 속으로 밀어넣는 것"이라고 비판하면서, 이는 참된 '논쟁의 방법'을 통해서 중단되어야 한다고 주장했다(Fuchs, 2016: 1034에서 재인용).

3) 발문(發問)을 통한 수업

계몽주의자들은 문답법과는 다른, 적절한 질문(즉, 발문)을 통한 교수 방법을 학교 수업에 적용하려 시도하였다. 이 교수 방법은 문답법과 달리 학생들에게 문제해결의 과정을 배우게 하고 스스로 새로운 지식에 도달하도록 지도하려고 한다. 그래서 교사는 단지 수업 내용을 강의하고 강의 내용에 대한 질문을 하는 것이 아니라, 질문과 대답의 방식에 따라서 수업을 전개해 나간다. 그리하여 결국 학습자로 하여금 교사가 가르치려고 의도했던 인식, 지식을 스스로 발견하게 하려 한다. 발문을 통한 수업의 궁극적인 목표는 학생들이 스스로 능동적인 사고활동을 통해서 교사가 의도했던 목표지점에 도달하는 것이다.

18세기와 19세기 유럽의 교육학자들은 다양한 발문법을 발전시켰다(Fuchs, 2016: 1034). 이 발문법들은 그 논리적 측면에 따라서 볼 때는 크게 두 가지로 구분된다. 하나는 아직 불완전한 판단을 더 자세히 규정하거나 또는 보충하기를 요구하는 발문법이다. 이것은 대체로 누가, 언제, 어디서, 무엇을, 어떻게, 어떤 이유로 등으로 질문을 시작한다. 반면, 다른 발문법은 이미 완전하게 이해된 판단에 대해서 그것의 정당성을 결정하기 위한 질문이다. 이 질문에 대해서는 대답에 뒤이어 그 대답의 근거가 제시되어야 한다.

교사가 수업에서 던지는 적절한 질문은 사고활동을 자극하고 학생들의 주의를 본질적인 곳으로 인도하는 교수학적 기능을 수행할 수 있다. 이런 측면에서 볼 때 질문들은 학생들의 사유 과정을 촉발하고 지도하는 중요한 수단이 될 수 있다. 질문은 직접적인 통제가 아니라 간접적인 개입을 통해서 학생들이 문제의 본질적 측면으로 또는 새로운 주제 영역으로 이행하도록 도와주며, 한 걸음 더 나아간 사고의 단계로 인도할 수 있는 가능성을 열어 준다. 예를 들어, '언제'로 시작하는 질문은 학생으로 하여금 대상의 시간적 차원에 대해서 주목하게 하고, '어디에'라는 질문은 대상의 소재에 대해서 탐구하게 하며, '어떤 원인으로'라는 질문은 인과적 관계에 관심을 돌리게 하는 효과를 갖는다.

학자들은 종종 발문을 통한 수업을 소크라테스적 방법과 같은 것으로 간주한다. 그러나 여기에 대해서는 더 검토가 필요하다. 소크라테스의 대화법을 연구한 로스카(Loska)는 '발문을 통한 수업의 프로토콜들'을 분석하여 이 수업 방식에는 해결될 수 없는 교수학적 난점이 존재한다는 사실을 밝혀냈다(Fuchs, 2016: 1035). 물론 발문을 통한 수업을 옹호하는 사람들은 이 수업 방식이 문답식 수업과 다르다는 점을 강조한다. 왜냐하면 교사는 학생이 발견해야 하는 것들을 미리 알려 주지 않고, 단지 질문을 통해서 스스로 거기에 도달하도록 하는 '산파'의 역할을 하기 때문이다. 그러나 로스카는 이러한 요구는 이론의 차원에서는 가능하지만, 실제 수업현장에서는 결코 실현될 수 없다고 주장한다(Fuchs, 2016: 1035).

그에 따르면 발문을 통한 수업은 단지 '가상적로만' 산파술적 특성을 가질 수 있을 뿐이다. 왜냐하면 담화의 상황 자체가 이미 비대칭적이기 때문이다. 즉, 거기서는 주로 교사가 질문을 하고 학생들은 주로 대답을 한다. 물론 학생에게도 이해가 되지 않는 것을 질문하는 것이 허용된다. 그럼에도 질문 활동은 수업을 일정한 방향으로 인도하고 있는 교사의 손아귀에 놓여 있다. '산파술적 요구'와 '이미 확정되어 있는 것'(Loska, 1995: 120)의 모순은 해결될 수 없다. 그리하여 이 수업은 종종 불가피하게 소크라테스적 산파술의 요구와 어긋나는 행동들을 유발한다.

즉, 발문을 통한 수업은 수업을 통해서 달성하려는 확정된 목표로 인해서 교사와 학생의 자유로운 담화가 기본적으로 제한되며, 따라서 교사는 학생들의 발언이나 답변에 대해서 내용적으로 깊숙이 개입하고 간섭하지 않을 수 없다. 교사의 계획과 구상에 어긋나는 학생의 답변들은 무시되거나, 어물어물 언급하고 넘어가거나 한마디로 일축된다. 그래서 학생들은 진지하게 사고하기보다는 교사의 기대에 맞는 답을 추측해 내려고 시도한다. 추측된 답이 맞으면 그 학생은 칭찬을 받는다. 그러나 사실 그 대답은 학생 자신에게는 그다지 진지한 의미를 갖는 것이 아닐 수 있다. 또한 발문을 통한 수업은 이미 주어진 목표를 향해서 나아가야 하므로, 학생의 대답이 어떤 맥락에서 나왔는지를 자세히 검토할 시간 여유가 없다. 그런 것은 교사의 기본적 의도에 비추어 중요한 것이 아니다. 점점 더 학생들은 교사의 표정이나 말, 동작으로부터 힌트를 얻으려고 노력할 뿐, 다른 학생의 대답 내용이 어떤 것인가에 대해서는 신경을 쓰지 않게 된다.

바로 여기서 우리는 발문을 통한 수업이 자칫하면 오히려 학생의 인성 발달을 저해할 수 있다는 데에 주의할 필요가 있다. 즉, 학교에서 교사가 어떤 정해진 교수학적인 목적 아래서 질문을 하는 상황은 의도와 달리 학생들의 자존감에 손상을 가할 수 있다. 그런 수업에서 학생들은 교사의 질문에 대한 올바른 답을 찾으려는 노력을 해야 할 뿐 아니라 질문자가 옳다고 생각하거나 기대하고 있는 대답을 찾아내려는 이중의 노력을 해야 한다. 이러한 이중적 부담의 상황은 학생들의 자유로운 사고를 저해하며, 자신의 사고에 대한 신뢰를 형성하는 데에 방해가 된다. 수업에서 학생들은 자립적으로 사고할 수 없게 되고, 자신의 자립적 존재감을 상실한다. 수업에서의 나의 존재 확인은 내가 이해할 수 없는, 알 수 없는 또는 단지 추측할 수밖에 없는 교사의 마음속에 있는 대답에 종속되어 있기 때문이다.

4) 진정한 대화로서의 소크라테스적 방법[5]

　독백, 교리문답, 계발적인 발문을 거쳐서 이제 진정한 대화로서의 소크라테스적 방법을 다룰 차례이다. 가르치지 않고 대화 속에서 스스로 깨달음에 도달하게 하는 대화적 수업의 원형은 소크라테스의 대화편들에서 찾을 수 있다. 물론 과연 기록으로 남아 있는 소크라테스의 실제 대화가 얼마나 이런 대화적 수업의 이상에 합치하는가에 대해서는 많은 논쟁이 있을 수 있다. 하지만 적어도 대화편 속의 소크라테스가 진정한 의미에서의 대화를 교육의 유력한 방법으로서 제시한 최초의 사상가였다는 데는 이견이 없을 것이다. 18, 19세기에 소크라테스의 대화 방법을 교육에 적용하려 했던 유럽의 사상가들 중에는 칸트(Immanuel Kant)도 포함되어 있다.

　『도덕 형이상학(Metaphysik der sitten)』의 방법론 부분에서 칸트는 강의식 수업과 질문을 통한 수업을 구분한다. 더 나아가서 그는 질문을 통한 수업을 대화적인 교수 방식과 문답적인 교수 방식으로 구분한다. 그는 문답법은 단지 "기억을 불러내는" 작업이라고 말한다. 반면, 대화적인 교수 방식은 이와는 전혀 다른 것이다. "왜냐하면 어떤 사람이 다른 사람의 이성에서 어떤 것을 불러내려고 하면, 그것은 대화적으로만 가능하기 때문이다. 대화는 교사와 학생이 서로 교대로 질문하고 대답하는 것을 통해서 일어난다. 교사는 질문을 통해서 학생의 사고과정을 인도하여 학생이 앞에 주어진 사례를 통해

5) 이 장에서 필자는 대화수업의 다양한 방식을 단계적으로 검토하고 있다. 그러나 이를 통해서 인성교육은 오직 마지막 단계인 '소크라테스적 방법'을 통해서만 가능하다는 주장을 하려는 것은 아님을 여기서 밝혀 둔다. 강의, 문답, 발문, 소크라테스적 방법 등은 각기 장단점을 지니고 있고, 그리하여 강의의 목적과 학생의 조건에 따라서 각각 또는 서로 결합하여 유효한 교육 및 인성교육의 수단이 될 수 있다. 예를 들어, 자유롭고 개방적인 대화를 가능하게 하는 소크라테스적 대화는 학생의 내면에 가장 근접할 수 있지만, 제도적인 학교 수업의 상황에서는 적용하는 데서 여러 가지 어려움이 있을 수 있다. 반면 문답, 발문을 통한 수업이나 강의식 수업은 여러 가지 한계점에도 불구하고, 현명하게 적용될 경우 인성교육의 효과적인 수단이 될 수도 있다. 참고로 독일 노르트라인-베스트팔렌 주의 인성교육 교과인 '실천철학' 교과과정은 소크라테스적 담화를 수업 방법으로서 추천하고 있다.

서 자신에게 있는 어떤 생각의 단초를 단지 발전시키도록 한다(교사는 학생의 사상의 산파이다)."(Kant, 1982: Fuchs, 2016: 1036에서 재인용) 여기서 칸트는 다른 사람의 이성 속에 이미 존재하는 것을 불러내는 일은 오직 대화를 통해서만 가능하다는 점을 강조하고 있다. 그러므로 문답과 대화는 그 방법에서뿐 아니라 목표에서도 다르다. 문답이 이미 존재하는 기억된 정보를 호출하는 것이라면, 대화는 학생의 이성 속에 숨어 있는 개념의 단초를 발전시키는 과정이다.

그런데 여기서 칸트가 말하는 대화의 방법은 결국 소크라테스의 대화법을 말한다. 소크라테스의 대화법은 학생의 경험에서 형성된 어떤 '기억' 또는 '정보'를 불러내려 하는 것이 아니다. 주지하듯이 소크라테스는 청년들과 때로는 다른 시민들과 교류하면서 직접적인 가르침을 주려 하지 않고, 대신에 상호적인 질문과 대답을 통해서 학생 자신의 이성으로부터 지식과 통찰을 이끌어 내려고 한다. 지식 또는 앎은 산파술을 통해서 학생의 이성으로부터 분만된다. 플라톤의 대화편 『테아이테토스(Theaitetos)』에서 소크라테스는 자신은 대화 상대자의 영혼이 분만하는 것을 보살펴 주는 산파라고 자처한다. 그리고 이때 그는 대화 상대자에게 아무것도 가르쳐 준 바가 없으며, 대화 상대자 자신이 진리를 스스로 발견한다고 주장한다(Fuchs, 2016: 1036). 거기서 소크라테스, 즉 교사가 하는 일은 단지 청년의 정신이 가상적인 또는 거짓된 분만을 하고 있는지 아니면 참되게 활동하고 있는지를 모든 방식으로 검토하는 것일 뿐이다.

앞에서 언급한 『도덕 형이상학』의 방법론 부분에서 칸트는 대화적 행위의 근본 특징인 상호적인 영향 주기에 주목한다. 즉, 대화적 수업에서 학습자와 교사는 서로 영향을 주고받는다. 소크라테스적 대화에서 학습자는 교사의 질문을 통해서 나도 스스로 사고할 수 있다는 경험을 한다. 동시에 학생도 교사에게 의문스러운 점들을 질문하게 되는데, 이때 교사는 교사가 얼마나 질문을 올바르게 던져야 하는가를 스스로 배우게 된다. 칸트에 따르면 이것은 교사에게 굉장히 중요한 의미를 갖는다. 왜냐하면 대화적으로 인도된 수업의 교수학적 성공은 교사의 질문 던지는 능력에 의존하기 때문이다. 그러나 칸트 이후 지금까지 교육학자와 교사들은 여전히 진정한 대화에서 중요한 역할을 하는 질문 던지기 기술을 확립하지 못하고 있다.

소크라테스가 아고라에서 청년들과 대화를 했던 이유는 땅에 떨어진 아테네의 도덕성을 되살리고자 하는 것이었다. 적어도 당시의 아테네는 과거의 공동체적 조화가 깨지고 개인의 사적인 이익 추구로 인해 분열된, 그래서 해체의 위험 앞에 놓인 사회였다. 이것은 아테네 사회가 상업적으로 성공하고 개인들의 주체성이 강화되면서 나타나는 불가피한 혼란이었다. 소크라테스는 청년들에게 자기 삶에 대한 성찰과 더불어 사회적인 덕을 인식하게 함으로써 이 혼란을 교육적으로 해결하려 하였다.

그는 이런 교육을 위해서는 소피스트처럼 학생에게 지식이나 지혜를 전달하는 방식으로는 불가능하다고 생각했던 사람이다. 아테네 사회의 도덕성을 회복하기 위해서는 모든 시민들이 하나의 성숙한 인격체로서, 개인과 공동체의 균형적 발전을 추구할 수 있는 인성을 획득해야 한다. 즉, 교육은 학생을 공동체의 맥락 속에서 스스로 사고하고 행동할 줄 아는 사람으로 길러 내야 한다. 그리고 이러한 교육은 각자의 구체적인 경험으로부터 출발해서 공동적·협동적으로 보편적인 가치를 찾아 나가는 진정한 대화의 과정에서만 가능하다.[6]

---

6) 플라톤의 대화편들에서 보면, 보편적 가치 또는 해답을 찾아내려는 소크라테스와 그 상대자들의 대화는 결론에 도달하기보다는 중도에 그치는 경우가 많다. 어쩌면 소크라테스는 보편적 답을 중요하게 생각했던 것이 아니라, 교사와 학생이 각자의 경험과 이성 그리고 판단에 기초해서 보편적 가치를 찾아 나가는 협력과정 그 자체에서 이미 성숙한 인격과 도덕성을 길러 내는 교육적 효과가 달성된다고 보았는지도 모른다.

4. 대화 수업의 기본 방법론[7]

    대화는 대화에 참여한 사람들의 의견 교환을 핵심으로 한다. 하지만 적어도 수업에서의 대화는 단지 의견 교환을 넘어서 참여자들에게 자신의 의견에 대한 근거를 제시할 것을 요구한다. 수업에서의 대화는 교과 내용에서 등장하는 어떤 개념, 이론, 주장, 문제 등을 중심으로 진행될 수 있다.

    일반적으로 대화와 논쟁은 구분될 필요가 있다. 논쟁에서도 각자의 주장에 대해 근거제시의 책임이 존재하지만, 거기서 중요한 것은 상대방을 설득시키거나 설복시키는 데 있다. 그러기 위해 자신의 입장을 주어진 논제에 대한 정확한 답으로서 강화시키고 상대방의 입장을 공격하여 논박하려 한다. 논쟁에서는 승리가 목적이라면, 수업에서의 대화는 어떤 문제에 대한 공동의 결론에 도달하는 것이 목표가 된다. 즉, 대화는 상대방을 꺾고 자신의 입장을 관철시키는 것보다는, 주어진 문제에 대한 의견 교환을 통해서 각자의 생각과 견해를 심화시키고 그 과정에서 가장 합당하다고 생각되는 입장이나 해답을 찾기 위해 협력하는 것에 초점을 두어야 한다.

    그러나 대화 수업에서도 때로는 논쟁이 필요하거나 불가피하다. 특히 사람들의 의견이 첨예하게 대립하고 있고 개인의 가치관이나 입장에 따라서 전혀 다른 결론이 도출되는 경우, 도덕적 딜레마 상황 등에서는 섣불리 합의나 공동의 결론을 추구하기보다는 각자의 입장을 서로 명료하게 하여 상호 대립지점이 어디인가를 분명히 할 필요가 있다. 그런 격한 논쟁의 과정은 비록 공동의 답을 찾지 못한다 하더라도 상대방의 입장이 무엇이고, 어디에 정확한 논쟁점이 존재하는지를 분명히 하는 데에 도움이 된다. 그러므로 우리는 대화 수업을 토의, 토론, 논쟁 등을 포함하는 넓은 의미로 이해할 필요가 있다.

---

7) 여기에 제시된 대화 수업의 기본 방법론은 피스테르(Pfister, 2010: 37-51)를 참조한 것이다. 수업에서 대화 · 토론을 활용하는 더 상세한 방식들에 대해서는 브룩필드와 프레스킬(Brookfield & Preskill/이지헌 외 공역, 2008)을 참조하라.

1) 대화 수업의 목적

대화 수업은 대체로 교육과정의 전달을 위한 세부적인 목적을 지니고 진행된다. 그러므로 대화 수업의 목적은 무한히 다양할 수 있다. 하지만 크게 나누어 본다면, 수업에서 대화는 교과나 교과서의 특정한 부분을 이해하고 숙지하기 위한 것일 수도 있고, 교과와 연관해서 주어지는 쟁점이나 문제를 대화의 과정을 통하여 해결하기 위한 것일 수도 있다. 전자의 경우에는 주어진 개념이나 명제 또는 이론을 정확히 이해하고 숙지하는 것이 관건이 된다. 반면, 후자의 경우에는 주어진 지식의 이해보다는 어떤 입장에 대한 반박과 옹호 그리고 근거제시 등이 중요하다. 이 두 가지의 구분선은 종종 그렇게 명료하지 않을 수 있다. 왜냐하면 명제에 대한 정확한 이해는 종종 그 명제의 근거와 정당성에 대한 문제로 비화될 수 있고, 그 역도 마찬가지이기 때문이다. 그럼에도 두 방식을 구분함으로써 대화 수업의 진행 방식과 목표를 분명히 할 수 있고, 또 가급적이면 이해의 과정을 먼저 거친 후에 비판과 반박의 단계로 나아가야 한다는 점이 분명히 의식될 수 있다. 그러므로 교사는 대화 수업의 목적이 '이해'인지 '문제해결'인지를 분명히 할 필요가 있다.

2) 대화 수업의 지도 방법

대화 수업은 강의식 수업과 달리 학생들에게 과도한 책임과 과제를 부여한다. 학생들의 능동적인 견해제시와 적극적인 자세 없이는 대화 수업이 처음부터 불가능하다. 더 나아가 대화는 단지 의견과 지식의 교환을 의미하는 것이 아니라 정서적이고 사회적인 측면을 항상 동반하고 있다. 이로 인해 대화 수업의 과정은 학생의 지식 상태뿐 아니라 정서적 태도와 사회적 성향을 바꾸어 주는 힘을 가질 수 있는 것이다. 하지만 이렇게 정서 및 사회적 태도와 연관되어 있기 때문에 대화 수업은 강의식 수업에서는 보기 힘든 복잡하고 어려운 문제들을 야기한다.

　일대일 파트너 작업이나 소집단활동에서 이루어지는 대화 상황에서는 따로 지도자가 필요하지 않을 수 있다. 각 참여자가 서로를 경청하고 또 자기가 하고 싶은 말을 명료하게 발언하는 것으로 충분하다. 그러나 다수가 동시에 참여하는 대화 수업에서는 지도자의 역할이 중요하다. 이때 지도자의 역할은 크게 두 가지로 구분할 수 있다. 하나는 형식적인 지도이고, 다른 하나는 내용적인 지도이다. 형식적인 지도는 발언권의 분배 및 순서를 관리하는 데에 한정되는 반면, 내용적인 지도는 대화의 방향에 개입하는 것이다.

　대학의 토론 수업에서는 교수가 학생에게 형식적인 지도의 역할을 넘겨줄 수도 있다. 또한 학생이 발제하는 수업의 경우에는 교수가 단지 형식적인 지도의 역할을 맡고, 발제한 학생에게 해당 주제에 대한 대화 수업을 내용적으로 인도하게 할 수 있다. 그러나 초·중등학교에서는 이런 방식이 단지 제한적으로만 적용될 수 있다. 특히 대화의 과정에서 내용적인 지도의 역할은 교사가 담당하는 것이 좋다. 왜냐하면 대화의 흐름을 파악하고 그것을 생산적인 방향으로 이끌어 가는 일은 어린 학생이 맡기에는 벅찬 과제가 될 것이기 때문이다.

　내용적인 지도에서 교사는 종종 어떤 질문이나 주장이 생산적 대화에 기여할 수 있는지, 또 그러므로 더 깊이 다룰 필요가 있는지를 신속하게 파악할 필요가 있다. 이를 위해서 교사는 해당 주제에 대한 대화에서 나올 수 있는 가능한 주장들과 질문들에 대해서 미리 예상하고 숙고해 둘 필요가 있다. 그러나 막상 수업에서의 대화가 예상했던 대로 진행되지 않는 경우가 비일비재할 수밖에 없다. 그리고 전혀 예상하지 못했던 질문들이 학생들의 입에서 나올 때 교사는 당황할 수밖에 없다. 그러므로 대화 수업과 토론을 내용적으로 지도하기 위해서는 수많은 경험과 이 경험에 대한 지속적인 반성적 사유가 교사에게 요구된다. 하지만 기본적으로 중요한 것은 예상하지 못했던, 그리고 일견 황당하게 보이는 주장이나 질문이라도 항상 진지하게 취급할 필요가 있다는 것이다.

　대화 수업의 과정에서 내용적인 지도를 하는 교사는 학생의 질문에 대해서 직접 대답할 수 있는데, 이때 경우에 따라서는 특정한 한 학생과의 대화가 너무 길게 지속되는 경우가 생긴다. 그러나 교사와 특정한 학생과의 대화가 너무 길어지면 다른 학생들의 발언이 제약되고 또 자칫 그들의 대화에 대한 관심이 약화될 위험이 있으므로 주의할 필요가 있다. 이럴 경우 학생의 질문에 대해 직접 답하지 않고 다른 학생들로 하여금 대답하도록 유도하는 것도 좋은 방법이다. 물론 그 질문은 다른 학생들이 대답을 할 수 있는 비교적 쉬운 것이거나, 정답이 없어서 누구나 부담 없이 자신의 생각을 말할 수 있는 것이 좋다. 이렇게 해서 교사는 자신과 학생의 일대일 대화를 학생들 간의 대화로 변화시킬 수 있다.

교사의 내용적 개입이 필요한 시기는 크게 세 가지로 구분될 수 있다. 이는 ① 명백히 잘못된 발언이나 지식이 아무런 수정이나 문제제기 없이 모두에 받아들여지고 있을 때, ② 토론의 과정이 주제와 관련이 없는 전혀 엉뚱한 방향으로 흘러가거나 연관이 있다 해도 잘못된 방향으로 전개되고 있을 때, ③ 대화와 토론이 막다른 골목에 도달해서 더 이상 진전을 하지 못할 때 등이다.

학생들이 발언을 하는 맥락도 다양하지만 크게 두 가지로 구분해 볼 필요가 있다. 즉, 하나는 다른 학생의 말에 부연설명을 하거나 비판을 하려는 경우이고, 다른 하나는 이전의 맥락과는 다른 새로운 측면이나 문제를 제기하려는 경우이다. 이때 교사는 학생이 자신의 질문이 둘 중 어디에 속하는지를 미리 밝히게 할 수 있다. 예를 들면, 부연하는 질문에는 손가락을 들게 하고, 새로운 문제나 질문을 제시하려는 경우는 전체 팔을 들게 하는 것도 한 방법이다. 교사는 토론의 개별 상황에 따라서 두 종류의 질문을 적절하게 관리할 필요가 있다.

3) 대화 수업의 사회적 조직 형태

수업에서의 대화는 먼저 사회적 관계 방식에 따라서 여러 가지 형태로 구분될 수 있다. 즉, 대화는 파트너 작업, 모둠 작업, 학급 작업 등의 방식으로 진행될 수 있다. 이 중 어떤 방식을 취할 것인가는 당연히 수업의 목적과 주제에 따라서 달라진다. 대화의 조직 방식을 선택할 때 일반적으로 고려해야 할 점들은 세 가지 정도이다.

첫째, 모둠의 크기가 작으면 작을수록, 개별 학생들이 자기 몫을 투여하고 서로 깊이 상호작용할 가능성이 커진다.

둘째, 모둠의 크기가 크면 클수록, 서로 다른 다양한 관점이 제기되고 토론 내용이 풍부해질 가능성이 커진다.

셋째, 학급 단위의 작업에서만 교사의 연속적이고 내용적인 지도가 가능하며, 다른 형식에서는 교사의 이러한 역할이 포기되거나 제한적으로만 달성될 수 있다.

대화 수업을 파트너 작업이나 모둠 작업 방식으로 할 경우에는 각 모둠이 해야 할 과제나 결과물이 무엇인지를 명확하게 제시해 주어야 한다. 예를 들어, 그것은 어떤 입장이나 논증 그리고 반박 이유를 찾아내라는 것일 수도 있고, 어떤 이론이나 개념을 이해하고 발표하는 것일 수도 있다. 특히 전자와 같이 특정한 입장이나 논증을 제시하는 과제를 낼 경우에 교사는 미리 가능한 결론들에 대해서 예상해 둘 필요가 있다. 그럼에도 교사는 학생들이 스스로 제시한 결론을 존중해야 한다. 학생들의 결론을 무시하고 자신이 이미 생각했던 결론을 정답인 양 제시하는 것은 극구 피해야 한다. 또한 교사는 학생들이 모둠 작업의 결과를 발표할 때, 단지 결과만이 아니라 그 결과에 도달하게 된 과정도 함께 서술하도록 요구하는 것이 좋다.

또 한 가지 주의할 점이 있다. 모둠별 작업을 할 때, 하나의 주제에 대한 대화나 토론이 모둠에 따라서 매우 상이한 방향으로 전개될 가능성이 항상 존재한다. 이런 일이 생기면 다양한 의견과 결론을 다시 하나로 모으기가 난감해지고 또 모둠 토론 이후의 수업을 어떻게 전개할지가 분명치 않게 될 수 있다. 이때 한 가지 대처 방식은 모둠 토의의 결과를 일단 서로 다른 그대로 놓아두면서 차이를 확인한 채 다음으로 넘어가는 것이고, 다른 하나는 모둠의 대표자들로 구성된 패널 토론을 조직하는 것이다.

4) 대상에 따른 대화 수업의 두 형태

가장 일반적인 대화 수업의 형태는 어떤 주제, 물음, 문제에 대한 논의와 토론이다. 사회·문화·정치적인 이슈가 되는 문제나 학생이 일상에서 부딪히는 문제들이 모두 대화의 주제가 될 수 있다. 특히 철학적이거나 학생의 일상과 직접 관련된 문제들에 대한 대화는 선행하는 지식이나 별도의 준비 과정 없이도 시작할 수 있다. 예를 들어, '중학생의 이성교제는 허용되어야 하는가?' '왕따 당하는 급우에 대해 우리는 어떤 태도를 취해야 하는가?' '셧다운 제도는 정당한가?' 등등의 일상적 주제들뿐만 아니라 학년에 따라서는 '로봇 군인의 제작은 허용되어야 하는가?' '우리는 자유의지를 갖는가?' '인간의 본성은 선한가 악한가?' 등의 철학적 주제들도 교과 내용과 연관하여 그때그때 다루어질 수 있는 일반적 문제들이다.

모든 교과 수업에서 항상 대화 수업을 시도할 필요는 없다. 중요한 것은 교과 내용과 연관하여 등장하게 되는 일반적 대화 주제, 물음, 문제들을 교사가 놓치지 않고 활용하려는 태도이다. 그러므로 윤리적인 문제에 대한 대화가 반드시 도덕 교사나 철학 교사의 전유물이 될 필요는 없다. 국어, 영어, 수학, 물리, 화학, 지리, 음악, 미술, 체육 등 모든 영역에서 교사는 학생들의 일상적인 문제나 '철학적-윤리적' 물음들과 연결될 수 있는 고리들을 찾아낼 수 있다. 중요한 것은 교사의 의지와 스스로 대화와 토론 문화에 익숙해지려는 교사의 노력일 것이다.

대화 수업이 진정으로 학생의 인성 함양과 연결되려면, 전문적인 지식이 요구되는 주제 또는 단지 지적 능력이 결정적인 역할을 하는 문제는 그리 적절하지 않다. 미적분을 가르칠 때는 대화보다 강의와 연습 그리고 피드백을 통해서 훨씬 더 큰 수업 효과를 거둘 수 있다. 그러므로 어느 교과에서든 대화 수업을 진행하려 할 때는 가급적 학생들이 전문 지식 없이도 자신의 경험과 건전한 상식을 동원해서 토론할 수 있는 주제나 문제를 선택하는 것이 좋다. 예를 들어, '지구온난화의 원인'과 같은 것은 대화 수업의 주제로 적합하지 않다. 반면, '참된 우정은 어떤 것인가'는 학생들이 자신의 경험을 토대로 논의할 수 있는 좋은 주제이다. 또한 문제 자체가 애매하고 확실한 답이 없기 때문에 다양한 논지와 논거가 제시될 수 있는 대화 주제를 찾아내는 것이 좋다. 물론 학생들의 수준에 비해서 너무 어려운 주제를 택하는 것은 피해야 한다. 여기서 기준이 되는 것은 교과서의 내용과 교사 자신의 경험일 것이다.

선정된 주제, 문제, 물음을 학생들에게 제시하는 가장 간단하고 효과적인 방법은 교사의 도입 강의일 것이다. 이것은 교사가 의도했던 문제가 의도했던 방향에서 제시될 수 있도록 하는 장점이 있다. 그러나 학생들의 자발성을 좀 더 고려한다면, 주제를 담고 있는 짧은 텍스트나 신문기사 또는 영화의 일부분이나 요약본을 제시하는 방식도 생각해 볼 수 있다. 이런 방식은 학생들이 각자의 관심이나 눈높이에서 어떤 물음이나 주제를 찾아내고 그것을 대화에 부치는 데서 그 장점을 찾을 수 있다.

대화 수업을 진행하는 또 하나의 방식은 주제나 문제가 아니라 텍스트 자체에 대해서 대화와 토의를 하는 것이다. 과거 1980년대 독재정권 아래서 대학생들이 정규 교육과정과 별도로 자체적으로 조직했던 세미나들은 대체로 이런 텍스트 중심의 토론이었다. 그리고 많은 대학원 수업도 주요한 원전을 중심으로 서로 이해와 해석, 평가를 대화로 주고받는 속에서 진행되었다. 텍스트를 중심으로 하는 이런 방식의 대화 수업은 주로 윤리 및 철학 교과 수업에서 효과적일 것이다. 왜냐하면 고전으로 평가되는 대부분의 철학 저작들은 이해하기 힘들뿐더러 다양한 해석의 가능성이 열려 있어서 공동의 대화를 통한 독해의 과정이 매우 중요하기 때문이다. 그러나 윤리 및 철학 수업이 아닌 다른 교과에서도 경우에 따라서는 중요한 이론이나 개념, 사건들을 설명하는 텍스트들을 직접 보면서 대화 수업을 진행할 수 있을 것이다. 교사가 약간의 개념 설명과 지식을 제공하는 것만으로도 학생들은 스스로의 힘으로 일차적인 저술의 일부를 공동으로 읽고 대화하고 이해하는 경험을 할 수 있다.

　예를 들어, 역사 교사는 과거의 중요한 사료의 일부를 발췌해서 학생들에게 제공하고, 학생들이 공동의 탐구를 통해 그 내용을 정확하게 이해하는 과정을 밟게 할 수 있다. 그리고 거기서 그치지 않고 그 내용을 어떻게 평가해야 하는가에 대해 논의함으로써 역사의식을 발전시킬 수 있다. 만약 텍스트의 내용이 수업 시간에 다루기에 너무 어렵거나 많은 시간을 소요할 경우에는 미리 읽어 보고 준비하도록 하는 것도 한 방법이다. 하지만 어렵더라도 협동적인 탐구의 과정을 거쳐서 텍스트에 대한 심화된 이해에 도달하는 것은 매우 의미 있는 작업이다. 텍스트에 대한 심화된 이해는 텍스트의 내용에 대한 비판적인 평가를 가능하게 한다.

　텍스트를 중심으로 대화 수업을 할 경우에는 '저자와의 대화'를 활용해 볼 필요가 있다. 여기서 저자란 수업에서 다루는 텍스트를 쓴 사람을 말한다. 이 사람은 꼭 유명인이거나 위대한 작가일 필요는 없다. 왜냐하면 학생 자신이나 교사 또는 인근 대학의 교수의 텍스트도 수업에서 다룰 수 있기 때문이다. '저자와의 대화'는 학생들에게 새로운 종류의 질문을 가질 수 있게 한다. 예를 들어, '이 단어를 당신은 어떤 의미로 썼습니까?' '이 주장에 대한 당신의 논증은 정확히 무엇입니까?' '저의 반론에 대해서 어떻게 생각하십니까?' 등의 질문을 할 수 있으며, 저자는 이러한 질문들에 대해서 자신의 견해를 옹호해야 한다. 학생이 스스로 하나의 유의미한 텍스트를 쓰고 또 이 텍스트에 대한 저자로서 앞의 물음들에 대답하는 것은 물론 쉬운 일은 아니다. 그러나 지속적인 대화 수업과 그 속에서 수반되는 읽고 쓰기의 경험이 축적된다면 그것은 전혀 불가능한 일은 아닐 것이다.

5) 학생의 상대주의적 또는 회의주의적 태도에 대한 대응

　대화 수업은 종종 단순한 자기주장의 반복과 해결 가망이 없는 의견의 충돌로 끝난다. 특히 교사가 특정한 결론을 유도하지 않고 학생들 자신의 생각과 평가를 존중하려고 할 때 이런 공허한 결과에 도달하기 쉽다. 이것은 대화 수업이 어떤 확정된 목표와 결론을 추구하지 않고 수업의 과정을 많은 부분 학생들의 자발성과 우연적인 전개에 맡겨 놓는 한 결코 완벽하게 회피할 수 없는 필연적인 측면이다. 이런 경우 학생들에게 나타나기 쉬운 태도가 상대주의적 또는 회의주의적 입장이다. 이 입장은 각자는 자기가 믿고 싶은 것을 진리로 믿으면 된다거나 이성적 대화를 통해서 어떤 합의에 도달하는 것은 불가능하다는 태도를 취한다.

예를 들어, 학생들은 자신이 믿고 있는 견해가 반박되었을 때 그리고 그 반박에 적절하게 대응할 수 없다고 느낄 때, 종종 '그게 내 생각이야.' '내게는 이것만이 진리야.' '다른 사람은 이 진리를 이해하지 못해.' 등의 반응을 보인다. 이것은 자신의 견해를 끝까지 견지하려는 욕망의 표현인데, 이 욕구는 존중될 필요가 있다. 왜냐하면 그 견해는 그 학생의 인격에서 중요한 구성 부분일 수도 있기 때문이다. 그러므로 학생에게 '너의 주장은 철저히 논박되었고 너는 어떤 반론도 제시할 수 없기 때문에 상대방의 주장을 무조건 용납해야 한다.'고 윽박질러서는 안 된다. 학생은 스스로 자신의 견해를 바꿀 수 있는 시간적·공간적 여유를 필요로 한다.

또한 자신의 견해를 무작정 고수하려는 학생의 태도는 논리적이고 합리적인 것은 아니지만, 하나의 실존적인 의미를 갖는다. 어쩌면 그 학생은 모든 논리적 필연성에도 불구하고 아직은 그것을 포기할 수 없다는 '느낌'을 가지고 있는 것일 수도 있다. 이럴 때 계속 논리적 정합성을 들이대며 그를 완전하게 굴복시키려 하는 것은 좋은 대처 방법이 아니다. 하지만 어떤 문제에 대해서 서로 다른 견해들이 아무 문제없이 양립할 수 있다는 또는 참된 진리는 없다는 생각을 방임하는 것도 곤란하다.

이런 곤경에서 벗어나는 한 가지 방식은 학생에게 견해(doxa)와 지식(knowledge)의 차이를 제시하거나 상대주의적 또는 회의주의적 입장에 대한 또 하나의 대화를 시도하는 것이다. 하지만 서로의 논거를 확인하고 자신의 논거가 합리적인 반박에 취약하다는 것을 느끼게 하는 것만으로 이미 대화 수업의 핵심적인 역할은 완수된 것이다. 이때 학생이 자신의 입장을 철회하느냐에 대한 결정은 그 자신의 문제로 남겨진다.

5. 신소크라테스적 담화: 대화 수업의 방법론과 그 사례

1) 신소크라테스적 담화 수업의 매뉴얼[8]

레오나르드 넬존(Leonard Nelson, 1882~1927)과 구스타프 헤크만(Gustav Heckmann, 1898~1996)은 대화를 통한 수업의 방법론으로서 신소크라테스적(neo-sokratische) 담화의 방법을 발전시켰다. 이 방법은 역사적 인물인 소크라테스의 대화의 방법을 원용하지만 그것을 새롭게 변형시킨다. 양자의 가장 큰 차이는 플라톤의 대화편에서의 소크라테스의 대화가 주로 두 사람 간의 대화로 진행되는 데 반해, 신소크라테스적 담화는 집단적 대화를 중심으로 진행된다는 데 있다.

학생들이 스스로 인식활동을 하고 지식을 발견해 내도록 도와주는 산파술의 방법은 양자에 여전히 공통되지만, 대화의 방식은 변화되었다. 역사적으로 소크라테스가 다양한 질문과 날카로운 코멘트를 통해서 대화의 진행과정에 강력하게 개입했던 데 반해서, 신소크라테스적 담화를 활용하는 교사는 자신의 생각이나 입장을 드러내는 질문이나 코멘트를 해서는 안 되고, 최대한 학생들이 스스로 참된 통찰을 찾아 나가는 과정에서 형식적인 지도의 역할만을 수행한다. 신소크라테스적 담화는 현재 독일을 중심으로 세계 여러 나라로 확산되고 있고, 그 활용영역도 성인교육으로부터 학교교육, 기업교

---

8) 여기에 소개된 매뉴얼은 핵심적인 것들만을 간추린 것으로서 신소크라테스적 대화 수업을 실제로 진행하는 데 필요한 최소한만을 포함하고 있다. 더 자세한 설명을 위해서는 박해용 (2013)을 참조하라.

육 그리고 심리치료의 영역 등으로 확대되고 있다.

여기서 필자는 신소크라테스적 담화의 방법을 인성교육과 연관하여 유력한 대화 수업의 방법론으로서 제시하려고 한다. 이 방법론을 이해하고, 또 실제 수업에서 활용하기 위해서는 이 방법을 통해서 달성하고자 하는 목적, 주제 및 경험사례의 선정, 교사 또는 지도자의 역할, 참가자 또는 학생에 대한 요구, 그리고 전체적인 진행과정을 차례로 살펴볼 필요가 있다.

(1) 목적

이 대화 수업 방법론의 근본적인 목적은 넬존이 '강한 신념'을 가진 학생들을 길러 내기 위해 이 방법을 창시했다는 사실에서 추측해 볼 수 있다. 그는 학생의 교육과 도야는 자기활동을 요구하며, 특히 지성적인 성격을 갖는다고 보았다. 그리고 도야를 위해서 학생은 인식활동에서 현실과 자립적이고 일차적인 관계를 맺을 수 있어야 한다는 것을 강조했다. 따라서 교육은 학생에게 단순한 정보나 기억에 의존하지 않고 스스로 자신의 경험에 대해서 탐구할 수 있는 가능성을 되도록 많이 주는 것이어야 한다. 그러기 위해서 교육은 사실에 대한 학생 자신의 관찰에서 시작해야 하며, 자기사유를 통해서 그 관찰을 넘어서 나아가는 과정을 촉진해야 한다. 이렇게 학생 자신의 지성을 통해서 학생 자신의 관찰과 경험들을 분석, 검토, 이해, 비판하는 과정을 거침으로써 신소크라테스적 담화는 궁극적으로 삶에 대한 강한 신념과 견실한 품성을 가진 사람을 길러 내려고 한다.

(2) 주제 및 경험사례의 선정

담화 참가자들이 자신 또는 다른 사람의 경험에 대한 숙고와 반성을 통해서 규명할 수 있는 모든 문제는 신소크라테스적 담화의 주제가 될 수 있다. 반면, 탐구와 논의의 과정에서 경험과 건전한 상식 이외의 특수하고 전문적인 지식이나 능력이 요구되는 주제나 문제는 신소크라테스적 담화의 주제로 부적합하다. 예를 들어, 정신분석과 같은 전문적인 테크닉을 요하는 문제,

역사적 사실 확인의 문제, 실험이나 관찰을 통해서 해결되는 문제 등등은 부적절하다. 그러므로 신소크라테스적 담화에서 다룰 주제들은 철학, 윤리, 교육 등의 영역에서 성공적으로 찾아낼 수 있다. 예를 들어, '앎이란 무엇이며 단순한 의견과는 어떻게 구분되는가?' '언제 우리는 거짓말을 해도 좋은가?' '좋은 교사는 어떤 사람인가?' 등의 문제는 학생들이 자신의 경험에 입각해서 서로 논의하기 좋은 주제들이다.

그리고 신소크라테스적 담화는 선정된 주제를 논의함에 있어서 항상 경험 사례를 중심으로 진행한다. 좋은 신소크라테스적 담화가 이루어지기 위해서는 풍부한 논의와 결과를 도와줄 수 있는 경험사례의 선정이 매우 중요하다. 어떤 것이 적절한 경험사례인가에 대해서는 다음의 기준들이 도움이 된다.

〈경험사례 선정의 기준〉

• 사례는 가급적 참가자들 자신의 특수한 경험으로부터 온 것이어야 한다. 가설적이거나 일반화된 사례는 부적절하다.
• 사례는 너무 복잡하지 않아야 한다. 단순한 것이 대체로 좋은 사례가 된다.
• 사례는 대화의 주제와 연관이 있어야 하고 또 다른 참가자들에게도 흥미로운 것(그리고 더 욕심을 낸다면 공감할 수 있는 것)이어야 한다.
• 사례는 이미 완결된 경험을 다루어야 한다. 예를 들어, 경험사례를 제시한 사람이 아직도 그 경험의 직접적인 영향 아래 놓여 있다면, 그것은 합리적인 담화를 저해하기 쉽다. 즉, 그럴 경우 다른 참가자들은 그 사람에게 조언자나 판단자의 역할을 하거나 미래에 대한 불확실한 상상의 나래를 펼 위험이 있다.
• 사례를 제공한 참가자는 자신의 경험을 있는 그대로 제시하고 설명해 줄 준비가 되어 있어야 한다. 그래야 그 사례는 다른 참가자들에게도 주어진 주제를 논의할 수 있는 기초를 제공할 수 있다.
• 그러면서도 동시에 사례 제공자는 자신의 경험을 제3자의 관점에서 바라보면서 대화에 임해야 한다.

(3) 교사 또는 지도자의 역할

신소크라테스적 담화에서 담화 지도자는 개별 참가자들이 '구체적인 경험들로부터 스스로 보편적인 통찰로 가는 길을 걷도록' 돕는다는 교육적인 과제를 떠맡는다. 헤크만은 이러한 과제의 수행을 위해서 교사 또는 지도자가 지켜야 할 6개의 원리 또는 규칙을 제시했다. 이 규칙들은 넬존이 요구했던 것들과 대체로 유사하지만, 더 세분화되고 더 실천지향적으로 발전된 것이다. 6개의 규칙을 간단히 요약 정리하면 다음과 같다.

담화 지도자의 규칙
- 무엇보다 지도자는 논의되는 문제에 대한 자신의 견해를 철저히 숨겨서 참가자들이 그들 자신의 판단 능력에 의존하도록 만들어야 한다. 이러한 '물러서 있음'의 명령은 소크라테스적 담화 지도자에게 핵심적인 요구이다.
- 지도자는 참가자들이 항상 구체적인 것 또는 경험적인 것에 발을 딛고 서 있도록 도와주어야 하며, 구체적인 것에서 보편적인 통찰로 진행하는 과정에서도 항상 그 보편적인 것이 학생의 의식 속에서 구체적인 것 또는 경험과 연관되어 있도록 유의해야 한다.
- 지도자는 참가자들이 실제로 서로 이해하고 있는지, 어디에 오해나 의심이 존재하는지에 대해서 항상 주의를 집중하고 그에 기초해서 참가자들 간에 정확한 상호 이해가 이루어지도록 개입해야 한다.
- 지도자는 담화가 지금 논의되는 물음, 주제에서 벗어나지 않도록 감시해야 하며, 담화가 곁길로 빠질 때는 수시로 원래의 물음을 상기시켜 주는 역할을 해야 한다.
- 지도자는 담화가 참가자들 스스로의 상호작용에 의해서 어떤 합의에 도달하도록 도움을 주어야 한다. 즉, 어떤 문제에 의견의 차이가 존재할 때, 어떤 특정한 언명이 아직 모든 참가자의 동의를 얻지 못하고 있을 때, 그저 이런 사태에 만족해 버리면 안 된다.
- 마지막으로 지도자는 담화를 성공적인 과정으로 지도하기 위한 모든 형식적인 수단과 조치를 마련하고 실행해야 한다.

⑷ 참가자 또는 학생에 대한 요구

신소크라테스적 담화의 성패는 참가자들이 얼마나 대화에 임할 자세와 최소한의 합리적인 소통 능력을 갖추고 있느냐에 달려 있다. 사실, 많은 교사는 학생들이 그럴 자세도 능력도 없다는 이유로 대화적 수업을 포기하곤 한다. 그러나 우리는 학생들의 소통에 대한 욕구와 대화 능력을 과소평가하지 않도록 유의해야 한다. 또한 이러한 능력은 동시에 신소크라테스적 담화의 실천 속에서 향상될 수 있다는 점도 고려할 필요가 있다. 참가자가 지켜야 할 대강의 규칙은 다음과 같이 요약될 수 있다.

담화 참가자의 규칙

- 참가자들은 읽거나 들은 지식이 아니라 자신이 경험한 것에 기초해서 자신의 생각을 발언해야 한다.
- 사고와 질문은 항상 진지한 것이어야 한다. 즉, 말해진 것에 대해서 진정으로 의문이 있을 경우에만 질문을 해야 한다.
- 모든 참가자는 자신의 생각을 가급적 간명하게 표현함으로써 다른 사람이 그 생각에 기초해서 자신의 생각을 전개하는 데에 도움이 되도록 해야 한다.
- 이것은 곧 모두가 다른 사람을 존중하고 또 그의 발언을 경청해야 함을 의미한다. 그리하여 모든 사람의 생각이 협동적인 사고의 과정 속으로 엮여 들어야 한다.
- 논의의 흐름을 놓쳤거나 타인의 발언을 이해하지 못한 사람은 즉시 지금의 논의가 어디에 와 있는지, 발언의 정확한 의미가 무엇인지에 대하여 다른 사람에게 도움을 청해야 한다. 그리고 다른 참가자들은 이 요청에 흔쾌히 그리고 성실하게 응답해야 한다.
- 참가자는 '더 나은 논증'에 의해 기존의 생각을 수정할 준비가 되어 있어야 한다.
- 참가자들은 합의를 위해 공동으로 노력하지만, 그렇다고 빠른 합의를 위해서 자신의 의심이나 반대논거를 철회해서는 안 된다.

(5) 전체적인 진행 과정

신소크라테스적 담화의 전체적인 진행 과정은 그 본성상 미리 고정될 수 없다. 그것은 대화의 과정에서 비로소 만들어지고 실현되는 과정이어야 한다. 하지만 신소크라테스적 담화를 진행해야 하는 입장에서는 어느 정도의 기본 틀을 가지고 있을 필요가 있다. 그런데 실제 진행에 있어서는 주어진 시간과 참가자들의 특성 그리고 논의의 우연적인 과정 등에 따라서 얼마든지 변형·변화될 수 있음을 고려할 필요가 있다. 가장 중요한 핵심은 참가자들이 스스로의 건전한 오성을 사용해서 어떤 주어진 경험사례를 기초로 합리적인 대화를 진행하는 속에서 공동으로 어떤 보편적인 통찰에 도달하도록 하는 데 필요한 모든 형식적인 조건을 마련해 주는 것이다. 다음에 제시되는 4가지의 단계는 신소크라테스적 담화가 이상적인 방식으로 진행될 경우 거치게 되는 단계들이다.

담화의 진행 과정

- 1단계-주제 선정: 신소크라테스적 담화에서 다룰 주제는 보통 질문의 형태로 미리 제시된다. 보통의 경우 이 주제는 지도자가 미리 준비하게 된다. 그러나 교실수업의 상황에서는 학생들로부터의 제안을 유도할 수도 있다. 어떤 경우든 앞에서 제시한 주제 선정의 기준을 지킬 필요가 있다.
- 2단계-사례 선정: 참가자들 모두(또는 일부)는 선정된 주제와 연관된 자신의 경험사례를 생각해 내고 발표한다. 이 경험사례들은 어떤 구체적인 상황에서 주제와 연관해서 참가자가 내렸던 일상적인 판단을 포함하고 있어야 한다. 지도자는 앞에서 말한 사례 선정의 규칙에 입각해서 제시된 경험사례들 중 하나를 선정한다. 사례가 선정되면 그 사례를 제공한 사람이 다시 자신의 경험사례를 설명하고, 다른 참가자들은 부족한 부분에 대해서 보충적인 질문을 할 수 있다. 이때 이 보충질문은 경험사례에 대한 해석이나 평가가 아니라 오직 사실관계를 명확히 하는 데 집중되어야 한다. 이렇게 해서 이 하나의 경험사례는 모든 참가자가 공동적인 경험사례로서 이용할 수 있게 될 것이다. 선택되지 않은 경험사례들도 나중을 위해서 기록해 둔다.

- 3단계-사례분석: 일반적으로 사례분석은 참가자들이 더 정확한 분석을 위해서 제기하는 질문들을 수집하는 데서 시작된다. 이 질문들은 주어진 주제를 해명하려는 것인 동시에 선정된 경험사례와 연관되어 있는 것이어야 한다. 그래야 이 질문에 대한 대답은 논의하고 있는 주제에 대한 한층 명료한 이해를 제공할 수 있다. 예를 들어, 이 질문들은 주제의 어떤 개별적 측면들, 이 개별적 측면들의 상호관계, 사례의 개별적 측면과 주제 간의 특별한 연관, 선정된 사례에 대한 한층 더 깊은 접근 등을 목적으로 할 수 있다. 이 질문들은 칠판 한곳에 기록된다. 그리고 그중에서 사례분석 작업을 시작하기에 적절해 보이는 질문을 선정하고 그것에 관하여 공통으로 탐구한다. 여기서 지도자가 주의해야 할 점은 현재 제기된 물음과 논의되는 주제의 측면에 대해 투명하게 파악함으로써 담화의 '붉은 실'이 흐려지지 않도록 하는 것과 참가자들이 너무 성급하게 보편적인 견해로 이행하지 않도록 속도를 조절하는 것이다. 이 사례분석 작업을 충실히 철저하게 수행하는 것은 참가자들이 주체적이고 심화된 공동적 숙고를 경험하는 데서 매우 중요한 역할을 한다.
- 4단계-참된 언명의 탐색(역행적인 추상): 사례분석에 기초해서 합의할 수 있는 일반적 명제를 찾아가는 단계이다. 이 단계에서도 작업은 구체적인 경험사례와의 비교 및 대조의 과정을 동반한다. 이때 등장하는 적절해 보이는 명제들은 모든 참가자가 진심으로 거기에 동의할 수 있을 때까지 검사되고 수정된다. 하나의 합의된 문장이 만들어지면, 이 합의는 전체 참가자에게 다시 물어보고 확인하는 절차를 거쳐서 확정되어야 한다. 이때 지도자는 이 명제가 이전에 논의된 부분적 질문과 연관하여 효과적인 대답을 줄 수 있는지, 그리고 앞으로 탐구를 위해서 어떤 기여를 할 수 있는지 등을 검토해 보는 것이 바람직하다.

이상의 담화의 전개 과정이 마무리되는 데 걸리는 시간은 담화의 조건, 목적에 따라 천차만별일 수 있다. 짧게는 3~4시간이 걸릴 수도 있지만, 길게는 일주일이나 그 이상의 기간에 걸쳐서 진행할 수도 있다. 이 글의 마지막에 제시된 담화사례에서 교사는 약 5주에 걸쳐서 하나의 완결된 담화 과정을 운영한 것으로 되어 있다. 어떤 경우든─그리고 학교수업인 경우에는 특히─교사는 주어진 시간 내에 담화 참가자들 모두가 동의하는 어떤 보편적 명제나 원리에 도달하도록 진행의 완급을 조절할 필요가 있다. 그러나 목표의 달성에 너무 집착할 필요는 없다. 중요한 것은 가급적 신소크라테스적 담화의 규칙에 충실하게 담화를 지속하는 것이다. 비록 최종 결론까지 도달하지 못했더라도 하나의 주제를 놓고 공동의 사유를 진행시킨 그 과정 자체가 학생들에게 큰 의미를 줄 수 있다.

2) 신소크라테스적 방법을 사용한 수업사례

이상에서 다양한 교과의 교사들이 대화 수업을 진행하는 데서 필요한 일반적인 방법론과 그 특수한 사례로서 신소크라테스적 담화를 소개하였다. 흥미가 있는 교사는 미비한 대로 이상에 제시된 지침들과 자신의 경험 그리고 교실 상황에 따라서 대화적 수업을 시도해 볼 수 있을 것이다. 그러나 단순히 매뉴얼만을 가지고 하나의 수업 방법을 활용한다는 것은 사실 매우 어려운 일이다. 그러므로 여기서 하나의 수업사례를 제시하는 것은 유용하다고 생각된다. 물론 이것도 매뉴얼의 한계를 극복할 수는 없겠지만, 좀 더 생생한 수업의 모습을 보여 준다는 점에서 도움이 될 것이다. 다음에 제시하는 사례는 신소크라테스적 담화 연구자이면서 교사인 나이서(Babara Neisser)가 1991년에 독일의 한 고등학교 철학윤리 수업에서 진행했던 신소크라테스적 담화에 대한 서술이다. 필자의 임의로 제1인칭 시점으로 재구성하였고, 얼마간의 축약과 가감을 하였다.

> "나는 고등학교의 한 학급에서 신소크라테스적 담화를 시도하였다. 학급은 16명으로 구성되었고, 그중 12~13명 정도가 적극적으로 수업에 참여하였다. 그 이전 시간에 다룬 수업 내용은 윤리의 개념, 윤리적 규범, 다른 규범들과의 다른 점, 윤리적 규범을 위한 다양한 철학적 근거 등이었다.
>   첫 번째 단계에서 우리는 시사적인 윤리적 문제들을 다룬다는 기본 입장 위에서 주제를 선정하였다. 학생들에게 스스로 제안했던 여러 주제들 중에

서 하나를 선정하게 했다. 선정된 주제는 '어떤 조건에서 안락사는 윤리적으로 허용될 수 있는가?'였다. 그리고 모든 학생에게 선택된 주제에 대한 하나의 사례를 다음 시간까지 자신의 경험으로부터 생각해 오라는 과제를 부여했다. 그리고 우리는 첫 시간에 프로토콜 작성에 대해 논의했고, 학생들은 동의했다. 매번 두 명의 학생이 하나의 공식적인 프로토콜을 작성하고 다음 시간에 낭독해야 했다. 나머지 학생들은 매시간 이후 대화 수업의 요점을 필기하고 칠판에 명기된 단계들을 옮겨 적도록 하였다. 매주 수업시간 시작 때에 지금까지의 대화 과정에 대한 메타 대화가 프로토콜에 기초해서 이루어졌다. 메타 대화는 대체로 짧게, 길어야 10~15분 정도 걸렸다. 우리는 이 신소크라테스적 수업 단계를 4주간으로 계획했지만, 실제로는 5주가 걸렸다. 우리의 문제에 대한 일반적인 해답과 최종적인 메타 대화를 위해서 1주일이 더 소요되었기 때문이다.

두 번째 단계에서는 경험사례의 선택이 이루어졌다. 유감스럽게도 모든 학생이 문제에 대한 사례를 생각해 오지는 않았다. 하지만 발표된 사례들 중에서 하나가 즉시 눈에 띄었는데, 그것은 한 학생(티모, Timo)이 자신의 가정에서 겪은 사례였다. 티모는 매우 생생하고 자세하게 현실적인 가족 문제를 제시했다. 티모의 조부모는 105세 된 그들의 숙모님을 보살피고 있었다. 숙모님은 치매에다 항상 침대에 누워 생활했다. 이 경우 안락사라는 우리의 주제는 직접적인 문젯거리는 아니었다. 티모의 부모는 그 숙모님을 양로원에 보내려 했다. 조부모는 그렇게 하는 것은 그들의 숙모님을 곧 돌아가시게 하는 결과를 초래할 것이라고 생각했다. 그러나 조부모 자신들도 건강이 안 좋아서 보살핌을 필요로 하는 상태였다.

나는 이 사례에 대해서 좀 불안했다. 그 갈등 상황은 너무 현실적이고, 사례 제공 학생인 티모는 거기에 감정적으로 깊이 연루되어 있었으며 우리의 주제(안락사)는 단지 간접적으로만 문제될 뿐이었기 때문이다. 그러나 모든 학생은 이 사례를 원했다. 그래서 나는 대화를 통해서 나의 걱정을 분명히 이야기했고 티모에게도 이 사례가 주제와 정확히 일치하지 않는다는 것을 알고 있는지 그리고 혹시 감정적인 문제가 개재될 수도 있는지를 물었다. 그러나 그는 이 사례를 다루기를 원했다. 왜냐하면 그는 이 가족 문제에 대해 올바른 윤리적 해답을 갖고 있지 않았기 때문이었다. 조부모는 늙은 숙모님을 양로원에 보내는 것에 대해 극구 반대였다. 이러한 조부모의 태도를 티모는 전혀 이해할 수 없었다.

우리는 그의 사례를 택했는데, 지금 다시 생각해 보니 그것은 매우 행운이었다. 티모는 언제나 사실 관계에 대해 기꺼이 알려 주었고, 자신의 감정들을 논의 과정에 섞이게 했으며, 우리의 수업이 진행되는 동안 집에서 이 문제에 대해서 어머니와 별도의 대화를 진행하였다.

세 번째 단계에서는 선택된 사례에 대한 분석이 진행되었다. 학생들은 매우 진지하게 그 사례를 분석하는 일에 매달렸다. 늙은 숙모님의 건강상태, 조부모의 육체적 · 정신적 상태, 자녀와 손자들의 관심사와 상황, 사례 제공자인 티모 자신의 관심과 견해에 대해서 질문하였고 또 그 대답에 대해서 분석했다. 이 단계에서 나는 종종 사회자로서 그리고 의견 조정자로서 대화에 개입해야 했다. 종종 여러 가지 측면이 서로 연관되지 못한 채 병렬적으로 이야기되었다. 그러나 우리는 그 주제에 관련된 여러 가지 측면의 연관성과 중요성에 대해 어떤 합의를 이끌어 내려 하였다.

네 번째 단계에서는 소급적인 추상화를 통해 일반적인 윤리적 명제에 도달하기를 시도하였다. 그러나 사례에 대한 분석으로부터 어떤 조건 아래서 안락사가 시행되어야 할 것인지에 대한 판단 기준을 이끌어 내는 일은 어려웠다. 사례 제공자인 티모의 가족들과 달리 학생들은 숙모님을 양로원에 보내는 일이 왜 안락사 행위와 동일시되어야 하는지를 이해할 수 없었다. 살 만한 가치가 있는 삶에 대한 물음이 제기되었다. 또한 그 사례에 연관된 사람들의 관심사와 삶의 상황에 대한 묘사들이 반복적으로 이루어졌다. 나는 우리의 대화의 진행 과정과 상황을 분명히 하기 위해 여러 번 개입했다. 티모의 조부모가 일생 동안 견지했던 가치와 규범에 대한 서술은 우리의 대화를 확장시켰다. 늙은 숙모님을 양로원에 보내는 것은 조부모의 윤리적 원칙과 규범에 위배되고, 인간성, 가족의 의무에 대한 그들의 가치 표상을 저버리는 것임이 분명해졌다. 또한 늙은 숙모님의 삶이 살 만한 가치가 있는가 하는 물음에 대해서는 다음과 같은 결론에 도달했다. 간접적인 안락사라도 이 경우에는 숙모님과 조부모의 확신과 의지에 반하는 것이 될 것이고, 따라서 윤리적 견지에서는 나머지 가족 구성원들에 의해 강요될 수 없다. 조부모는 자신들의 윤리적 확신을 견지함으로써 어려움에도 불구하고 숙모님을 돌아가실 때까지 직접 모시려고 하는 것이다. 이들의 문제해결을 위해 제시된 대안은 가족들이 일시적으로 전문 요양사들을 통해서 전문적인 도움을 받음으로써 조부모의 부담을 덜어 주어야 한다는 것이었다. 그리고 우리의 주제와 연관해서는 '안락사는 당사자의 동의를 통해서만 허용될 수 있으며, 이 문제에 대한 하나의 보편타당한 윤리적 원리는 없고, 따라서 그 문제는 각 경우마다 새롭게 검토되어야 한다.'는 결론에 도달했다.

학생들은 신소크라테스적 대화과정에 대만족이었다. 마지막에 진행된 메타 대화에서 그들은 정확한 분석과 논증을 직접 해 보았다는 것이 중요한 학습 성과였다고 스스로 평가했다(Neisser, 1997: 93-97).

🗁 참고문헌

강선보, 강성훈, 고미숙, 문영선, 신창호, 심민수, 심승환, 우정길, 이경자, 이화식, 장지원, 정훈, 정윤경, 조우진, 최서윤(2014). 대화와 만남 그리고 비판의 교육철학. 서울: 원미사.

강선보, 박의수, 김귀성, 송순재, 정윤경, 김영래, 고미숙(2008). 21세기 인성교육의 방향설정을 위한 이론적 기초 연구. 교육문제연구, 제30집.

강치원(2013). 토론의 힘-대한민국의 미래 토론이 답이다. 서울: 느낌이 있는 책.

김영래 외(2015). 인성교육을 위한 핵심 가치덕목과 핵심 역량의 연구 모형에 관한 고찰. 교육의 이론과 실천, 20(2), 21-45.

박해용(2013). 소크라테스 대화법의 이론과 실제. 경기: 한국학술정보.

유재봉(2016). 학교 인성교육의 문제점과 방향. 교육철학연구, 38(3), 99-120.

Arnold, K.-H., Sandfuchs, U., & Wiechmann, J. (hrsg. 2006). *Handbuch Unterricht*, UTB.

Birnbacher, D., & Krohn, D. (2002). *Das Sokratische Gespräch*. Philipp Reclam: Stuttgart.

Bittner, S. (2006). Unterrichtsgespraech und Diskussion, in Anrnold et. al. Handbuch Unterricht, 2006, Klinkhardt. 295-299.

Brookfield, S. D., & Preskill, S. (1999). *Discussion as a way of teaching: Tools and techniques for democratic classrooms* (2nd ed.). 이지헌 외 공역(2008). 토론: 수업을 위한 도구와 기법. 서울: 학이당.

Burbules, N. C. (1993). *Dialogue in teaching: Theory and practice.* 강선보, 고미숙 공역(2011). 대화와 교육: 이론과 실천. 경기: 교육과학사.

Freiri, P. (1972). *Pedagogia do oprimido.* 남경태 역(2002). 페다고지. 서울: 그린비.

Frost, U. et al. (2011), Grundlagen. Allgemeine Erziehungswissenschaft, Band. I., Ferdinard Schoeningh: Paderborn.

Fuchs, B. (2016). Rhetorisch-argumentative Handlungsformen in der Padagogik. In Grundlagen Allgemeiul Erziehungswisscheft. Ferdinand Schoningh, S.1023-1040.

Kant, I. (1982). Metaphysik der Sitten, Frankfurt amMain iSuhrkamp.

Krohn, D., Neisser, B., & Walter, N. (hrsg.). (1997). *Neuere Aspekte des Sokratischen Gesprächs.* Frankfurt am Main: dipa-Verlag.

Mollenhauer, K. (1998). *Vergessene Zusammenhänge: Über Kultur und Erziehung.* 정창호 역(2005). 가르치기 힘든 시대의 교육. 서울: 삼우반.

Loska, R. (1995). Lehren Ohne Belehrung: Leonard Nelsons neosokratische Methode der Gespraechfuehrung, Verlag Julius Klinkhardt: Bad Heilbrunn.

Montaigne, M. (1572). *Essais.* 손우성 역(2007). 몽테뉴 수상록(4판). 서울: 동서문화사.

Neisser, B. (1997). Das Sokratische Gespraech im Philosophieunterricht der Sekundarstufe II. In D. Krohn, B. Neisser, & N. Walter (Hg.), *Neuere Aspekte des Sokratischen Gesprächs* [Sokratisches Philosophieren. Bd. IV] (pp. 88-102.). Frankfurt am Main: dipa-Verlag.

Neisser, B. (2002). Das sokratische Gespraech im Philosophieunterricht der Sekundarstufe II, in Birnbacher/Krohn(2002) 198-214.

Saran, R., & Neisser, B. (2004). Einquiring Minds-Socratic dialogue in education, Trentham Books: Stoke on Trent UK.

제10장
하브루타 인성교육

1. 인성교육, 공부 방법 개선이 먼저이다

설명과 강의를 들으면서 공책에 적으면서 하는 공부와 친구들과 토론하고 떠들면서 함께하는 공부를 비교해 보자.

- 어떤 쪽이 학생들이 덜 졸겠는가?
- 어떤 쪽이 학생들이 다른 생각을 덜 하겠는가?
- 어떤 쪽이 더 재미있고 즐겁겠는가?
- 어떤 쪽이 학생들이 능동적이겠는가?
- 어떤 쪽이 친구관계를 더 좋게 하겠는가?
- 어떤 쪽이 소통능력, 사회성이 길러지겠는가?
- 어떤 쪽이 대화, 토론, 협상하는 능력이 더 길러지겠는가?
- 어떤 쪽이 비판적 사고력, 논리적 사고력, 창의성, 안목, 통찰력이 길러지겠는가?
- 어떤 쪽이 더 생각을 많이 하겠는가?

- 어떤 쪽이 더 스트레스가 풀려 청소년 문제가 줄어들겠는가?
- 어떤 쪽이 서로 돕고 협동하는 분위기를 만들겠는가?
- 어떤 쪽이 경청이나 배려, 책임감 등의 인성이 길러지겠는가?
- 어떤 쪽이 다양한 견해를 이해하고 다른 사람을 존중할 수 있겠는가?

1) 인성교육 최대의 적, 혼자 하는 공부

우리나라 사람들은 대학을 졸업할 때까지 잠자는 시간 빼놓고 어디에 가장 많이 있는가? 학교라는 곳이다. 학교에서 무엇을 하는가? 공부를 한다. 그 시간 외에 집이나 학원 같은 다른 곳에서도 무엇을 하는가? 주로 공부라는 것을 한다.

이처럼 우리나라 사람들은 대학 졸업할 때까지 20여 년 동안 공부라는 것을 한다. 아이가 태어나기 전부터 태교를 하고, 태어나자마자 요람 옆에 한글, 영어의 알파벳과 숫자가 그림과 함께 쓰여 있는 커다란 코팅된 종이를 붙이는 것으로 시작해서, 유치원, 초등학교, 중학교, 고등학교, 대학교를 거쳐 취업 시험까지 그야말로 20여 년을 공부한다.

20년 동안 어떤 방법으로 공부하느냐가 그 나머지 삶에 어찌 영향을 미치지 않겠는가? 그 20년 동안은 가치관이 형성되고, 습관이 만들어지고, 인성이 계발되는 가장 중요한 시기이므로 어떤 방법으로 공부하느냐는 나머지 삶에 절대적으로 영향을 미친다.

20년 동안 일방적인 형태로 진행되는 강의와 설명을 듣거나 혼자 책과 씨름하면서 공부해 놓고, 민주시민답게 소통하고 대화, 토론, 협상하면서 살아갈 수 없다. 혼자 듣고 외우면서 공부해서 시험을 잘 보고 우리의 지도자가 된 사람들이 소통하거나 타협하기 어렵다. 공부 방법에 문화와 국가의 미래가 달려 있는 것이다.

그런데 우리에게 공부는 주로 혼자 하는 것이다. 공부방에서든 독서실이든 도서관이든 고시원이든 혼자 책상에 앉아 책과 씨름하는 것이다. 계속 책에 밑줄을 치고, 별표를 하고, 형광펜으로 칠하면서 공부한다. 지식들을 공책에 필기하면서 외우고 또 외운다. 도서관이든 독서실이든 가장 많이 쓰여 있는 글자는 '조용히' 또는 '정숙'이다.

도서관이나 독서실에는 칸막이를 친 책상이 있다. 그 칸막이로 공간을 나누고 혼자 공부한다. 이것이 좀 더 커지면 고시원이다. 마치 닭장처럼 똑같은 구조의 고시원에서 혼자 먹고 혼자 지내면서 혼자 공부한다. 잠을 줄이고 책상 앞에 오래 앉아 있는 것이 공부이다.

그러니 공부는 인내하는 것이고 견디는 것이다. 학생들 책상 앞에 이런 말이 쓰여 있다. "인내는 쓰나 그 열매는 달다."

인내해야 하고 견뎌 내야 하는 공부는 평생 하기 어렵다. 그래서 수능이 끝나면 책을 불태우고, 국제올림피아드에서 좋은 성적을 거두면 그 뒤로 그 과목은 쳐다보지도 않는다.

혼자 공부하니 서로 소통하고 대화할 시간이 없다. 다른 친구는 이겨야 할 대상이다. 그래서 공부를 잘하는 사람일수록 독불장군으로 큰다. 남과 대화하고 타협하고 협상하려 하지 않는다. 소통할 줄 모른다. 혼자 판단하고 결정하여 지시를 내리는 사람이 되거나 시키는 일만 하는 사람이 된다.

하지만 세상은 혼자 사는 곳이 아니다. 모든 사람은 공동체의 관계 속에서 살아간다. 어쩔 수 없이 남과 의견을 나누고 협상하고 소통하면서 살아가야 한다. 그러므로 20년 동안 해야 하는 공부를 소통과 토론, 대화로 하지 않으면 인간관계가 좋은 사회성 있는 사람으로 성장하기 어렵다.

가치관이 형성되고 습관이 만들어지고 성품이 형성되는 20년 동안 혼자 하는 공부가 가져오는 결과는 너무나 심대하다. 그 결과는 무엇인가? 우리나라가 소통이 가장 안 되는 국가가 되었다. 우리의 지도자들이 소통과 협력, 협상, 토론을 가장 어려워하게 되었다. 정부에 대한 가장 많은 비판이 불통의 정부라는 것이다.

혼자 하는 공부에 익숙해진 결과, 결혼을 하지 않으려고 하고, 자녀를 낳으려고 하지 않고, 1인 가구가 급증한다. 독거노인이 늘어나고 고독사가 증가한다. 원룸 같은 소규모 주택이 늘어난다. 서로 협력하고 상생하기보다, 경쟁하고 시기하고 질투하고 이기려 하고 끌어내리려 한다. 그래서 혼자만 잘나고 협력할 줄 모르는 '모래알'이 되는 것이다.

2) 함께하는 공부가 인성을 저절로

인류가 새로운 환경에 적응하고 새로운 문제를 해결할 때 서로 돕지 않았다면 인간들은 살아남지 못했을 것이다. 다른 사람과의 협력이 생존을 가능하게 한 것이다. 굶주린 호랑이를 경계하는 사람이 한 명보다는 그 이상이 있는 것이 항상 더 나았으며, 맘모스를 공격할 때도 한 사람보다는 여러 명이 있는 것이 더 나았다. 생존 본능에 맞게 학생들이 집단이나 팀으로, 세 명이나 두 명이 함께 공부하는 것이 인류 생존 방법에 맞는 것이다. 협력은 생존하기 위한 인간의 본능이며, 상생을 가르치는 것이 인류 공존으로 나아가는 지름길이다. 협력과 상생을 말로 가르치는 것이 아니라 학생들이 몸으로 체험하게 하는 것이 인성교육이어야 한다.

우리는 말할 수 있기 때문에 생각할 수 있고, 말하는 방식으로 생각한다. 토론수업은 학생들끼리 할 때가 가장 좋다. 가장 좋은 것은 가능한 한 학생들을 토론에 참여하게 하고 교사는 있는지 없는지 의식 자체가 안 되는 것이다.

사회와 직장에서 성공하는 데 중요한 기술은 사람들과 대화하고 경청하는 능력이다. 인간에게 가장 중요한 능력은 인간관계 능력이다. 대화와 경청은 어떤 직업에서든 가장 기본적으로 행하는 활동으로, 토론은 이 두 가지 기술을 훈련하는 가장 좋은 방법이다.

사회에서 대부분의 업무는 팀과 집단으로 이루어진다. 소집단이나 대집단 토론에서 다른 학생들과 어울려 협력하는 방법을 배우는 것은 특히 외향적이지 않거나 혼자 일하는 것을 좋아하는 성격의 학생들일수록 협동심을 배울 수 있는 좋은 기회가 된다.

토론은 비판적 사고력을 길러 준다. 교실에서 이루어지는 토론이 허용하는 안전한 환경에서 분석, 통합, 평가 등을 위한 사고력을 연습하는 것은 매우 중요하다. 교실에서는 우리 학생들이 실수를 저질러도 괜찮지만, 사회에서는 그렇지 않다.

다른 사람의 의견에 반박하거나 동의하는 것은 효과적인 의사소통을 위해 매우 중요하다. 토론은 반대, 도전, 동의하는 방법을 연습하는 기회이다. 이런 능력은 그들이 장기적으로 성공하는 데 중요한 요소이다.

함께하는 공부는 학생들에게 생각을 분명히 하고 사고를 정리할 기회를 준다. 토론에서 정보를 공유하기 위해서는 그것에 대해 말해야 한다. 그렇게 해야 다른 사람들이 피드백을 줄 수 있고, 그때 비로소 자신이 생각하고 있는 것이 일리가 있는지 아니면 인정받을 수 있는지 또는 문제해결을 위한 최선의 방법인지 알기 위해 토론을 해 보아야만 한다.

함께 공부하면 서로를 볼 수 있고 공간을 함께 사용하는 학생들이 시선, 몸짓, 비언어적 행동 등을 통해 자신을 드러내기 때문에 훨씬 더 뛰어난 의사소통을 경험하게 된다.

우리는 이제 설명과 강의 중심의 수업이 학생 스스로 답을 구하고 찾는 능동적인 역할을 감소시키므로 실제로는 학습 효과를 떨어뜨린다는 것을 안다. 교사가 답을 가지고 있다고 생각하는 학생들의 인식은 종종 효과적인 토론을 방해하는 데 일조한다. 그런 학생들은 입을 다물고 있거나 모르는 것처럼 행동하면 대부분의 교사들이 신이 나서 자신을 구원해 주고 답을 줄 것이라는 것을 안다. 결과적으로 학생들은 대부분의 교사가 가만히 있지 못하고 정답을 알려 주면서 침묵을 깨리라는 것을 알기 때문에 토론하는 동안에 말하지 않고 '기다리는 법'을 배운다.

혼자 하는 공부는 지루하기 쉽고 집중이 어렵지만, 함께하는 공부는 즐겁고 재미있다. 혼자 하는 공부는 소통을 배우기 어렵지만, 함께하는 공부는 소통, 협력, 배려, 공감, 타협, 협상 등을 자연스럽게 배울 수 있다. 혼자 하는 공부는 친구를 만들기 어렵지만, 함께하는 공부는 친구가 저절로 생긴다.

혼자 하는 공부는 단순히 외우는 작업만 하기 쉽지만, 함께하는 공부는 직접 말로 하고 체험하고 서로 도우면서 공부하기 때문에 훨씬 오랫동안 기억에 남는다.

단순한 문제풀이 공부라 하더라도, 문제집을 혼자 푸는 것과 친구와 함께 읽으면서 맞히는 게임으로 문제를 푸는 것을 비교해 보라. 함께 문제를 읽어 주고 맞히게 하면 재미있고 즐겁다. 서로 모르는 것은 바로 가르쳐 줄 수 있다. 시간도 짧게 걸리고 재미있게 공부하는데, 아는 것은 훨씬 많아진다.

3) 최고의 청소년 문제 해결책

우리나라의 청소년 문제는 너무나 심각하다. 학교폭력, 자살, 왕따, 게임 중독, 인터넷 중독, 가출, ADHD 등 이루 헤아릴 수가 없다. 국가에서 이 때문에 매년 수조 원의 돈이 들어간다고 봐야 한다. 소아정신과나 여러 소아 청소년 클리닉, 미술치료와 음악치료, 놀이치료 등이 넘치는 이유는 이를 치료하기 위해서이다. 이제 상담사가 학교에 배치되고 이런 청소년을 치료하는 바우처 제도에 너무나 많은 돈이 투입되고 있다. 그런데 우리는 치료에 관심을 기울이면서 예방에는 관심이 없다. 치료에 들어가는 금액의 10%만 예방에 투자해도 더 좋은 효과를 낼 수 있다.

우리는 주로 청소년 문제행동에 초점을 두고 치료하려 한다. 하지만 그 문제행동을 일으키는 본질을 해결하지 않으면 또 다른 문제행동으로 연결된다. 청소년들의 문제행동은 스트레스로 인한 분노로 인한 것이며, 그들 마음속에는 분노가 가득하다.

필자가 보기에 이런 청소년 문제의 해결책은 의외로 간단하다. 그 해결책은 청소년들의 입을 열게 하고 그들의 말을 들어 주는 것이다. 사람들이 정신과에 가서 무엇을 하는가? 마음속에 있는 말들을 쏟아 놓는다. 정신과 의사는 단지 이야기를 들어 줄 뿐이다. 상담사는 무엇을 하는가? 내담자의 말을 들어 준다. 실컷 듣고 나서 그에 대해 몇 마디 조언을 할 뿐이다. 화병이나 한이 문제가 되는 이유는 속에 있는 말을 하지 못하기 때문이다. 이 땅의 모든 청소년은 가정에서든, 학교에서든, 사회에서든 스트레스를 받을 수밖에 없다. 문제는 그 스트레스를 어떻게 푸느냐 하는 것이다.

스트레스 해소 방법으로 가장 강력한 수단이 무엇인가? 바로 수다이다. 이야기를 많이 하면 그만큼 스트레스가 줄어든다. 이야기를 많이 나누면 스트레스가 쌓이지 않는다. 그런데 우리는 청소년에게 이야기를 할 기회를 주지 않는다. 우리나라 청소년들은 가장 많은 시간을 학교에서 보내는데, 거의 대부분 듣는 수업이기 때문에 말할 기회가 없다.

선생님이 가장 많이 하는 말도 "조용히 해." "시끄러워." "떠들지 마."와 같은 말들이다. 청소년들은 쉬는 시간 빼고 학교에서 단 한마디도 못하고 집에 올 수도 있다. 이게 정상적인 교육인가? 학원 같은 사교육에서는 더 말을 하지 못하게 하고, 집에서도 마찬가지이다. 집에서 청소년이 아버지와 대화하는 시간이 하루에 37초에 불과하다는 조사도 있다. 중학생이나 고등학생이 집에서 부모에게 말을 하려고 하면 "쓸데없는 말하지 말고 공부나 해."라는 말이 돌아온다. 대부분의 부모의 말이 "공부해." "밥 먹어." "게임 그만해."와 같은 '해라' '하지 마라'의 요구와 지시들이다.

2. 왜 하브루타 인성교육인가

1) 하브루타란 무엇인가

유대인을 다룬 책들에는 유대인들이 그렇게 두각을 나타내는 이유가 수도 없이 나열되어 있다. 역사교육, 고난 교육, 영재교육, 쉐마교육, 유머, 경제교육, 탈무드 교육, 침대머리 교육, 밥상머리 교육, 체다카 정신, 티쿤 올람 등등이 있다. 하지만 필자가 보기에 그 핵심은 하브루타에 있다.

유대인 전통교육기관인 예시바의 교실은 시장 이상으로 시끄럽다. 둘씩 짝을 지어서 아주 시끄럽게 떠들면서 공부한다. 예시바에서 학생들이 둘씩 짝을 지어 토론하고 논쟁하면서 친구가 친구를 가르치는 교육 방법이 하브루타이다. 즉, 하브루타는 보통 두 명이 짝을 지어 프렌드십(friendship), 파트너십으로 공부하는 것(study partnership)을 말한다. 때에 따라 여러 명이 하는 경우도 가끔 있으나, 보통 두 명이고 거의 네 명을 넘지 않는다. 이것은 학생들이 짝을 지어 얼굴과 얼굴을 맞대고 앉아서 서로 가르치고 배우는 논쟁 수업 방식을 말한다. 즉, 친구를 통해 배우는 것이다. 왜 두 명이 기준인가? 둘씩 짝을 지어야만 말을 할 수 있는 기회가 가장 많기 때문이다.

하브루타는 파트너와 함께 공부하는 것이다. 유대인들은 수 세기 동안 파트너와 함께 토라와 탈무드를 연구해 왔다. 두 사람은 함께 앉아서 본문을 큰 소리로 읽고 그것을 토론하고 분석한다. 또 다른 본문과의 관계를 살피고, 관련된 정보를 찾아보고 그들의 삶과 관련지어 생각해 본다. 그들이 동의가 되지 않을 때는 자신들의 근거와 이유를 차근차근 제시한다. 하브루타를 통한 공부는 우리의 지평을 넓히고 서로 간의 차이를 드러내게 된다. 우리가 매일 일상 속에서 하브루타의 기능을 활용할 수 있는 기회는 수없이 존재한다. 하브루타를 가능하게 하는 본문(text)은 어디든지 있다. 신문에도 있고, 수선공과의 대화 속에도 있고, 나이 든 부모와 학생 사이의 문제 속에도 있다. 하브루타의 개념은 현상을 보는 한 가지의 옳은 방법보다 수많은 관점이 존재한다는 것에 기초한다.

하브루타는 원래 토론을 함께하는 짝, 즉 파트너 자체를 일컫는 말이었다. 그러던 것이 짝을 지어 질문하고 토론하는 교육 방법을 일컫는 말로 확대된 것이다. 그러므로 하브루타는 토론하는 상대방을 일컫는 말이기도 하고, 짝을 지어 토론하는 행위를 일컫는 말이기도 하다. 현대에 들어서는 후자의 개념으로 주로 쓰인다.

하브루타에 대해 필자가 내린 정의는 '짝을 지어 질문하고, 대화하며 토론하고 논쟁하는 것'이다. 이것을 단순화하면 함께 생각하며 이야기를 나누는 것이다. 부모와 자녀가 이야기를 나누고, 친구끼리 이야기를 나누고, 동료와 이야기를 나누는 것이다. 이야기를 진지하게 주고받으면 질문과 대답이 되고, 대화가 된다. 거기서 더 전문화되면 토론이 되고, 더욱 깊어지고 전문화되면 논쟁이 된다.

유대인들이 아이를 임신했을 때 태아에게 책을 읽어 주고 이야기를 들려주는 것도 하브루타이고, 가정에서 식사를 하면서 아버지와 자녀가 질문하고 답변하는 것도 하브루타이다. 자녀가 잠들기 전에 어머니가 동화를 들려주면서 대화를 나누는 것도 하브루타이고, 아이가 암기와 이해를 잘하기 위해 돌아다니면서 스스로 묻고 답하면서 중얼거리는 것도 하브루타이다. 학교에서 교사가 학생들에게 질문하면서 수업하는 것도 하브루타이고, 학생들끼리 짝을 지어 서로 가르치면서 토론하는 것도 하브루타이다. 예시바에서 토라와 탈무드의 구절을 놓고 둘씩 짝을 지어 진지하게 논쟁하는 것도 하브루타이고, 회당에서 평생지기와 만나 탈무드 공부를 하면서 논쟁하는 것도 하브루타이다.

유대인들은 태교조차도 하브루타로 한다. 그들의 태교는 태담이다. 태담은 산모와 태아가 이야기를 나누는 것이다. 태교도 일방적인 것이 아니라 함께하는 것이다. 베갯머리 교육이 대표적인 함께하는 공부이다. 잠자기 직전에 엄마나 아빠가 아이 방에 가서 이야기를 들려주거나 책을 읽어 주면서 아이와 이야기를 나눈다.

유대인은 그들의 경전인 토라에서 "네 자녀를 부지런히 가르치라."라고 명령했기 때문에 부모가 아이를 가르치는 것을 신에 대한 순종으로 받아들이고 하나의 종교 행위로 여기기도 한다. 그래서 그들에게 자녀와 부모가 함께 공부하는 것은 일상이고 너무나 자연스러운 것이다. 그리고 그 방법은 '길에 있든 집에 있든 일어서 있을 때든 누워 있을 때든 아이와 이야기를 나누는 것(강론)'이다.

유대인의 자녀교육은 질문과 토론을 통해 자립심을 기르게 하는 것이다. 유대인 가정의 식탁에서는 아이들이 거리낌 없이 부모와 의견을 나누고, 부모들은 아이들의 의견 하나하나에 귀를 기울인다. 부모는 자녀가 하루 동안 있었던 일들에 대해 귀담아듣고, 자녀는 자신에게 하루 동안 있었던 일들에 대해 논리정연하게 이야기하며 잘 모르는 부분이 있으면 질문하는 것을 잊지 않는다. 이 과정에서 부모는 자녀에게 정답을 알려 주지 않는다. 정답을 아이가 스스로 찾도록 도와줄 뿐이다.

유대인 부모들은 매일 저녁 자녀들과 식사를 함께하는 경우가 많다. 그들은 무슨 일이 있더라도 자녀들과 저녁식사를 하며 대화를 나눈다. 이 시간에 자녀들은 교과서에서 배우는 것보다 더 중요한 것을 배우게 된다.

이런 밥상머리 대화에 대해 우리나라 부모들은 너무 바쁘기 때문에 어렵다고 말한다. 부모도 바쁘지만 아이들도 바쁘다는 것이다. 하지만 그것은 우선순위의 문제이다. 유대인 부모들은 우리나라 부모들보다 훨씬 바쁘다. 이스라엘의 거의 대부분의 여성들은 일을 가지고 있다. 심지어 한 가지 직업이 아니라 두세 가지 직업을 가지고 있다. 하지만 자녀와의 저녁식사와 대화가 그 어떤 일보다 중요하다고 생각하기 때문에 그 일을 우선하는 것이다. 그 시간에는 그 누구와의 약속도 잡지 않고, 걸려 오는 전화도 받지 않는다.

이런 밥상머리 대화를 통해 아이들로 하여금 아이 스스로 사고하는 습관을 기르도록 돕는다. 무엇을 선택하거나 고를 때도 스스로 결정하게 하고 자신이 내린 결정에 스스로 책임감을 갖게 하는 것이다. 그래서 밥상머리 대화는 아이의 사고력과 자립심을 기르는 공간이다. 유대인 교육의 특징은 현재 자신의 위치를 알고 주위 사람과 관계를 형성하며 유대인으로서의 정체성에 자부심을 갖도록 하는 것이다.

이렇게 밥상머리에서 눈을 맞추고 대화하는 것은 자녀가 빗나가는 것을 막아 준다. 눈을 맞추고 대화하는 것에 대해 대개 너무나 당연한 것으로 생각할지도 모르겠다. 하지만 평소에 얼마나 자주 아이의 눈을 바라보면서 다정하게 이야기하는 시간을 보내는지 생각해 보면 그런 시간이 얼마 되지 않는다는 것을 알 수 있다. 눈을 서로 맞춘다는 것은 매우 중요하다. 함께 눈을 보고 이야기를 나누는 것은 지금 여기에 몰입하는 데 매우 효과적인 방법이다. 정신이 건강하지 않으면, 심리가 안정되지 않으면, 두려움이나 불안이 있으면 상대방과 눈을 맞추면서 이야기하기 어렵다. 부모가 자녀와 눈을 맞추고 이야기를 나누면 자녀 입장에서 부모가 자신에게 집중하고 있음을 느끼게 된다.

2) 세계의 흐름, 함께하는 공부

우리나라 학생들이 아이비리그에 어렵게 들어가더라도 44%나 중도에 탈락하는 이유는 혼자 하는 공부 방법 때문이다. 아이비리그는 거의 모든 교육이 질문과 토론, 자기 생각 발표, 팀 프로젝트로 진행된다. 혼자 책만 보면서 외우는 공부를 한 우리나라 학생들이 그런 교육을 따라갈 수가 없는 것이다.

하버드 대학교와 예일 대학교를 비롯한 아이비리그 교수와 학생의 30% 정도가 유대인들이다. 그러니 모든 수업이 토론일 수밖에 없다. 그들의 삶이 모두 질문과 토론이기 때문이다. 유대인들은 예시바에서 도서관 좌석에 앉은 사람들이 모두 목소리를 높여 떠들면서 공부한다. 이곳에서는 대부분의 사람들이 책상 위에 책을 산더미처럼 쌓아 두고 다른 사람들과 치열하게 토론을 벌인다. 예시바의 책상들은 둘 이상이 마주 보고 앉도록 놓여 있어서 어느 누구도 혼자 공부할 수 없도록 되어 있다. 예시바는 질문을 매개로 한 토론과 논쟁의 공부를 중시하는 유대인들의 교육문화를 집약해 놓은 곳이다.

그런데 더 흥미로운 것은 이곳에서는 서로 모르는 사람들끼리 치열하게 논쟁을 벌인다는 사실이다. 서로 초면인데도 지속적으로 파트너를 바꾸어 가며 토론을 벌이고 나이도 전혀 상관하지 않는다. 그들에게 중요한 것은 오로지 토론 주제에 관심이 있느냐 없느냐이다. 이러한 도서관 문화를 통해 유대인들에게 공부란 상호 소통을 의미한다는 것을 알 수 있다.

우리는 그 어떤 방법보다 서로 얼굴을 맞대고 대화와 토론을 벌일 때 그 지식이 더 잘 전달되는 것을 경험하곤 한다. 상대의 표정과 심리를 읽어 가며 그 내용을 전달하면 그 효과가 더 크다. 유대인들은 부모와 자녀 간에 서로 얼굴을 맞대며 모든 것에 대해 대화와 토론을 벌이는데, 상호소통의 이 방법이 부모와 자녀 모두에게 산지식으로 남게 된다.

우리의 교육 방법을 어떻게 바꾸어야 할까? 학생과 학생, 교사와 학생 사이에 상호작용이 늘어나고 소통하는 방법으로, 즉 함께하는 공부로 바꾸어야 한다. 국제적인 조사 결과는 교사들이 학생들의 답을 듣기 위해 단 3초밖에 기다려 주지 않는다고 한다. 3초 동안 학생들이 어떤 생각을 할 수 있을까? 이것은 학생들에게 생각하는 시간을 주는 것이 아니라 기억을 떠올리는 시간을 준 것에 불과하다. 기억하고 있는 것을 떠올리는 것은 이미 알고 있는 것을 떠올리는 것이므로 창조나 새로운 지식과 상관이 없다.

유대인 학교에서는 학생들에게 교사가 질문을 던지고 학생들이 스스로 원하는 대답이 나올 때까지 기다려 준다. 학교의 교육 방법 자체가 어떻게든 학생들로 하여금 생각을 많이 하게 하는 쪽으로 초점이 맞추어져 있다. 토론을 하려면 학생들은 자료 조사와 생각을 많이 해야 한다. 자료가 많다고 토론을 잘할 수 있는 것이 아니다. 그것을 자기 것으로 만들어야만 하고, 자기 논리를 개발해야 한다. 이런 과정에서 사고하는 것은 필수적이다.

교사가 학생들에게 정답을 가르치려는 교육을 하면 강의와 설명, 암기라는 방법이 동원된다. 하지만 삶을 살아가는 데 정답이 있는가? 여러 선택이 있을 뿐이다. 그런 선택을 잘하게 하는 것이 성공과 행복의 삶으로 이끈다. 선택을 잘하려면 안목과 통찰력 같은 고등 사고력이 필요하다. 사고력은 학생들이 스스로 생각해야만 길러진다. 그래서 교사는 학생들 스스로 답을 찾을 수 있도록 도와주는 역할에 멈추어야 한다. 학생들이 말을 많이 해야 하고 활동을 많이 하게 해야 한다. 순간순간 학생들이 스스로 답을 찾도록 만들어야 사회에 나가서 문제가 발생했을 때 스스로 해결방안을 찾아 성과를 창출하는 창의적 인재가 될 수 있다.

유대인 학교에서는 학생들에게 스스로 문제를 찾고 해결하는 과정을 익히면서 어떠한 문제가 발생해도 스스로 답을 찾을 수 있게 한다. 아이들은 로봇이 아니다. 농구코치는 선수를 위해 골대에 공을 던지지 않는다. 공을 던지는 사람은 선수, 학생이다. 답을 찾아야 하는 사람은 교사가 아니라 학생이어야 한다. 농구코치가 공을 직접 넣지 않는 것처럼 교실에서의 일상적인 가르침도 답을 찾아가는 툴만 제공하면 된다.

유대인 교육의 바탕에는 인성교육이 기본으로 있다. 유대교에 바탕을 두고 어려서부터 철저하게 인성교육을 시킨다. 또한 하브루타 방식의 토론교육 문화는 경청하고 배려하고 공감하고 협상하고 의논해서 합의점을 찾고 더 좋은 논리에 승복할 줄 아는 학생들을 저절로 길러 준다.

많은 전문가는 하나같이 토론식 수업이 하버드 대학교를 세계 최고의 대학으로 이끌었다고 입을 모았다. 토론식 수업을 하기 위해 하버드 대학교는 입학전형까지 바꿨다고 한다. 하버드 대학교 교정은 어디를 가든 시끄럽다. 이곳저곳에서 항상 논쟁 중이다. 교수에게 질문하거나 학생들끼리 논쟁을 한다. 뭔가 고민이 있어 결정이 필요할 때도 혼자 고민하기보다는 항상 토론을 한다. 의견이 다른 사람들과 이야기하다 보면 뭔가 '아' 하는 깨달음을 얻게 된다. 혼자는 생각하지 못한 세계와 관점을 들을 수 있어 사고의 폭이 자연스럽게 넓어진다. 서로의 문화와 사고가 섞이면서 창의적인 생각이 떠오른다.

토론을 통해 다른 의견을 수용하고 최적의 결론을 내는 것은 굉장히 중요한 공부이다. 다양한 의견을 조율하고 창의적인 해결책을 찾다 보면 자기도 모르는 사이에 훌륭한 리더십을 키우게 된다. 그것이 바로 하버드가 원하는 인재상이다. 수백 개의 토론 동아리와 수많은 토론 수업 속에서 다양한 배경을 지닌 학생들이 모여 자신의 세계관을 드러내고 서로 영감을 주고받는 것이다.

이제 혼자 공부해서는 글로벌 인재로 성장할 수 없다. 암기한 지식은 모두 컴퓨터나 스마트폰에 다 있는 시대이다. 핵심은 고등 사고력과 인간관계에 기초한 소통과 협력이다. 우리의 혼자 공부하는 습관부터 철저하게 함께하는 공부로 바꿔야 국가가 살 수 있다.

3) 유대인들이 가장 많이 하는 질문, 마따호세프

가족주의는 한국인과 유대인 두 집단의 교육열, 학습욕구를 높이는 원동력이 되었다. 그러나 두 집단 안에서 교육에 대한 가족주의 문화의 영향력이 전혀 다른 방식으로 표출되면서 서로 다른 결과를 낳았다. 한국인과 유대인 두 집단 모두 가족주의 문화라는 훌륭한 자원을 갖고 있고 다른 민족들보다 높은 학업성취를 보인다. 두 집단을 비교했을 때 유대인이 한국인보다 많은 성공을 보여 주는 것은 유대인들이 자기 스스로 생각하고 무언가를 결정하는 자기주도 학습에 능하고 자존감도 높기 때문이다.

한국은 아이 스스로 생각하거나 결정하지 않고 오로지 부모들의 지시에 따르는 경우가 많다. 그래서 단시간에 빠른 학습 효과를 거두지만, 스스로 사고하지 않고 공부하기 때문에 창의성이 부족하고, 남의 지시 없이는 공부하지 못한다. 또한 스스로 답을 찾지 않고 누군가가 자신의 질문에 대해 설명해 주기를 바란다. 이런 공부는 창의성을 중시하는 미래사회에서 결코 성공적인 교육 모델이 아니다. 다소 더딜지라도 아이가 스스로 사고하고 선택하며 이루어 나가도록 양육해야 아이가 어떤 문제를 만났을 때 스스로 창의적인 생각을 통해 문제를 해결해 나갈 수 있다.

유대인들에게 가장 훌륭한 스승은 학교 선생님도, 종교적 지도자인 랍비도 아닌 그들의 부모이다. 이스라엘의 교육열을 제대로 느끼려면 학교나 사교육 시장보다 그들의 집, 가족문화를 먼저 살펴야 한다. 유대인 아버지들은 안식일에 아이들과 식탁에 앉아 일주일 동안 있었던 일들에 대해 이야기를 나눈다. 필요한 경우 한 명씩 따로 불러 대화를 나눈다. 따라서 우리나라처럼 부모와 자식 간에 소통의 단절이란 있을 수 없다.

유대인들은 자녀들에게 토라의 모든 것을 가르치는 것이 너무나 광범위하기 때문에 핵심부터 시작한다. 유대인들이 지켜야 할 계명만 613개이기 때문에 그것을 알고 기억하는 것만으로도 벅차다. 그래서 그들은 십계명부터 철저하게 반복적으로 가르친다. 십계명만 지켜도 토라에서 벗어나는 행동을 할 수 없다고 보는 것이다.

유대인들은 자녀에게 일방적으로 지시하는 것이 거의 없다. 일방적으로 자녀에게 강의나 설명, 설교를 하지 않고 주고받는다. 즉, 일방적인 것이 아니라 쌍방을 전제로 하는 것이다. 일방이냐 쌍방이냐는 너무나 중요한 핵심이다. 우리는 주로 교사나 부모가 아이를 가르친다고 생각해서 교육을 일방적인 가르침이라고 생각하고 그렇게 실천해 왔다. 하지만 유대인들은 결코 교육이 일방적인 것이라고 생각하지 않는다. 대화도 쌍방이고, 토론도 쌍방이다. 듣는 것도 말하는 자와 듣는 자가 있어야 하고, 묻는 것도 묻는 자가 있다는 것은 질문을 받는 사람이 있다는 말이다.

우리가 자녀교육에서 이 한 가지만 명심해도 많은 것이 해결된다. 우리는 자녀의 욕구나 마음에는 전혀 관심 없이 일방적으로 뭔가를 아이들에게 가르치는 데만 관심을 기울이기 때문이다. 하지만 부모가 일방적으로 주는 가르침들은 자녀에게는 잔소리로 들릴 수밖에 없다. 모두 수동적으로 주어지는 것이고, 그래서 자신과는 상관없는 것들로 들린다. 가르침이 어느 순간 잔소리가 되는 것이다.

질문은 아는 게 있어야 할 수 있다. 그래서 먼저 듣거나 읽어야 한다. 유대인들은 토라와 탈무드를 먼저 정해진 부분부터 읽는다. 소리 내서 읽는다. 소리를 내서 읽으면 자동적으로 듣게 된다. 내용을 들으면 이해되지 않는 부분이 생기고 의문이 생긴다. 그래서 질문이 만들어진다. 따라서 질문은 먼저 아이가 하게 된다. 설명 들은 내용이나 읽은 내용에서 궁금한 것들을 부모에게 묻는다.

질문을 할 때는 핵심을 정리해서 질문한다. 질문을 하면서 장황하게 말하면 질문의 초점이 흐려진다. 무엇을 묻는 것인지조차 모르게 된다. 그래서 유대인들은 질문을 간결하게 하게 한다. 질문하는 요지를 분명하게 정리하여 질문하게 한다. 이 훈련은 너무 중요하다. 세미나나 강의 등에서 질문할 때 장황하지만 무엇을 묻는지 모르도록 질문하는 사람들은 이런 질문 훈련이 되지 않은 것이다. 질문한다고 하고서 자신의 생각을 설명하는 경우가 많은 것이다.

질문 받은 사람은 결코 서두르지 않는다. 질문에 대해 바로 답변하게 되면 생각이 무르익지 않았기 때문에 정확한 답변이 나오기 어렵다. 그래서 유대인들이 가장 많이 사용하는 것은 다시 질문하는 것이다. 즉, 질문으로 답하는 것이다.

유대인 부모나 교사들이 가장 많이 하는 말은 두 가지이다. 그 한 가지가 '마따호세프'이다. 이것은 '네 생각은 어때? 네 생각은 뭐니?'란 뜻이다. 아이가 질문한 것에 대해 아이의 생각을 다시 물어보는 말이다. 또 한 가지는 '왜 그렇게 생각하니? 그렇게 생각하는 이유는 뭐니?'이다. 이것 역시 질문하는 아이에게 그렇게 생각하는 이유를 먼저 물어보는 것이다.

유대인 부모나 교사들이 가장 많이 쓰는 두 말에 모두 '생각'이라는 단어가 들어간다. 그만큼 유대인들은 자녀나 학생이 생각하는 것을 중시한다. 공부는 생각하는 힘을 기르기 위해 하는 것이다. 교육 역시 사고력을 함양하는 데 목적이 있다. 사고력이 바로 생각하는 힘이다. 아주 어릴 때부터 아이로 하여금 생각하게 하기 때문에 유대인들이 그 사고력으로 아이비리그에서 30% 차지할 수 있고, 그 사고력으로 노벨상을 30% 차지할 수 있으며, 각계각층에서 두각을 나타낼 수 있는 것이다.

그 사고력은 지혜이자 안목이고, 통찰력이자 창의성이다. 단순한 지식은 이제 모두 스마트폰 하나면 해결되는 세상이다. 이제 이런 정보나 지식을 어떻게 엮느냐가 문제이고, 정보의 홍수에서 어떻게 쓸 만한 정보를 골라내느냐가 문제이다. 같은 것을 보더라도 안목이 있고 통찰력이 있는 자는 보는 것이 다르다. 같은 책이나 영화를 접하더라도 느끼고 받아들이는 것이 다르다.

어떻게 해야 가장 효과적으로 생각하게 할 수 있는가? 그것이 바로 질문이고 토론이다. 어린아이에게는 질문이고, 커 가면서는 토론이며, 더 성장하면 논쟁이다. 그래서 유대인들이 아이의 질문을 받고 정답을 알려 주거나 설명하는 것이 아니라 다시 질문하는 것이다.

"네 생각은 어떠니?"

"왜 그렇게 생각하니?"

4) 인성, 생각부터 스스로 해야 실천으로

우리 교육이 무너지는 이유는 너무도 간단하다. 대부분의 수업이 듣는 것 위주이기 때문이다. 우리는 강의를 듣거나 설명을 들을 때 얼마든지 다른 생각을 하거나 졸 수 있다. 중학교와 고등학교에서 자는 학생들이 많은 이유는 계속 수동적으로 듣다 보니 지치기 때문이다. 뇌는 똑같은 패턴이 반복될 때 집중하지 못한다. 학생들이 교사의 설명을 들으면서 적는 똑같은 공부를 10년 넘게 하다 보면 뇌는 자동적으로 지루해지고, 자기도 모르게 졸게 된다.

그런데 말을 할 때는 결코 생각 없이 할 수 없다. 말과 생각은 직결된다. 우리가 생각 없이 말할 수 있는가? 우리는 결코 생각 없이 말할 수 없다. 생각한 것이 말이 되어 나오는 것이다. 이 말을 반대로 하면 생각을 키우기 위해서는 말을 하게 해야 한다. 아이가 말하는 것이 어리숙하고 답답하고 엉뚱하다고 해서 그 말을 부모가 가로채 설명하고 정답을 알려 주면 아이는 생각하는 것을 멈추게 된다. 다시 말해, 생각할 필요가 없어진다. 자신이 아무리 말을 해도 부모가 결국 정답을 알려 주고 부모가 하라는 대로 해야 하는데, 굳이 아이가 생각을 해야 할 필요가 있겠는가? 아이가 말을 하다가 부모에게 가로채이는 경험이 쌓이면 아이는 입을 닫을 수밖에 없다. 입이 닫히는 순간 생각이 닫힌다. 부모의 지시와 정답 제시만 기다리게 된다.

아이들이 말을 한다는 것은 생각하고 있는 것이다. 아무리 엉뚱해 보이고 말이 안 되는 이야기를 하더라도, 그 아이는 생각하지 않고 말할 수 없다. 그래서 아이는 말을 할 때 생각을 하게 된다. 뭔가 어른이 가르치는 것은 그냥 지나가는 잔소리가 될 수 있지만, 아이가 생각해서 이야기하는 것은 아이 것이 된다.

아이의 생각을 물으면서 왜 그렇게 생각하는지를 물으면 아이는 떠듬떠듬 이야기한다. 듣기 답답한 부모는 설명해 주고 가르치고 싶어서 입이 간질간 질해진다. 이 고비에서 유대인 부모는 인내해 내고, 한국 부모는 못 참고 먼저 입을 여는 것이 차이이다. 다시 말하지만, 아이가 직접 한 것만 아이 것이 된다. 아이가 직접 한다는 것이 행동이나 실천만을 의미하지 않는다. 행동이나 실천보다 앞서는 것이 말이고, 말보다 앞서는 것이 생각이다. 아이가 직접 한다는 것에는 말을 직접 하는 것도, 생각을 직접 하는 것도 포함된다.

부모는 아이가 아무리 답답한 말을 하고 엉뚱한 말을 하고 말이 되지 않는 말을 해도 끝까지 들어 주어야 한다. 말을 다 듣고 나서 논리적 허점이나 엉뚱한 것들에 대해 질문으로 만들어 물으면 된다. 아이로 하여금 자신의 말에 대해 다시 생각해서 말하게 하는 것이다.

아이에게 정서와 사회성을 길러 주는 방법은 감정을 담아 이야기하는 것에서 시작된다. 우선, 아이와 같은 단어와 감정으로 이야기를 반복한다. 아이들은 반복을 통해 배우기 때문이다. 아이 입장에서는 이 세상의 모든 것이 모두 새롭고 처음 접하는 것들이다. 그것을 자주 반복해야 아이 것이 된다. 그래서 아이는 반복을 좋아한다.

우리는 교육만능주의에 젖어 있다. 모든 것을 교육으로 해결하려고 한다. 유명한 강사를 세워 강의를 하면 해결된다고 생각하는 것이 문제이다. 심지어 행복도 강의로 해결하려고 한다. 그리고 인성도 강의로 해결하려고 한다.

학생들을 행복하게 해 주는 것이 중요한가, 행복을 가르쳐야 하는가? 인성이 저절로 길러지게 하는 것이 중요한가, 인성을 가르쳐야 하는가? 스트레스를 받고 너무나 지쳐 있는 학생들에게 행복하라고 강의하면, 학생들은 더 스트레스를 받고 더 불행해진다. 배려하고 경청하고 책임감을 가지라고 청소년들에게 가르치면, '너나 잘하라'고 하면서 반발심만 기르게 된다. 학생들이 실질적으로 행복감을 느끼게 해 주어야 하고, 학교에 있으면 저절로 인성이 길러지게 만들어 주어야 한다. 그럼 그 방법은 무엇일까?

교사나 부모로서 나는 아이에게 선택의 기회를 주고 있는가? 아이 대신 생각해 주고, 아이 대신 판단해 주고, 아이 대신 결정해 주고 있는 것은 아닌 가? 어른들이 대신 생각해 주고 판단해 주고 결정해 주고 행동해 주는 방식으로 기르고 나서, 그런 아이가 성인이 되어 스스로 생각하고 스스로 판단하고 스스로 결정하리라고 생각하는 것은 큰 오산이다. 이것은 콩 심고서 팥이 나오기를 기대하는 것이다. 즉, 어려서부터 아이 스스로 생각하고, 판단하고, 결정하는 기회를 많이 주어야 그 아이가 성인이 돼서 스스로 생각하고 판단하고 결정할 수 있는 것은 지극히 당연하다. 스스로 생각하고 판단하고 결정한 것만이 실천으로 이어질 가능성이 높다.

아이가 더러운 것을 만지려고 하면 아이의 손을 탁 치면서 "안 돼!"라고 하며 못하게 한다. 아이가 뜨거운 것에 손을 대려고 해도 아이에게 못하게 한다. 하지만 그것이 아이를 크게 위험에 빠뜨리는 것이 아니라면 그런 작은 위험에 노출시키는 것에서 더 많은 것을 배울 수도 있다. 뜨겁거나 더러운 것을 말로 아무리 설명을 해도 아이 수준에서 이해하기 어렵다. 하지만 뜨거운 것을 만져 손에 그 느낌과 위험을 직접 경험한 아이는 그 배움이 강력하다. 그 다음부터 이 아이는 부모가 그런 것을 만지라고 해도 만지지 않게 될 것이다. 그러면서 아이는 스스로 살아가고 스스로 문제를 해결하며 스스로의 행동과 판단에 대해 책임을 지는 아이로 자라게 된다.

우리의 삶을 되돌아보면 성공에서보다 실패에서 많이 배웠고 많이 얻었음을 고백하게 될 것이다. 그러므로 아이의 실패하는 경험에 대해 부모가 두려움을 가질 필요가 없다. 그런 시행착오를 통해 아이는 많은 것을 느끼고 생각하고 배우기 때문이다. 아이는 말을 통해, 잔소리를 통해 배우는 것이 아니라 부모의 행동, 본보기를 통해 배운다. 아이가 많은 것을 경험하고 스스로 판단해서 행동에 옮기고 그것에 책임지는 기회를 많이 가질수록 좋다. 실패의 경험이 없는 아이는 다음에 커서 큰 실패에 닥쳤을 때 재기하기 어렵다. 실패를 극복하는 경험을 한 적이 없기 때문이다.

일반적으로 부모들은 아이가 실수하는 것을 견디지 못하고, 가만히 지켜보지 못한다. 아이가 어떤 것을 하다가 잘못하는 것 같으면 바로 아이 일에 끼어들어 해결책을 제시하거나 대신 해 준다. 그러나 아이의 안전에 심각한 영향을 미치는 실수가 아니라면 가만히 지켜보는 것이 좋다. 어떤 사람이 목표를 이루느냐, 이루지 못하느냐는 실패했을 때 좌절하지 않고 다시 목표를 향해 나아갈 수 있느냐의 여부에 의해 결정된다. 그러므로 결과에 얽매이기보다는 좌절했을 때 그것을 극복하는 힘을 길러 주어야 한다. 어떤 좌절이 왔을 때 자신의 목표나 꿈을 스스로 수정하는 것은 상관없지만, 그것을 남에게 맡기는 것, 특히 부모에게 책임을 전가하는 것은 가장 비겁한 일이다. 그런데 부모가 아이 대신 판단해 주고 결정해 주면 그 모든 책임과 원망은 부모에게 고스란히 돌아온다.

최근에는 우리 삶의 문화가 미친 듯이 앞만 보고 달리는 쪽으로 변화됨에 따라 부모들이 아이들에게 인간성을 가르칠 시간적 여유를 갖기 어려워졌다. 아이가 맡은 일을 스스로 감당할 수 있도록 하고, 새로운 기술을 연마하도록 인내심 있게 기다려 주는 부모들 또한 크게 줄어들었다. 어떤 일이 풀리지 않아 화내고 힘들어하는 아이에게 부모가 그 문제를 대신 해결해 주기보다 혼자 문제를 풀 수 있도록 지켜봐 주거나 대안 제시로 도와주는 것이 중요하다. 아이가 스스로 해결책을 찾을 수 있도록 기본적인 방향을 제시해 주는 것이 부모가 할 수 있는 최선이라고 할 수 있다. 아이들이 어릴 때부터 원하는 바를 표현하고 스스로 판단하고 실천하는 법을 배우게 되면 아이가 어느 정도 자란 후에는 부모가 할 일이 별로 없어진다.

아이들은 어른들이 생각하는 것보다 훨씬 더 많은 능력을 가지고 있다. 아이들은 어른 눈에는 어려 보이지만 스스로 할 수 있는 힘을 얼마든지 가지고 있다. 단지 그것을 위험이나 고난, 힘들다는 이유로 시키지 않기 때문에 못 하는 것이다. 열 살 정도의 아이는 얼마든지 집안 청소를 도울 수 있고, 쓰레기를 분리수거해서 버릴 수 있으며, 자기 방을 정리할 수 있다.

아이에게 책임감을 기르고, 선택하는 안목을 키우며, 스스로 해결해 가는 능력을 기르게 하려면 무엇보다도 스스로 선택하는 기회를 많이 부여해야 한다. 아이가 선택을 하려면 많은 생각을 할 수밖에 없고, 선택에 대한 결과를 미리 예견해야 하며, 스스로 선택을 했으므로 다른 사람에게 책임을 떠넘길 수 없다. 그렇게 스스로 책임을 지는 법을 배우고 스스로 살아가는 힘을 기르는 것이다.

아이에게 다가오는 어려움이나 고난, 도전에 스스로 맞서도록 내버려 두지 않는다면 아이가 자기 동기와 내면의 힘을 기를 기회를 얻기 어렵다. 아이를 자율적이고 독립적인 존재로 기르려면 훌륭하게 성장하는 데 따르는 책임의 상당 부분을 아이들에게 넘겨주어야 한다. 그렇게 아이 스스로 책임을 지게 되면 옳고 그른 것에 대한 결정을 내리면서 자기 인생에 주인의식을 느끼게 된다. 아이는 부모가 하라는 대로 하는 꼭두각시가 아니다. 아이를 하라는 대로 키우는 것은 아이를 부모의 꼭두각시로 만드는 것이다. 꼭두각시는 그것을 움직여 주는 사람이 없으면 움직일 수 없다. 그런데 부모는 언젠가 나이가 들어 죽는다. 따라서 아이를 꼭두각시로 키우면 부모가 아이를 떠난 다음 아이 혼자 할 수 있는 일이 없어진다.

인성은 유명한 강사를 세우거나 부모가 잔소리로 가르쳐서 길러지기 어렵다. 인성의 제반 문제가 몸에 배어야 하고, 왜 그렇게 해야 하는지 이유를 스스로 깨달아야 실천이 가능하다. 어떤 것이 실천되려면 생각부터 스스로 해야 하는 것이다. 스스로 생각하게 하는 것, 그것이 하브루타이다. 질문을 통해 왜 그렇게 해야 하는지 생각해서 말로 표현해야 그나마 가치관으로 형성될 가능성이 높아진다.

3. 하브루타 인성교육의 실제

유대인들은 유치원이나 학교에서도 대화와 토론이 교육의 중심이다. 아이들은 등교하면서부터 마칠 때까지 교사나 친구들과 재잘거리며 서로 많은 질문과 대화를 한다. 칠판이나 분필, 책으로 수업을 진행하는 것이 아니라 말로 수업을 진행하는 것이다. 그러므로 말을 하지 않는 아이는 수업에 참여하기 힘들며, 그 무엇도 자기 것으로 만들 수 없다.

주제를 정해 토론도 거의 매일 이루어진다. 교사가 주제를 설명하고 방향을 잡아 주면, 아이들이 나서서 토론을 이끈다. 지켜보던 교사는 토론이 끝나면 나온 의견을 모아 정리하고 결론을 내려 준다. 토론 중에 아이들이 자기주장을 고집하면서 싸우면, 교사는 아이들 각자에게 변론할 기회를 준 뒤 잘잘못을 가려 준다. 그 과정은 단순한 판결 과정이 아니라 아이 스스로 문제를 깨닫고 여러 가지 방식으로 해결 방법도 생각하게 하는 과정이다. 이렇게 아이와 교사가 한곳에 둘러앉아 토론을 벌이는 모습은 마치 국회를 옮겨 놓은 것처럼 보인다. 이런 대화와 토론 중심의 교육에 길들여진 아이들은 논리적인 사고력과 표현력뿐 아니라 문제를 뿌리까지 캐서 해결하려는 적극적이고 능동적인 태도와 자신감도 키우게 된다.

학교에서 이처럼 짝을 지어 토론하면서 문제를 해결해 갈 수 있도록 하는 것과 더불어, 가정에서도 다르지 않다. 그들은 베드사이드 스토리나 안식일 식탁에서만 대화하는 것이 아니라 일상생활 전반에서 수시로 자녀와 대화한다. 이런 대화를 필자는 '일상 하브루타'라고 부른다.

일상 하브루타는 일상생활에서 접하는 그 어떤 소재나 주제로든 가능하다. 하브루타는 어머니와 자녀, 아버지와 자녀, 친구와 동료 사이 등 누구와도 가능하다. 길을 가다가 교통질서를 지키지 않은 사람을 보고 자녀와 하브루타를 할 수 있다. 공공장소에서 크게 떠드는 사람을 보고도 토론할 수 있다. 책을 읽고 그 내용에 대해 질문하고 토론할 수 있다. 신문을 읽다가도 질문하고 대화하고 논쟁할 수 있다. 그 어디서든, 그 어떤 주제를 가지고도 하브루타는 가능한 것이다. 수다의 수준을 조금만 높이면 하브루타가 된다. 주제를 가지고 수다를 떨면 공부가 된다.

1) 왜 교통법규를 지켜야 하지

부모와 자녀가 길을 걷고 있다. 그런데 어떤 사람이 차가 다니는 길에서 무단횡단 하는 것을 보았다고 하자. 이것은 하브루타를 통해 아이들에게 교통법규에 대해 가르칠 수 있는 좋은 기회이다. 우리는 대개 도덕이나 윤리 시간에 교통법규에 대해 강의식으로 가르치고 이를 암기해서 시험을 보는 것으로 교통법규를 가르치는 것이 보통이다. 우리 교육은 대부분 빠른 습득과 효율적인 암기에 초점이 맞추어져 있다. 도덕 시험에서 좋은 점수를 받지만 실제로 교통법규를 지키는 것과는 상관이 없는 일이다. 하지만 유대인 교육은 그렇게 접근하지 않는다. 그들은 아이에게 교통법규가 없다면 어떻게 될지 생각하게 해서 호기심을 유발한다.

아이(이하 C): "어? 저기 차가 지나가는데, 사람이 그냥 건너가요."

부모(이하 P): "그렇구나. 저 사람이 잘못한 것이 뭐지?"

C: "횡단보도로 건너지 않았어."

P: "횡단보도로 건너기만 하면 되니?"

C: "신호등도 지켜야 해요."

P: "무슨 색이 켜져 있을 때 건너야 하는 거지?"

C: "파란색이요."

P: "만일 횡단보도나 신호등이 없으면 어떻게 될까?"

C: "우리가 건너다가 차에 치일 수 있어요."

P: "차들은 어떻게 되겠니?"

C: "차들끼리 부딪혀서 사고가 나요."

P: "그런 교통법규가 있어도 사람들이 지키지 않으면 세상이 어떻게 될까?"

C: "사람이 죽을 수도 있고, 교통사고도 많이 나요."

P: "그렇게 사고가 많이 나서 큰 혼란이 일어나면 어떻게 될까?"

C: "세상이 무서워져요. 마음 놓고 거리에 다닐 수가 없어요. 차도 못 다녀요."

P: "왜 우리가 횡단보도로 신호등을 지켜서 건너야 하지?"

C: "내가 죽을 수도 있고, 교통사고도 많이 나서요."

P: "횡단보도 말고 길을 건너는 더 좋은 방법은 없을까?"

C: "육교가 있어요."

P: "그래, 도로 위로 다니는 육교가 있지. 아래로 다니는 방법은 없을까?"
C: "맞아요. 땅속으로도 다녀요."
P: "그렇지. 그걸 지하도라고 한단다. 또 다른 방법은 없을까?"
C: "날아다니면 횡단보도도 필요 없는데 말이에요."
P: "맞아. 네가 커서 날아서 횡단보도를 건널 수 있는 것을 만들어 보렴."
C: "네."

이처럼 부모는 아이들에게 계속 질문을 하면 된다. 이러한 질문에 대해 아이들로 하여금 스스로 생각하는 기회를 준다. 그런 대화는 교통법규 준수에 대한 토론이나 논쟁으로 이어질 수도 있다. 이런 과정을 통해 아이들은 왜 교통법규를 지켜야 하는지 그 필요성을 스스로 깨닫게 된다.

2) 아파트 복도에 자전거가 있다면

만일 아파트 복도에 자전거를 세워 두었다고 하자. 권위주의 부모는 "이 자전거 저쪽으로 치워라."라는 한마디면 끝이다. 아이는 부모의 지시에 따라야 한다. 하지만 유대인 부모는 이 기회를 대화하고 토론하는 기회로 삼는다.

P: "이렇게 복도에 자전거를 세워 두면 어떤 일이 일어날까?"
C: "사람들이 지나가는 데 방해돼요."
P: "사람들이 지나가다가 자전거에 부딪치게 되면 어떻게 되지?"
C: "사람들이 다쳐요."
P: "그럼, 네 자전거는 어떻게 되지?"
C: "자전거가 넘어져서 망가져요."
P: "그래, 지나가는 사람에게도 방해가 되고, 또 네 자전거도 망가질 수 있겠네!"
C: "네."
P: "그럼 자전거를 어떻게 하는 것이 좋을까?"

아이는 지시나 명령에 따라서 불만을 가지고 자전거를 옮기는 것이 아니라, 남에게뿐만 아니라 자신에게도 손해가 올 수 있음을 스스로 깨달아서 자전거를 옮기게 된다. 이것이 권위 있는 접근이다.

3) 아이가 실수를 했을 때

정답은 오히려 창의성을 막을 수도 있다. 아이가 어렸을 때 엄마나 교사에게 들은 말들은 모두 진리가 된다. 그래서 정답을 어른들로부터 듣게 되면 그 범위에서 아이는 벗어날 수 없다. 자동적으로 정답을 말하는 기계로 자랄 수도 있다.

아이가 틀린 답을 말하거나 실수를 할 때는 아이와 하브루타를 할 수 있는 가장 좋은 기회이다. 예를 들어, 아이가 컵에 우유를 가져오다가 실수로 우유를 쏟는 상황을 생각해 보자. 그러면 보통 이렇게 반응할 것이다.

"이런 바보야. 이게 무슨 짓이야?"

좀 점잖은 부모도 이렇게 반응할 것이다.

"이게 뭐니? 조심 좀 하지!"

아이가 실수했을 때 이렇게 반응하면 아이는 자신감과 자존감이 떨어진다. 실수하면 야단맞기 때문에 그 어떤 것도 시도하려 하지 않을 수도 있다. 아이는 누구나 실수할 수 있다. 태어나면서부터 모든 것을 잘할 수 있는 아이가 누가 있는가?

"실수는 누구나 하는 거란다. 쏟은 우유는 닦아 내면 돼."
"우유가 든 컵이 네게 너무 무거웠나 보구나. 컵에 손잡이가 있었다면 네가

물을 엎지르지 않았을 텐데."

아이는 실수를 하면 위축될 수밖에 없기 때문에 그것을 안심시키는 것이 가장 먼저이다. 아이의 실수한 행동에 집중하는 것이 아니라 대안에 집중하는 것이 중요하다. 아이의 인격이나 잘못에 초점을 맞추는 것이 아니라 그 실수를 통해 문제를 해결하는 과정과 방법을 아이가 배울 수 있는 기회로 만드는 것이 중요하다.

"왜 우유를 쏟게 되었을까?"

아이의 마음이 안정된 다음에 엄마가 이렇게 물으면 아이는 나름대로 생각을 해서 대답을 할 것이다.

"너무 무거웠어요."
"내가 뛰어서 그래요."
"컵을 꽉 잡지 않았어요."

아이의 대답을 듣고 그에 맞추어서 다시 대화를 계속하면 된다.

P: "얘야, 우유가 바닥에 있는데 이걸 어떻게 하면 좋을까?"
C: "깨끗하게 닦아 내야 돼요."
P: "그럼 무엇으로 하는 것이 좋을까? 수건이 좋을까, 쓰레받기가 좋을까, 아니면 숟가락이 좋을까?"

만일 아이가 숟가락이 좋다고 말을 하면 엄마는 직접 숟가락으로 우유를 닦는 시도를 해 보는 것이 좋다. 직접 해 보는 것만이 아이 것이 되기 때문이다.

이렇게 아이와 방법을 찾아 가며 대화를 나누게 되면 마룻바닥을 깨끗이 하는 데 시간은 걸릴지 모른다. 한국 부모들은 워낙 급하고, 빨리빨리 문화에 익숙하기 때문에 걸레 같은 것으로 우유를 서둘러서 닦아 내고 마무리하는 것이 훨씬 좋은 해결책이라고 생각할 것이다. 하지만 그렇게 되면 아이는 그 실수를 통해 아무것도 배울 수 없게 된다. 아이의 자신감이나 자존감은 낮아지고, 부모와의 관계성도 더 멀어진다. 아이는 실수할까 봐 그 어떤 시도도 하지 않게 될 수도 있다. 급할수록 돌아가라고 했다. 이런 대화의 과정이 아이에게 자신감을 심어 주고, 생각하게 한다. 이렇게 하는 것이 다음에 실수를 줄이는 최선의 길이기도 하다.

4) 하브루타의 네 단계

하브루타의 과정은 일반적으로 네 단계를 거친다. 하브루타의 질문은 네 가지로 구분할 수 있다. 사실, 상상, 실천, 종합이 그것이다.

첫 번째 단계는 사실 하브루타이다. 사실 하브루타는 내용 하브루타라고도 한다. 본문이나 내용에 대해서 사실적인 것들을 확인하는 것이다. 이것은 정답이 있다. 본문에 나와 있는 것들을 확인하는 것이기 때문에 정답이 있다. 이 단계는 알고 모르는 것을 확인하는 것이고, 이 단계 역시 중요하다. 왜냐하면 내용을 모르고서 대화와 토론이 길게 이루어지기 어렵기 때문이다.

두 번째 단계는 상상 하브루타로, 심화 하브루타라고 한다. 이 단계는 다양한 해답을 찾아내는 시간이다. 그 내용들을 바탕으로 유추하고 연상하는 사고를 하는 시간이다. 그 내용에 나와 있지 않지만 그 내용을 바탕으로 생각하고 상상하는 시간이다. 하브루타에서 어린이에게 이 단계가 아주 중요하다.

세 번째 단계는 적용 하브루타 또는 실천 하브루타의 단계이다. 그 본문의 내용을 구체적으로 지금의 나의 일상생활과 연결시켜 실천하고 적용하는 방

법을 모색하는 과정이다. 일상생활에서 실천하고 적용하는 방법을 찾는 하
브루타이다. 우리 교육은 알고 있는 것을 실천하지 않는 경우가 많다. 그러
므로 실천으로 이어지기 위해서는 알고 있는 것을 어떻게 실천해야 되는지
생각하고 토론해서 자기 것으로 만들어야만 한다. 본문의 내용에 대해 구체
적인 실천 방법과 적용 방법을 생각하게 하는 시간이다. 즉, 나라면 어떻게
할 것인가, 그 상황에서 나라면 어떻게 접근할 것인가 등과 같이 실천 방안
을 모색하는 과정이다.

　네 번째 단계는 메타 하브루타로 종합 하브루타라고도 한다. 앞에서 이루
어진 세 가지 단계를 꿰뚫는 질문을 던지는 시간이다. 내용 자체에 대해서
평가하고 판단하고 새로운 견해를 제시하는 시간이다. 예를 들어, 우리는 이
황의 사상에 대해서 배울 때 이황이 어떤 사상을 가지고 있는지에 대해서 주
로 연구하고 배운다. 하지만 유대인들은 그들에게 아주 유명한 랍비 힐렐 같
은 학자에 대해서도 힐렐이 어떤 사상과 생각을 가지고 있는지에 대해서도
배우지만 그 사상 자체에 대해서 평가하고 판단하는 질문을 던지는 것이 습
관이 되어 있다. 그러기 때문에 창의적이고 독창적인 생각을 자주 하고 더
나아가 노벨상을 많이 받는다. 그래서 메타 하브루타는 아이들에게는 상당
히 어려운 단계이다. 하지만 유아들에게 내용에 대한 새로운 생각이 무엇인
지, 이 생각을 넘어서는 다른 견해가 있는지 질문을 갖게 하는 것은 아주 중
요한 일이다.

　예를 들어, 탈무드에 나오는 한 이야기로 이 네 단계의 질문을 생각해 보자.

누가 공주와 결혼을?

어느 나라에 아름다운 공주가 있었어요. 그런데 그 공주가 병에 걸려 시름시름 앓기 시작했어요. 용하다는 의원이 모두 찾아와 치료를 해 봤지만 효험이 없었어요. 다급해진 왕은 궁궐 앞에 포고문을 붙였어요.

"공주의 병을 고쳐 주는 사람은 누구든 공주와 결혼을 시킬 것이며, 왕위를 물려주겠다."

신하들은 물론이고 백성들이 왕의 포고문을 읽으며 여기저기서 웅성거렸어요.

"공주님의 병을 고쳐 주면 사위로 삼겠다고? 게다가 왕위까지 물려준다고? 와~ 정말 대단한데……."

어느새 온 나라의 의원들이 몰려와 공주를 살펴봤지만 모두들 한결같이 머리를 절레절레 흔들었어요. 공주는 이름도 알 수 없는 병에 걸린 것이지요. 왕의 얼굴엔 근심이 가득해져만 갔어요. 그런데 아주 먼 나라에 각기 보물을 가지고 있는 세 왕자가 있었어요.

첫째는 아주 멀리서도 볼 수 있는 망원경을 가졌고, 둘째는 하늘을 날아다닐 수 있는 양탄자를 가졌고, 막내는 어떤 병도 고칠 수 있는 마법의 사과를 가지고 있었어요. 어느 날 망원경으로 멀리까지 보고 있던 첫째가 무릎을 쳤어요. 궁궐 앞에 붙어 있는 포고문을 보았던 것이지요.

"공주님이 몹쓸 병에 걸렸군. 공주님 병을 치료하는 사람은 공주님과 결혼할 수 있을 뿐만 아니라 왕위도 물려받는다는군!"

세 왕자는 공주의 병을 고치기 위해 힘을 모으기로 했어요. 이렇게 해서 세 왕자는 둘째의 마법 양탄자에 올라타고 궁궐로 날아갔어요. 그리고 눈 깜짝할 사이에 궁궐 앞에 도착했어요. 서둘러 궁궐 안으로 들어간 후 막내 왕자는 공주에게 마법의 사과를 먹였고, 그 사과를 먹은 공주는 언제 아팠냐는 듯이 자리를 털고 일어났어요. 왕은 몹시 기뻐했고, 궁궐은 잔치로 떠들썩했어요. 하지만 이젠 새로운 걱정거리가 하나 생겼어요. 신랑감을 결정할 때가 되었는데, 세 왕자는 서로 자신의 공이 더 크다고 주장했어요.

- **사실(내용) 하브루타: 사실적인 내용 이해하기**
  - 아름다운 공주에게 어떤 일이 일어났는가?
  - 공주의 병을 고칠 수 없자, 왕은 어떤 포고령을 내렸는가?

- 의원들은 왜 공주의 병을 고칠 수 없었는가?

- 먼 나라의 왕자는 몇 명이었는가?

- 첫째 왕자가 가진 보물은 무엇이었는가?

- 둘째 왕자가 가진 보물은 무엇이었는가?

- 셋째 왕자가 가진 보물은 무엇이었는가?

- 첫째 왕자는 자신이 가진 보물로 어떤 일을 했는가?

- 둘째 왕자는 자신이 가진 보물로 어떤 일을 했는가?

- 셋째 왕자는 자신이 가진 보물로 어떤 일을 했는가?

- 공주는 무엇을 먹고 병이 깨끗하게 나았는가?

- 왕자들은 무엇 때문에 다투었는가?

• **상상(심화) 하브루타: 마음껏 상상하고 깊이 있게 생각하기**

- 임금은 왜 공주를 살려 주는 사람에게 왕위까지 물려주겠다고 했는가?

- 세 왕자의 말을 듣고 있던 왕은 누구를 공주와 결혼시켰을까?

- 그 이유는 무엇일까?

- 세 왕자의 보물은 현재 각각 어떻게 되었는가?

- 망원경과 양탄자 그리고 사과의 차이점은 무엇인가?

- 사과의 단점은 무엇인가?

- 만일 셋째가 사위가 되고 장차 왕위를 이어받았다면 셋째는 왕의 자격이 있는가?

- 그렇다면 사위가 왕 역할을 잘하도록 왕은 어떤 조치를 취해야 할까?

- 만약 공주가 셋째와 결혼하는 걸 싫어한다면 어떻게 될까?

- 공주에게 이미 사랑하는 사람이 있다면?

- 셋째가 외동딸을 싫어하여 결혼하기를 거부하면 어떻게 될까?

- 셋째와 공주가 결혼하면 행복하게 잘 살았을까?

- 이런 문제를 생각해 볼 때 임금이 공주와의 결혼까지 약속한 것은 무리가 아닐까?

- **적용(실천) 하브루타: 실생활에서 실천하고 적용하기**
  - 공주를 살려야 하는데 아주 친한 친구 한 명이 죽어 가고 있다면 어떻게 하겠는가? 만일 부모가 죽어 가고 있다면 어떻게 하겠는가?
  - 공주를 살려 주는 사람에게 왕위까지 물려주는 건 적절한 보상인가?
  - 임금은 삼형제 중 한 사람을 사위로 삼아야 한다. 왕으로서 가장 중요한 덕목이 무엇이라고 생각하는가?
  - 내가 왕자이고 다음에 왕이 된다면 나는 무엇을 준비할 것인가?
  - 나는 어떤 것이든 아낌없이 준 적이 있는가? 주고 나서 어땠는가?
  - 나에게 가장 귀한 것이 무엇인가? 그 귀한 것을 어떨 때 사용할 것인가?
  - 나의 희생이 꼭 필요한 때가 온다면 아낌없이 줄 것인가?

- **메타(종합) 하브루타: 내용에 대해 평가하고, 다른 의견 제시하기**
  - 내가 왕이라면 누구를 공주와 결혼시키겠는가? 그 이유는 무엇인가?
  - 세 왕자 중에 한 사람을 나로 해서 이야기를 전혀 다르게 꾸며서 이야기해 보자.
  - 이 이야기를 간략하게 요약해서 이야기해 보자.
  - 이 이야기에서 가장 크게 느낀 점은 무엇인가?
  - 이 이야기를 들으면서 가장 크게 드는 질문은 무엇인가?

4. 세종 시대를 만드는 길

유대인들이 노벨상을 30% 차지하게 한다.
하버드 대학교와 예일 대학교를 비롯한 아이비리그의 30%를 차지하게 한다.
금융, 경제, 교육, 법률 등 각계각층에서 성공하게 만든다.
유대인 가족들을 모두 행복하게 한다.

자녀들과의 애착이 해결된다.

2000년만에 이스라엘이라는 나라를 세우게 만들었다.

유대인들이 세계적으로 끈끈한 네트워크를 형성하는 비결이다.

이스라엘이 창업국가가 되는 이유이다.

구글이나 페이스북 등의 기업이 몇 년만에 세계 최고가 되게 한다.

학생들이 즐겁게 공부하면서도 실력은 쑥쑥 자라게 하는 방법이다.

학생들이 공부하는 시간이 짧으면서도 효율성이 높은 방법이다.

시끄럽게 떠드는 데 공부가 된다.

저절로 친구관계가 좋아진다.

창의적인 아이디어가 자란다.

소통, 협력, 사회성, 대화 방법을 익히게 된다.

자기 주도 학습이 저절로 된다.

비판적 사고력, 논리적 사고력이 계발된다.

이런 모든 것들을 가능하게 하는 것, 그것이 하브루타이다.

미국경영연합회(American Management Association: AMA)에서 21세기에 가장 필요한 역량으로 네 가지 C(4C)를 꼽았다. 그것이 비판적 사고력(Critical thinking), 소통(Communication), 협력(Collaboration), 창의성(Creativity)이다. 네 가지 중에 강의를 통해 기를 수 있는 것이 있는지 생각해 보자. 그런데 하브루타를 하게 되면 말하는 공부이기 때문에 소통이 저절로 되고, 함께하는 공부이기 때문에 협력이 자연스럽게 가능해진다. 더불어서 질문과 토론의 공부이므로 비판적 사고력과 창의성을 기르는 데 가장 좋은 방법이다. 즉, 하브루타를 하게 되면 이 네 가지 능력을 가장 잘 기를 수 있는 것이다.

교실에서 소통하지 않으면 소통하는 나라가 될 수 없다. 교실에서 대화와 토론을 하지 않으면 대화와 토론, 협상이 잘 이루어지는 국가가 될 수 없다. 교실에서 친구와 협력하면서 상생하지 않으면 협력하고 상생하는 문화를 만들 수 없다. 교실에서 질문이 잘 이루어지지 않으면, 질문하는 국민을 만들 수 없다. 교실에서 생각하지 않으면, 생각하면서 사는 국민을 만들 수 없다.

인성은 관계성에 기초한다. 인성이 길러지려면 함께하는 활동을 늘리면 된다. 그러면 저절로 경청, 배려, 책임감, 협력 등등의 인성들이 길러진다. 또 행복 역시 관계성에서 온다. 가정의 행복도 가족 간의 관계성에서 오고, 사회에서의 행복도 사회에서의 관계성에서 온다. 관계가 깨지면 불행한 것이고, 관계가 따뜻해지면 행복한 것이다. 하브루타는 그런 관계성에 최고의 방법이다. 하브루타를 하면 인성이든 행복이든 해결되는 것이다.

황희를 비롯하여 맹사성, 허조, 성삼문, 박팽년, 정인지, 신숙주, 이개, 김종서, 박연, 장영실 등 우리에게 익숙한 사람들의 공통점이 무엇일까? 모두 한 시대 사람들이다. 바로 세종 시대의 사람들이다. 특별히 세종이 왕이었을 때 천재들이나 인재들이 많이 태어났던 것일까? 그것은 아닐 것이다. 왜 수많은 왕 중에서 세종 시대에 이런 인재들이 배출될 수 있었을까? 인재들이 자신의 능력을 최대로 발휘할 수 있게 했기 때문에 가능한 일이다.

우리나라 역대 최고의 왕은 누구인가? 그 누구든 세종대왕을 꼽을 것이다. 왜 세종대왕 시대에 한글이 창제되고, 각종 과학 기술의 발명품들이 쏟아지고, 백두산과 두만강까지 땅을 넓히고, 대마도를 정벌할 수 있었을까? 세종이 어떻게 했기에 많은 신하가 각자의 능력을 최고조로 발휘할 수 있었을까?

『세종실록』에 의하면 세종이 왕이 된 다음에 가장 먼저 한 말이 나와 있다. 세종은 왕이 된 다음에 가장 먼저 어떤 말을 했을까? 바로 "의논하자."였다. '너희들, 나와 토론을 해 보자.'는 것이었다. 왕이 모든 인물을 잘 알 수 없으니 신하들과 하나하나 의논하여 관리를 임명하자고 하였다. 세종은 한마디로 토론과 소통의 대가였다. 무엇이든 신하들과 토론했다. 토론을 하는 데 있어서는 상하가 따로 없는 치열한 논쟁의 연속이었다.

한글 사용 반대나 불교배척에 앞장섰던 최만리와 세종의 논쟁은 특히 유명하다. 그야말로 군신의 관계를 뛰어넘는 인간 대 인간의 논쟁이었다. 더욱이 『세종실록』에 따르면 최만리는 "고개를 들어 임금의 눈을 똑바로 쳐다보면서 소리를 높여" 왕에게 대들 듯이 따지고 들었다. 다른 왕이었으면 이런 무례한 신하를 어떻게 했을지는 자명하다. 그러나 토론과 논쟁을 하는 자리에서 세종의 첫마디는 그 어떤 경우에서도 똑같았다고 한다.

"너의 말이 참으로 아름답다. 그러나 나는 이런이런 이유로 그것에 반대한다."

1430년에 조선왕조의 조세제도를 개혁하였는데, 세종이 전국 17만 2,806명에게 여론조사를 하여 17년간의 토론 후에 이루어진 일이다. 조세제도 하나를 바꾸기 위해 장장 17년 동안 토론한 것이다. 진정 무엇이 백성들을 위한 길이고 나라가 부강해지는 길인지 토론하고 토론했다.

그럼 세종이 가장 많이 썼던 말은 무엇일까?

"경의 생각은 어떠시오."

이 말이다. 신하들의 생각과 의견을 끊임없이 물었다. 신하들의 생각을 계속 끄집어내어 그들이 자신들이 가진 생각과 능력을 100% 펼칠 수 있도록 했다. 이것은 다름 아닌 "네 생각은 어때?"란 말을 왕이 신하에게 한 것이다. 이 질문에 대해 신하가 자신의 생각이나 의견을 이야기하면 세종은 또 물었다.

"왜 그렇게 생각하시오?"

세종대왕의 시대를 만드느냐, 연산군의 시대를 만드느냐는 공부 방법 또는 교육 방법, 수업 방법에 달려 있다. 세종대왕이 가장 많이 썼던 말인 "경의 생각은 어떠시오?"는 유대인 부모나 교사가 가장 많이 쓰는 "마따호세프(네 생각은 어때)?"와 동일한 말이다. 20년 동안 하는 공부를 소통과 토론으로 하면 세종의 시대를 만들어 가게 되고, 일방적으로 강의하고 설명하고 혼자 외우면 일방의 시대, 독재의 시대, 연산군의 시대로 연결된다.

📁 참고문헌

고재학(2010). 부모라면 유대인처럼. 경기: 위즈덤하우스.

박재선(2010). 세계를 지배하는 유대인의 파워. 서울: 해누리.

박현모(2014). 세종이라면. 서울: 미다스북스.

세종, 정영훈 엮음(2016). 세종의 말. 서울: 소울메이트.

양동일(2014). 토론 탈무드. 서울: 매일경제.

전성수(2011). 복수당하는 부모들. 서울: 베다니.

전성수(2012a). 부모라면 유대인처럼 하브루타로 교육하라. 경기: 예담.

전성수(2012b). 자녀교육 혁명 하브루타. 서울: 두란노.

전성수(2012c). 헤브루타 그림성경. 서울: 두란노 키즈.

전성수(2014a). 유대인 엄마처럼. 서울: 국민출판사.

전성수(2014b). 최고의 공부법. 서울: 경향BP.

전성수, 김석화, 서순원, 정경화, 정옥희, 정희란, 최대규(2015). 질문이 있는 교실 초등편, 중등편. 서울: 경향BP.

전성수, 양동일(2014a). 유대인 하브루타 경제교육. 서울: 매일경제.

전성수, 양동일(2014b). 질문하는 공부법 하브루타. 서울: 라이온북스.

조벽(2010). 인재혁명. 서울: 해냄출판사.

현용수(2006). 유대인 아버지의 4차원 영재교육. 서울: 동아일보사.

Boteach, S. (2006). *10 conversations you need to have with your children*. 정수지 역(2009). 유태인 가족대화. 서울: 랜덤하우스코리아.

Holzer, E., & Kent, O. (2013). *A philosophy of Havruta*. New York: Academic Studies Press.

Parry, A. (2004). *The Talmud*. New York: Alpha.

Schuster, D. T. (2003). *Jewish lives, Jewish learning*. New York: UAHC Press.

Socken, P. (Ed.) (2009). *Why study Talmud in the twenty-first century?* Lanham: Lexington Books.

Stadler, N. (2009). *Yeshiva fundamentalism: Piety, gender, and resistance in the ultra-orthodox world*. NY: NYU Press.

Torah Aura Productions (2007). *Talmud with training wheels*. LA: Joel Lurie

Grishaver.

Wolpe, D. J. (1993). *Teaching your children about God*. New York: Harper.

제11장
스마트교육을 통한 인성교육

1. 들어가기

인성교육은 가정에서 비롯되고 국가적 차원에서 지원되는 것이 마땅하기 때문에 그 책임이 학교와 교사에게만 전적으로 주어지는 것은 바람직하지 않다. 학교에서도 어느 정도의 책임을 공유하고 인성교육활동에 전력을 다해야 하는 것은 당연한 일이다. 특히 인성교육은 어려서부터 습관과 내면화가 쉽게 이루어져야 하므로 가정과 학교가 서로 소통을 통하여 깊이 있는 접근을 해야 한다.

교사는 인성을 구성하는 핵심 요소가 무엇인지, 즉 어떤 덕목과 역량에 맞추어 무엇을 가르쳐야 하는가라는 고민에서부터 인성교육의 첫 단추를 꿰기 시작한다고 볼 수 있다.

학교의 인성교육은 교과활동과 창의적 체험활동, 학급경영을 통하여 대부분 이루어진다. 교실에서 가장 많은 시간을 할애하는 교육활동이 교과활동이라는 사실에 입각하여 교사는 학생들의 삶과 연결시켜 주는 교과수업 속에서 인성교육을 최대한 다루어야 한다.

4차산업혁명과 21세기 미래교육을 준비하는 이때에 인성교육이 도덕(윤리)교과와 일치할 수는 없는 것이다. 도덕적 정체성과 올바른 인성을 형성하는 과정은 주로 도덕교과에서 다루지만, 도덕적 추론 능력을 계발하고 학생의 참여를 이끌며 상호작용을 통한 다각적인 인성교육은 전 교과에 걸쳐서 통합이나 융합교육을 통하여 접근하는 것이 효과적이다.

1) 사이버 학교폭력의 원인

학교폭력 감소 반면, 사이버폭력 3년간 62%↑
SNS · 메신저 이용 언어폭력 · 괴롭힘 대책 필요

최근 사회관계망서비스(SNS)에서 괴롭힘을 당하던 중학생이 스스로 목숨을 끊은 사건이 발생한 가운데 사이버 학교폭력 피해에 대한 대책이 요구되고 있다. 19일 ○○지방경찰청에 따르면 전국 사이버 학교폭력 발생 건수는 2012년 900건에서 2015년 1,462건으로 최근 3년 새 62%(562건) 늘었다. 하루 평균 4건 꼴이다. 이는 전체 학교폭력이 줄어드는 추세와 대조적이다. 전체 학교폭력은 2012년 2만 4,709건에서 2015년 1만 9,968건으로 19.1% 감소했다.

사이버 학교폭력은 신체적 폭행보다 무서운 신종 학교폭력으로 청소년들의 인터넷 · 스마트폰 의존도가 높아지면서 SNS나 모바일메신저 등을 매개로 확산되고 있다. 신체적 폭행의 경우 물리적 제재가 가능한 만큼 학교 측의 감시가 중요하지만, SNS 등에서 이루어지는 괴롭힘은 눈에 띄지 않아 감시가 어렵다.

학교폭력 피해 응답률을 살펴보면 사이버 괴롭힘을 당했다고 응답한 학생의 비율은 올해 기준 6.3%로 집계됐다. 이는 2013년의 7.3%에 비해 줄어든 수치이지만 올해 학교폭력 피해 응답률인 1.1%에 비하면 6배 가까이 높다.

2) 21세기 환경변화와 스마트교육의 필요성

21세기에는 **전통적인 학교체제에서 개방화, 유연화, 분산된 학교체제로의 전환**을 요구받고 있다.

첫째, 학교체제에서 담당하던 교육이 글로벌, 지역사회, 가정, 이동공간으로 교육 공간의 확대가 진행되고 있다.

둘째, 교과 위주의 지식에서 창의성, 문제해결력, 의사소통 능력의 향상으로 학생에게 요구되는 역량이 확대되고 있다.

셋째, 학생에게만 요구되던 교육이 지역사회 주민, 마을공동체의 개념으로 수요자가 확대되고 있다.

넷째, 수업시간에만 진행되던 교육이 거꾸로 교실이나 이러닝 등 언제, 어디서든지 수업 환경에 접속할 수 있도록 시간과 공간의 제약이 없어지고 있다.

3) 21세기 학습자에게 요구되는 역량

기존의 학교교육에서 요구되는 학습자의 역량은 읽기, 셈하기, 쓰기를 잘하는 학생을 길러 내는 것이 중요했다. 평가 방식 또한 3R을 잘하는 학생인지 아닌지를 평가하는 것이 주를 이루고 있다.

그러나 21세기는 **3R의 능력으로서는 감당하기 힘든 복잡한 사회로 체제가 변**화하고 있다. 지식의 대량생산, 혁신적인 기술 발달 등으로 인해 **21세기 사회는 창의성, 협업 능력, 의사소통 능력, 비판적 사고력, 바른 인성을 갖춘 학습자 역량**이 필요하게 되었다.

이러한 교육 패러다임의 변화에 적응하기 위해 교육 내용, 교육 방법 및 평가 등 교육체제를 혁신하는 동력으로서 스마트교육의 등장은 필연적일 수밖에 없다. 사회가 변화하고 교육환경이 변화하며 우리의 학습자가 변화하고 있다. 이에 따라서 인성교육의 방법도 변화하지 않을 수 없다.

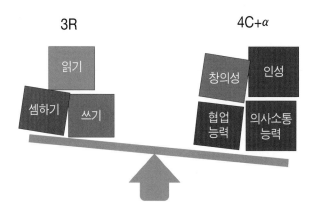

2. 스마트교육과 인성교육

학교폭력을 예방하기 위해서 중점적으로 신경 써야 할 것은 학생과 교사의 소통이 원만하게 진행되는가이다. 공감, 배려의 인성 요소를 통한 교육이 절실하다. 누군가와 서로 공감할 때, 사람과 사람 간의 관계는 보다 깊어질 수 있다. 오쇼 라즈니쉬(Osho Rajneesh)의 말처럼 21세기 교육에서는 공감과 소통을 중요히 여긴다.

특히 소통을 통해 대인관계능력을 향상시킨다. 공감은 관심에서 비롯되고 경청을 통하여 강화되며, 공감을 받는 사람의 입장에서는 누군가가 나의 이야기에 귀 기울이고 심정을 헤아려 주기 때문에 상처가 치유되며 앞으로 나아갈 수 있는 힘을 얻게 되는 것이다.

동일한 과제가 제시될 때 공감능력이 높은 아이가 부모나 교사의 의도를 정확하게 인식하고 수행하며 이에 따라서 목표 달성이 보다 쉽게 이루어지며 성취수준도 높게 나타나게 되는 것을 볼 때, 옛날이든 미래이든 공감에 대한 정의는 큰 틀을 벗어날 수 없는 것이다.

1) 소셜 네트워크 서비스(SNS)를 활용한 인성교육

SNS를 정의하면 social은 '사회'라는 영어 단어에서 온 것으로 '사람들이 모여 있다'라는 의미를 가진다. 'network'는 '사람들이 일련의 관계에 의해 모인 관계망'을 의미하는데, 이 둘의 조합인 'social network'는 '사람들이 연결되어 있는 관계망'으로 표현할 수 있다(백인걸, 2009).

사회학에서 소셜 네트워크는 개인, 집단, 사회의 관계를 네트워크로 파악하는 개념이다. 즉, 개인 또는 집단이 네트워크의 하나의 노드(node)이며, 사회연결망은 이 각 노드들 간의 상호 의존적인 관계(tie)에 의해 만들어지는 사회적 관계 구조를 말한다. 모든 노드는 네트워크 안에 존재하는 개별적인 주체들이고, 타이(tie)는 각 노드들 간의 관계를 뜻한다.

개방, 참여, 공유를 기반으로 하는 웹 환경에서 SNS(소셜 네트워크 서비스)는 관계 맺기를 기반으로 하여 다양한 서비스를 지원하는 형태로 발전하였다. 이러한 웹의 개념에 기반을 둔 SNS는 대용량 멀티미디어 사용을 지원하거나 소셜 네트워크를 구축하기 위한 플랫폼을 제공하거나 소셜 네트워크 구축을 기반으로 하여 클라우드 공동제작 등을 지원하는 등 다양한 형태로 발전하였다(조권형, 2014).

(1) 수업 활용

SNS를 수업에서 활용하는 방법은 여러 가지가 있다. **첫 번째는 수업에서 사용할 수 있는 상황 외의 시간에서 활용도가 크다는 것이다. 수업시간 외에 수업에 관련된 공지사항을 학생들에게 전달할 수도 있다.** 물론 다양한 방법으로 전달할 수 있지만 SNS를 사용한다면 많은 학생에게 한 번의 클릭으로 한꺼번에 전달할 수도 있다. 그 이유는 SNS가 1:N의 의사소통에서 큰 강점을 가지고 있기 때문이다. 휴대폰의 전화나 문자 기능은 1:1의 커뮤니케이션에서 유리하지만 1:N의 커뮤니케이션에서는 시간과 비용이 발생할 수 있다. 학교 게시판과 같이 다른 기반의 서비스와도 인터넷으로 연결되어 있다면 호환이

가능하기 때문에 효율적으로 사용할 수 있다.

(2) SNS를 활용한 소통

교실에서 많은 수의 학생들과 한꺼번에 소통하기 위해서는 많은 노력이 필요하다. 학생과 소통하기 위한 방법은 SNS 자체의 기본 기능인 의사소통 기능을 활용하는 것이다. 학생들과 의사소통을 함으로써 학생들의 성향과 학교 분위기를 파악하는 것은 수업뿐만 아니라 학교생활에서도 많은 도움을 줄 수 있다. 특히 오프라인에서 말하기 힘든 것들을 온라인을 통하여 대화함으로써 다양한 학생들의 생각을 파악한다면 효율적인 수업과 동시에 교실수업에 있어서 다양한 접근을 시도할 수 있다.

학생들은 학교라는 틀 안에서 수업을 통해 얻어진 지식뿐만 아니라 교실 속에서 다양한 상황에 부딪히게 된다. 그 상황을 일일이 교사가 파악하기는 어려우며, 교사가 알지 못하는 상황이 발생하기도 한다.

이러한 상황이나 어려움을 SNS를 통해서 학생들과 의사소통을 하게 된다면 효율적으로 상호작용이 가능하다.

아직까지 많은 학교에서는 학생들과 의사소통이 원활히 되지 않아 문제점을 보이는 경우가 많다. 우선적으로 학생들에게 쉽게 접근할 수 있고 빠르게 대처할 수 있는 SNS를 활용한다면 학생들의 다양한 사회문제를 줄일 수 있다.

(3) SNS를 활용한 상호작용

교실에서의 상호작용은 중요하다. 특히 질의 응답은 교육적 활용에서 많은 부분을 차지한다. 학생들이 교육자에게 질문을 할 경우 교사는 소셜 네트워크의 기능을 활용해 직간접적인 답변을 할 수 있다. 예를 들어, **트위터의 경우 해시태그(#그룹명) 기능을 활용**하여 질문과 답변을 하게 된다면 다른 학생들도 함께 질문과 답변을 볼 수 있기 때문에 효율적인 질의 응답을 할 수 있다. 또한 질문을 검색하여 이전에 관련된 글을 볼 수 있기 때문에 여러 측면에서 다양한 기능을 활용할 수 있다.

또한 질문자와 답변자가 정해지지 않고 모두가 질문, 답변을 할 수 있기 때문에 토론 학습을 유도할 수 있다. 이러한 질의 응답은 수업시간에만 이루어지는 것이 아니라 수업 외의 시간에서도 이루어질 수 있기 때문에 좀 더 학생들에게 공부할 수 있는 환경을 만들어 줄 수 있는 장점을 가지고 있다.

기존의 방법은 질문자와 답변자가 정해져 있고 1:1의 형태로 존재하였지만 소셜 네트워크를 사용한다면 선생님과 학생은 서로 질문자가 되고 답변자가 될 수 있으며 교사의 피드백을 통해서 학생과 토의 토론학습도 가능하다.

2) SNS를 활용한 스마트교육 방법

(1) 학습자료 공유

학습에 필요한 자료는 기존의 게시판을 통하여 배포하는 방식이 아닌 RSS[1] 기능을 활용하여 자동적으로 필요한 자료를 쉽게 배포하고 받을 수 있는 장점이 있다. 이러한 기능은 자신이 새롭게 등록한 글을 다른 사람들에게 쉽게 전달할 수 있으며 다른 사람이 등록한 글 또는 자료를 손쉽게 받을 수 있다는 장점이 있다.

이뿐만 아니라 오프라인에서 공유하기 어려운 인터넷 사이트나 유튜브의 URL을 공유함으로써 인터넷의 방대한 자료에 쉽게 접근할 수 있고, 거꾸로 교실 등 교육적으로도 매우 유용하게 활용될 수 있다.

현재 다양한 분야의 지식을 인터넷을 통하여 접할 수가 있다. 이러한 지식과 정보를 학급 SNS로 공유한다면 거꾸로 학습을 통한 수업 적용도 가능하다.

---

1) RDF Site Summary, Rich Site Summary 등의 약칭으로 뉴스나 블로그와 같이 콘텐츠 업데이트가 자주 일어나는 웹사이트에서, 업데이트된 정보를 쉽게 사용자들에게 제공받아 메일을 읽듯 바로 알려 준다.

(2) SNS를 통한 전문가 멘토링 학습

미래학교에서 가르치는 자는 교사만이 아니다. 학생, 지역사회의 인사, 해당 분야의 전문가, 학부모 등 다양한 계층의 사람들이 교사가 될 수 있다. 특히 해당 분야의 전문가를 이용한 멘토링 학습은 학생의 흥미와 수준에 맞는 개별학습이 가능하게 해 준다. 최근 소셜러닝이 화두가 되고 있는데, SNS를 기반으로 다양한 전문가들이 학생의 멘토로서 교육에 참여하는 경우가 크게 늘어나고 있다. 여기서 교사의 역할은 학생들의 배움 활동을 위해 수업의 인적 · 물리적 학습자원을 준비하는 것이다.

(3) 개인정보 보호의 중요성

SNS를 사용하면서 반드시 주의해야 할 사항들이 있다. SNS도 마찬가지로 해킹의 대상이 된다는 것이다. SNS를 보면 대부분 자신의 프로파일을 설정할 수 있는데, 이곳에 자신이 자주 사용하는 아이디를 기재하거나 로그인할 때 로그인유지 기능을 체크하고 로그아웃을 안 하면 해킹의 위험이 높아진다. 특히 공공장소나 PC방과 같은 여러 사람이 사용하는 컴퓨터에 실수로 로그아웃을 안 해서 피해를 볼 수 있으며, 이로 인하여 **SNS에 있는 지인에게 보이스 피싱을 유도하거나 악성코드가 존재하는 인터넷 사이트 URL을 올려서 접속하도록 유도하여 피해**를 준 사례가 있다. 이 사례들은 최근에 들어서 급증하고 있으며 정신적, 금전적으로 많은 피해가 있으므로 반드시 주의해야 할 사항들이다.

다른 주의사항으로는 페이스북, 트위터, 블로그에서 **개인적인 사진을 철저히 관리해야 한다는 것이다.** 사진 속에는 친구나 가족 등에 대한 많은 정보들이 들어 있다. 범죄자들은 가족을 협박하거나 사기를 칠 때 이러한 사진들을 악용할 수 있으므로 사진 관리에 신경 써야 한다.

무분별한 친구 만들기에도 주의해야 한다. SNS를 통해서 순수한 의도가 아닌 범행을 저지르기 위해 접근하는 범죄자들이 존재한다. 대다수의 사용자들은 그렇지 않지만 최근에 범죄를 목적으로 접근하여 피해를 주는 사례들이 있기 때문에 주의해야 한다.

3. 인성교육 활용의 실제

1) 클래스팅을 활용한 밥상머리 교육활동

(1) 밥상머리 교육의 정의

밥상머리 교육이란 가족이 모여 함께 식사하면서 대화를 통해 가족 사랑과 인성을 키우는 시간을 의미한다.

최근 삶의 질이 높아지면서 행복에 대한 관심도 급증하고 있다. 인간은 누구나 최상의 목표를 행복으로 잡고 있을 정도로 우리는 행복하기를 원하고 행복하고자 노력하며 살고 있다. 행복한 사람과 불행한 사람의 특성을 비교한 결과, 행복한 사람들은 학교나 직장에서 더 우수한 성취를 나타냈으며, 다른 사람들과 좋은 관계를 형성하고 평균 수명도 더 길었다(임영진, 2010; Lyubomirsky, King, & Diener, 2005). 이러한 인간의 행복은 어린 시절 자신과 가장 밀착된 관계인 부모와의 관계에서 시작된다. 그러나 현대사회는 가족이 함께하는 시간이 부족할 정도로 바쁘고 하루하루를 빠르게 지내고 있어 가족의 소중함이 희석되면서 가족문제가 많이 발생하고 있다. 이러한 문제를 해결하고자 가족사랑과 자녀 인성교육의 시간으로 밥상머리 교육을 클래스팅(classting)과 함께 매월 1회 운영하였다. '클래스팅 밥상머리' 부모코칭은 경쟁과 소비가 강조되는 문화 속에서 우리가 놓치기 쉬운 가족 간의 사랑과 인성을 배울 수 있는 시간을 만들 수 있다.

(2) 밥상머리 교육 효과

① 아이들이 똑똑해진다
- 가족식사시간의 대화가 언어습득과 언어구사에 매우 효과적이다.
- 가족식사 횟수가 많을수록 학업성적에 긍정적인 효과를 준다.

② 아이들이 안정감을 느낀다
- 가족식사가 아이들의 음주, 흡연 등 부적응행동을 줄여 준다.
- 부모와 식사를 자주 하면 우울증이 줄고 정서적으로 안정된다.

③ 아이들이 예의 바른 행동을 한다
- 가족식사는 작은 예절수업시간이다.
- 밥상머리 식탁은 예절, 공손, 나눔, 절제, 배려를 학습하는 곳이다.

④ 아이들이 건강해진다
- 가족식사로 균형적인 식습관이 형성되고, 비만, 식사장애 등이 줄어든다.

⑤ 가족이 모두 행복해진다
- 가족식사를 함께하면 가족 간 강한 유대가 생기고 행복감을 느낀다.

(3) 밥상머리 교육의 좋은 사례

1. 일주일에 두 번 이상 '**가족식사의 날**'을 가진다.
2. 정해진 **장소**에서 정해진 **시간**에 함께 모여 식사한다.
3. 가족이 함께 **식사를 준비**하고 함께 먹고 **함께 정리**한다.
4. **TV**는 끄고, **전화**는 나중에 한다.
5. 대화를 할 수 있도록 **천천히** 먹는다.
6. **하루 일과**를 서로 나눈다.
7. '**어떻게 하면 좋을까?**' 식의 열린 질문을 던진다.
8. 부정적인 말은 피하고 **공감과 칭찬**을 많이 한다.
9. **아이의 말**을 중간에 끊지 말고 끝까지 **경청**한다.
10. **행복하고 즐거운** 가족식사가 되도록 노력한다.

| 가족 여행 중 가족과 함께한 밥상머리 교육 | 동생과 함께 사이좋게 식사하기 |

| 부모님께 감사하기(식사 차리기) | 부모님 일 도와주기 미션활동 |

출처: 정용석 선생님의 학급 클래스팅.

　SNS을 활용한 수업은 확산적인 사고가 가능하게 되어 주어진 상황을 다양하게 이해하고 토의 토론의 문제해결 방법을 창의적으로 해결하는 데 효과적이다. 클래스팅의 클래스를 추가해서 '뽀로로와 함께하는 1박 2일'에서 학습과제에 대한 의견이나 정보를 학급 학생과 교사들이 모두 공유하고, 작성한 글들에 대한 선생님의 평가와 피드백이 즉각적으로 가능하다. 특히 올바른 가정에서의 학습태도를 향상시키기 위한 1일 1착한 행동하기 활동으로 다양한 사례가 나오기 때문에 학부모들에게 큰 호응을 얻게 되었다.

뽀로로와 독서하기	정리정돈 잘하기

뽀로로와 함께 숙제하기	동생에게 책 읽어 주기

출처: 정용석 선생님의 학급 클래스팅.

2) SNS를 활용한 생명존중교육

학생들의 생명존중교육을 위한 병아리 키우기 프로젝트를 진행하면서 우리 주변의 가까운 동물을 이용한 활동을 고민하던 중 직접 학급에서 병아리 키우기 활동을 진행하였다. 부화기를 이용해서 병아리 부화까지의 학급활동의 모습을 클래스팅에 담고, 어느 정도 키운 병아리는 희망하는 학생에게 분양하여 직접 키우게 하며 클래스팅을 활용하여 그 과정에 대해 학생들의 생각을 공유하도록 하였다.

〈주제〉 클래스팅을 활용한 생명 사랑 생각 공유하기 활동

첫째 ➡	학급에서 키우고 싶은 애완동물 정하기
둘째 ➡	애완동물을 잘 키우기 위한 방법 및 우리 집 애완동물 사육법 공유하기
셋째 ➡	클래스팅을 활용한 생명 사랑 생각 공유하기

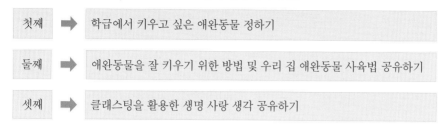

| 사랑해 삐약아 소중히 다루기 활동 | 부화기에서 태어나는 병아리 |

출처: 정용석 선생님의 학급 클래스팅.

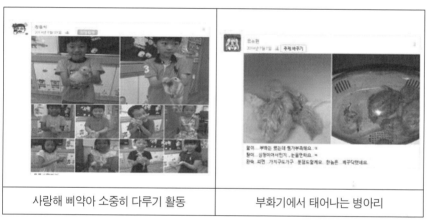

| 나의 애완동물 사육법 공유 | 분양받은 삐약이의 생태 기록하기 |

출처: 정용석 선생님의 학급 클래스팅.

3) 친한 친구 만들기 프로젝트 활동하기

스마트폰의 보급으로 실시간 사진 및 영상 전달의 속도가 매우 빠르게 발전하였다. 특히 학교폭력 예방교육 프로그램 운영을 위한 다양한 사례가 나오고 있으나 각급 학교에서 적용하기는 사정에 따라 힘들 수 있다.

매월 친구 사랑의 날 학급 프로그램으로 친한 친구 만들기 프로젝트를 실시하는데, 학급의 친구들 모두와 함께 친하게 지내 보자는 '친친 활동'은 모둠별로 돌아가면서 마니또 만들기, 친구를 방과 후 집에 초대하기, 친구 사랑의 날 감사 편지 쓰기 등의 활동 모습과 생각을 공유하고 가정과 연계하여 진행하였다.

게임을 하는 스마트폰에서 친구와 놀이하는 모습을 사진이나 영상으로 찍어서 공유하는 활동으로 다른 친구들의 관심과 학부모들의 긍정적인 반응을 불러일으키는 활동이 되었다.

친구야 같이 놀자 활동	교실 속 친한 친구 만들기

| 친구 사랑의 날 운영 | 활동 후 NGT 활동하기 |

출처: 정용석 선생님의 학급 클래스팅.

4) 식물 키우기를 통한 감성교육

기존의 교실수업에서의 학습활동은 교사가 과제 제시 후 학생들이 반응결과를 표현하는 것이 대부분이다. 1학년에서 자기 주도적인 학습태도 형성과 작은 것에서도 감사하는 태도를 키우기 위해서 교육과정을 재구성하여 가정에서 직접 수확의 기쁨과 감사하는 마음을 키우도록 약 3개월의 프로젝트 활동을 구성하였다. 내가 키우고 싶은 식물 고르기-직접 식물에게 물 주기 활동-가족과 함께 수확하기 활동을 통해서 책임과 배려하는 마음을 가지도록 진행하였다. 특히 학급에서 키우는 방울토마토는 모두가 함께 나누어 먹는 활동을 통해서 감사하는 마음과 나눔의 기쁨을 느끼도록 진행하였다. 클래스팅을 이용해서 식물의 이름과 특징에 대한 수업을 역동적으로 전개하여 학습목표에 대한 인식이 오래 기억되고 있는 것을 알게 되었다.

내가 키우는 식물 자랑하기	수확의 기쁨

수확의 기쁨	수확한 식물 나눔활동

출처: 정용석 선생님의 학급 클래스팅.

보라나팔이 활짝 폈어요	풍선덩굴 씨앗과 꽃	식물에게 쪽지 쓰기
		• 풍선덩굴아! 너의 씨앗에는 ♥가 그려져 있어서 나는 네가 맘에 들어. 내 몸에도 ♥가 있는지 찾아봐야겠어. • 풍선이가 많이 커서 하얀 꽃을 피웠네. 나도 빨리 커서 예쁜 꽃을 피워야지. • 보라나팔은 몸이 그렇게 가늘면서 어떻게 이런 예쁜 꽃을 피웠을까? 오늘부터 나는 편식을 하지 않고 몸을 튼튼히 해야겠어. 풍선덩굴도 더 튼튼했다면 더 많은 꽃을 피웠을 거야.

출처: 정용석 선생님의 학급 클래스팅.

5) 부모님 감사해요! 운영을 통한 효교육 실천

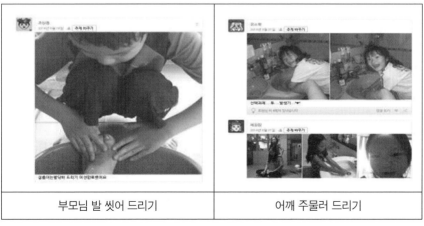

부모님 발 씻어 드리기	어깨 주물러 드리기

출처: 정용석 선생님의 학급 클래스팅.

| 가족 발 그리기 | 한복 입고 절하는 방법 배우기 |

출처: 정용석 선생님의 학급 클래스팅.

6) 말의 힘 실험을 통한 좋은 말 사용하기 프로젝트 활동 전개
(과학적 근거는 없으며, 바른 언어 사용의 실천을 위해 미션 형식으로 진행함)

욕설과 비방이 습관화되어 있거나, 무의식중에 나오는 욕설에 대한 교정 및 치료활동으로 학생들의 건전한 언어문화 사용의 습관화가 중요시되고 있는 교육현장에서 학교에서의 언어 사용보다 더 중요한 것은 학부모들의 언어 사용에 대한 인식과 이를 개선해 나가려고 하는 의지이다. 자녀들에 대한 올바른 언어 사용 및 긍정적 태도의 형성을 위해서 클래스팅을 이용한 말의 힘 실험활동을 우리 반 클래스팅에 **실험관찰일지처럼 실험과정과 느낀 점 등을 작성하고** 학급 친구들에게 공유함으로써 바른 언어 사용이 생활화되도록 전개하였다.

- 일시: 2016. 6. 1.~6. 31. (약 4주간의 실험활동 전개)
- 방법
  - 말의 힘 다큐 동영상 시청 후 집에서 직접 부모님과 실험하기
  - 2개의 컵에 각각 밥을 넣어서 한쪽에는 칭찬의 말을, 다른 쪽에는 비

속어나 짜증 나는 말을 했을 때 밥에 곰팡이 피는 모양을 관찰하기
- 3일에 한 번씩 사진을 찍어서 학급 SNS 게시판에 탑재하고 소감문 쓰기

• 주요 성과
- 고운 말 바른 말을 지속적으로 말한 밥비커에는 하얀 곰팡이가 피기 시작했으며, 나쁜 말과 욕설을 사용한 밥비커에는 검은색 곰팡이가 피기 시작하였다.
- 학생과 학부모가 함께한 이 실험활동을 통해서 무의식적으로 자녀에게 내뱉는 비속어나 나쁜 말이 얼마나 아이들에게 좋지 않은지를 깨달은 학부형들이 많았으며, 아이들도 고운 말 사용하기의 중요성을 알게 되었다.

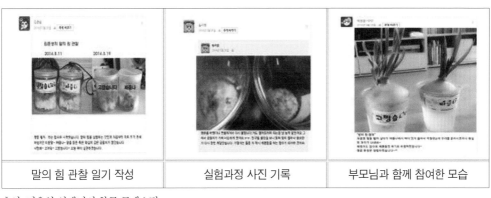

| 말의 힘 관찰 일기 작성 | 실험과정 사진 기록 | 부모님과 함께 참여한 모습 |

출처: 정용석 선생님의 학급 클래스팅.

4. 스마트교육 적용을 위한 준비

1) 창의적 문제해결력 신장을 위한 어플리케이션 활용

풍부한 스마트 자원을 활용하여 효과적으로 학습하고 학생들의 창의적 문제해결력을 신장하기 위한 교수 · 학습에서 사용될 **어플리케이션을 정리하여 목록표를 제작하고 학생들에게 안내하여 수업에 활용 가능하다.**

〈표 11-1〉 어플리케이션 정리

어플리케이션		내용
	eggmon	QR코드 검색 및 제작 앱으로 QR코드로부터 정보를 얻고 미션을 수행하는 어플임
	Pic collage	그림과 글 등으로 아름다운 문서를 손쉽게 만드는 앱으로 자기소개서, 여행계획서, 소감문 등 활용도가 가장 높은 앱 중 하나임
	Frame artist pro	템플릿을 활용하여 쉽게 사진을 합성하고 꾸밀 수 있는 앱으로, 사진 합성부터 달력, 블로그, 만화 또는 신문 등을 제작할 수 있음
	Pages	제공된 템플릿을 이용하여 다양한 형태의 보고서나 문서를 만듦
	imovie	영화 예고편 등 영상 만들기를 손쉽게 할 수 있는 어플로 간단한 촬영으로 한 편의 아름다운 영화를 만들 수 있음
	Google 문서도구	미리 안내한 주소 링크를 타고 접속한 후, 링크를 통해 공유된 문서를 작성하고, 발표는 교사가 클래스팅이나 SNS에 올린 화면에서 클릭하여 제시할 수 있다.

학생들이 스마트도구 활용교육의 필요성을 알게 하고 흥미를 갖게 하기 위해 학기 초에 학생들에게 문제상황을 제시하였다. '4월 서울 현장체험학습을 가기 전에 사전 답사를 가야 하는데, 너무 멀어서 못 가면 어떤 방법을 사용해야 할까?' '탐구보고서를 작성할 때, 가장 효과적으로 자료를 조사하는 방법'과 같은 문제상황을 제시하여 스마트도구 활용교육의 필요성을 인식시켰다.

스마트 교수·학습 활동, 프로젝트 학습, UCC 제작 활동, 스마트 창의적 체험활동, 스마트 독서·토론 학습 등의 효율적인 전개를 위해 교과 시간과 창의적 체험활동 시간에 과목의 특성과 어플리케이션의 특성에 맞는 활용교육 중심으로 학생 교육을 실시하였다.

2) 인성교육을 위한 스마트 교수·학습 활동 구안·적용

기존의 교수·학습 모형과 스마트 교수·학습 설계서와 어플리케이션 분석표를 토대로 스마트 교수·학습 모형을 구안·적용하였다.

맞춤형 스마트 수업을 효율적으로 이루어지게 하려면 미리 선정된 차시나 수업 내용에 따라 다음과 같은 부분을 고려하여 모형을 구안해야 한다.

자원 확인	학생·학교·지역 실태: 맞춤형 교수·학습을 위한 조사
	스마트 실태: 스마트 기기 조성 여부, 학생 스마트 기기 활용

↓

수업환경 선정	형태별 환경: 온라인, 오프라인, 블렌디드 러닝
	교과서: 서책형 교과서, e-book

↓

수업과정 설계	실태에 맞는 e-book 제작
	일반 수업, SNS를 활용한 타 학교와의 멘토링, 화상수업

↓

수업 적용	스마트 문제해결 학습모형, 스마트 토의·토론 모형, 스마트 창의성 계발 모형

↓

평가 및 분석	클라우드 기반 평가, e-포트폴리오, SNS를 활용한 상호 평가

〈맞춤형 스마트 교수·학습 모형 구안 절차〉

① 스마트 문제해결 학습모형

단계	활동	스마트 도구 및 전략
문제인식	• 조사 계획서 작성하기	• 구글드라이브
문제해결방안 설정	• 문제 원인에 대한 브레인스토밍 • 가설 설정하기	• 액션러닝(브레인스토밍)
문제해결방안 적용	• 가설 증명을 위한 자료 수집 • 해결 계획 세우기 • 협력적 아이디어 공유 • 학습문제 해결	• 클라우드
정리 및 평가	• 해결 계획 평가하기 • 결론 및 학습내용 정리 • 발전적인 문제해결 방법 공유	• 화상 통화(행아웃) • SNS

② 스마트 토의 · 토론 수업 모형

단계	활동	스마트 도구
주제 확인하기	• 동기 유발, 학습 문제 확인 • 토의 · 토론 목적 및 주제 확인	• 뉴스 앱(주제 관련 기사 검색)
토의 · 토론 준비하기	• 주제에 대한 자신의 입장 정하기 • 주제에 대한 자료 수집 및 정리하기 • 토의 · 토론 방법 및 절차 확인	• 설문조사 앱 • 검색 앱
토의 · 토론하기	• 각자의 의견 발표 • 반대 또는 찬성 의견 제시	• 발표용 도구(Web 2.0)
정리 및 평가하기	• 토의 · 토론 결과 정리 • 토의 · 토론 평가 • 결과 게시 및 공유	• 공유(클라우드)

③ 스마트 창의성 계발 수업 모형

단계	활동	스마트 도구 및 전략
문제 발견하기	• 동기 유발 및 문제 확인	• 관련 어플리케이션
아이디어 생성하기	• 문제 원인에 대한 브레인스토밍	• 액션러닝(브레인스토밍) • 구글드라이브
토의하기	• 자료 수집 및 토의하기	• 클라우드
아이디어 평가하기	• 협력적 아이디어 공유 • 해결 계획 수정하기	• 클래스팅 • 액션러닝

3) 스마트교육을 통한 인성교육의 실천방안[2)]

(1) 실천 위주의 인성교육

오늘날 현대사회에서 기본적으로 필요로 하고 있는 규칙적인 생활, 정리

---

2) 경기도교육청(2011. 7.). 언어문화개선을 위한 존중과 배려의 인성교육 길라잡이.

정돈, 위생 청결, 물자 절약 등의 기본 생활 습관 지도는 철저하게 실천 위주의 인성교육으로 이루어져야 한다. 기본 생활 습관에 관한 실천 점검표를 제작하고 매주 또는 매월 점검하는 인성교육 프로그램, 가정과 학교 생활의 종합적인 생활 지침서 활용 등으로 실천 위주의 인성교육을 강화해야 한다. 이것은 인성교육의 지속성 원리로, 무엇보다도 우선하는 것이라고 하겠다.

(2) 체험 중심의 인성교육

기본예절, 효도와 경애 등의 영역을 지도할 경우는 특히 학생들의 체험 중심의 인성교육이 중요하다. 각종 수련회를 통한 '극기 훈련'은 나약해지기 쉬운 현대사회의 청소년들을 위한 훌륭한 프로그램이다. 또한 '예절실'이나 '생활관'을 통한 기본예절 지도와 지역사회의 유관 시설 견학이나 강연회 등을 통한 체험 중심의 인성교육도 보다 강화되어야 한다. '가족 신문 만들기'나 '예절 신문 만들기'의 경우도 그 교육적인 효과가 매우 높다고 하겠다. 학부모와 학생이 체험 중심의 프로그램을 통하여 가족 공동체 의식을 직접 체험함으로써 인성교육에 참여하게 되는 것이다. 또한 '부모님 발 씻겨 드리기' '안마해 드리기' 등의 '효 실천 과제 학습', '효행의 날' 행사, '효 일기 쓰기' 등도 훌륭한 체험 중심의 인성교육이 되고 있다.

한편, '봉사 활동'을 통한 인성교육 또한 그 교육적인 효과가 매우 높다고 하겠다. 특히 사회 시설 및 단체에서의 자율 봉사 활동은 학생들이 매우 좋은 반응을 보이는 활동이다. 신체 장애인이나 불우한 이웃에 대한 봉사 활동은 무엇보다도 학생들 자신에게 보람과 자부심으로 와 닿아 호응도가 무척 높다고 한다. 이러한 색다른 체험은 자아 확립에도 큰 도움이 될 것으로 기대된다.

(3) 자율성과 내면화를 통한 인성교육

인성교육이 지향하는 인간상은 궁극적으로 볼 때 자율적이고 스스로 판단하고 스스로 행동하는 내면화된 자신을 만드는 것이라고 본다. 인성교육은 흔히 낡은 것으로 간과되기 쉽다. 학교에서 체험 위주의 인성 프로그램이 21세기 학습자 역량을 키워 주는 형태로 전환하여 학급친교활동이나 디지털 자료를 활용하여 친숙하게 행해진다면 학생들의 내면화도 쉽게 이루어질 수 있다고 본다.

(4) 자아존중감과 성취감을 심어 주는 인성교육

6명 내외의 모둠을 조직하여 학급·학교 활동에 적극 활용하는 '학급 소집단 활동'은 학생들의 자율성을 제고하는 한편, 개인의 성취감을 심어 주는 측면에서 볼 때 그 교육적 효과가 매우 높다고 본다. 다인수 학급이라는 현실적인 문제에 따른 개별화 지도의 모색과 최근 많이 이야기되고 있는 학습자 중심의 주도적 학습이라는 측면에서 볼 때 '학급 소집단 활동'의 중요성은 매우 크다고 하겠다. 불우이웃 돕기, 소집단 발표 학습 등 학급 활동에서 교과 수업 활동에 이르기까지 다양한 소집단 활동과 '학급 UCC 만들기' '모둠 웹툰 그리기' 등을 통한 친교 활동과 상담 활동은 학생들의 공동체 의식의 함양에도 크게 기여한다. 다양한 시상 제도를 통한 인성교육은 성적 위주의 한 줄 세우기를 지양하고 각기 다양한 소질과 특기의 발굴과 함께 성취감을 심어 주는 인성교육으로 높이 평가할 수 있다.

5. 마치며: 성장과 공감의 인성교육

교육현장에 선 교사로서 학생의 올바른 성장을 도모하는 학생 중심 교육을 해야 함은 분명한 사실이다. 미래사회가 요구하는 다양한 역량을 개발할 수 있도록 다양한 교수기법이 나오고 있는 것은 이를 반증하는 것이라 하겠다. 하지만 정의적 특성 및 인성을 바탕으로 하지 않는 교과지식과 창의성의 강조는 훌륭한 인격체로의 성장을 방해할 것이다. 교실 속에서 이루어지는 정의적 특성과 인성은 한 사람이 내뱉는 말을 통해 투영될 수 있다. 교사가 학생들의 정의적 태도와 인성 함양에 관심을 가지고 지도를 해야 하는 것은 바로 이 때문이다.

하지만 아무리 교사와 학부모가 노력을 한다고 해도 학생들 스스로 노력하지 않으면 물거품이 되고 만다. 지속적인 관심과 애정으로 인내심을 가지고 아이들이 스스로 문제점이나 필요성을 깨닫고 생활 속에서 실천할 수 있는 힘을 길러 주어야 할 것이다. 편견의 언어, 차별의 언어, 비속어 등을 '하지 말라'는 금지식 지도보다는 학생들이 사용할 수 있는 감사의 언어, 용기의 언어, 존중의 언어, 칭찬의 언어 등을 알려 주고 사용할 수 있도록 하는 실천적 지도가 필요할 것이다.

🗁 참고문헌

경기도교육청(2011. 7.). 언어문화개선을 위한 존중과 배려의 인성교육 길라잡이.

김영록(2010). 교육에 영향을 미칠 미래 첨단 기술 소개. KERIS.

김영애(2011). "우리의 교실혁명 스마트교육의 현황과 발전 방향." 교육정책네트워크 이슈페이퍼.

김지현 외(2011). 스마트교육플랫폼 구축전략. KERIS.

백인걸(2009). 웨어러블 컴퓨팅을 위한 Fabric Area Network 토폴로지.

이상호, 김선진(2011). 디지털 미디어 스마트혁명: 우리가 모르는 미디어의 모든 진실. 서울: 엠에스디미디어.

이상호, 김선진(2011). 디지털 미디어 스마트혁명. 미래를 소유한 사람들.

임영진(2010). 성격 강점과 긍정 심리치료가 행복에 미치는 영향. 서울대학교 대학원 박사학위논문.

조권형(2014). 초등학생의 스마트폰 중독과 환경적 요인의 관계. 경인교육대학교 석사학위논문.

좋은교사운동(2012). 스마트 교육 추진 전략 토론회. 좋은교사운동.

한국교육학술정보원(2010. 12.). 21세기 학습자를 위한 교원 연수.

한국교육학술정보원(2011. 8.). 현장에서 활용할 수 있는 교육용 어플.

한국교육학술정보원(2012. 4.). 스마트중앙선도교원 연수 교재.

한국교육학술정보원(2013. 8.). 스마트중앙선도교원 연수 교재.

KERIS(2011). 스마트교육을 위한 클라우드 컴퓨팅 환경 구축. KERIS.

야코도모노리(2011). 클라우드. 새로운 제안.

Lankshear, C., & Knobel, M. (2006). *New literacies: Everyday pratice & classroom lerrning*. New York, N.Y.; McGraw Hill.

Lyubomirsky, S., King, L., & Diener, E. (2005). The benefits of frequent positive affect: Does happiness lead to success? *Psychological Bulletin, 131*(6), 803–855.

페이스북 중앙선도교원 그룹　https://www.facebook.com/#!/groups/smart.teacher/

찾아보기

〈인명〉

ㄱ

공자 13
김정환 50

A

Aristotle 46

B

Bakhtin, M. 191
Bohlin, K. 54
Burbules, N. C. 189, 198

D

Damasio, A. 47
Dewey, J. 171, 172, 178, 193
Dilthey, W. 173

F

Fenstermacher, G. D. 51, 52
Freire, P. 192
Freud, S. 34

G

Gaudig, H. 202
Gilligan, C. 144
Goleman, D. 121

H

Harper Lee, N. 105
Heckmann, G. 188, 217
Hirst, P. H. 46
Horatius 93

I

Itin, C. M. 168

J

Jung, C. G. 34

K

Kant, I. 47, 205
Kerschensteiner, G. 174, 175
Kleist, H. 191

L

Lehmann, G. 29
Lickona, T. 41
Loska, R. 203

M

McClelland, D. 27
Montaigne, M. 200

N

Nasr, R. T. 54
Nelson, L. 188, 217
Nieke, W. 29
Nietzsche, F. 34

Noddings, N. 43, 145, 146, 161

O

Oakeshott, M. 48, 49

P

Pestalozzi, J. H. 175
Peters, R. S. 46
Plato 46, 206

R

Rorty, R. 47
Ryan, K. 54

S

Shorris, E. 36
Socrates 46, 203, 207

T

Tronto, J. 154

V

Van Manen, M. 44, 172

〈내용〉

4차 산업혁명 15
character 17
e-러닝 95
In a different voice 144
KEDI 인성검사 84

ㄱ

가르침 42, 48, 49
가치 20
가치감각 32
가치관 230, 231, 249
가치덕목 21, 26, 32, 61
가치덕목 중심 인성교육 22
가치판단 19, 20, 48
갈등관리역량 37, 38
감성교육 279
감정 31, 32, 33, 34, 37, 46, 125, 129,
      135, 136
감정의 복원 46
감정이입 73, 160
감정적/정동적 전환 47
강의법 71
강의식 수업 199
강한 아이 125, 128
게임 95
게임중독 234
결과평가 68
경험 167, 168, 170, 171, 172, 173,

177, 182
경험사례 219
고객 만족도 81
공감 160, 233, 241, 268
공동배려 144, 153, 155
공동체 193, 231
공동체역량 37, 38
공식적 교육과정 63
과정평가 68
관계 194
관계관리 122, 123
관계적 실천 43
교과교육 63
교사의 사람됨 42
교사의 인성 42, 45
교사의 인성교육 50, 53
교사전문성 43, 44, 51
교수법 93
교수설계 61, 65
글로벌시민 역량 38
기계 34
기독교 34
기본적인 감정 132

ㄴ

노작 174, 176, 177, 178
노작교육 174, 175, 176, 178
노작학교 175

논쟁 208, 239, 244, 250, 252

ㄷ

다문화역량 38, 39
담화 지도자의 규칙 220
담화 참가자의 규칙 221
대인관계능력 268
대화 161, 187, 190, 196, 208, 230,
    231, 235, 236, 237, 238, 240, 243,
    249, 250, 252, 255
대화 수업 209
대화편 206
덕목(가치)탐구 방법 73
덕목전수 행동적 접근 70
도가 18
도덕교육 129
도덕성 41, 42, 51
도덕적 가치 62
돌봄 143
돌봄 노동 155
동기 전환 146
디지털 세대 93
디지털 에듀테인먼트 98
디지털 유목민 21, 129
디지털인문학 92

ㅁ

모둠 작업 212
무의식 34

문답법 201
문제해결 233, 286
문제행동 234
문화이상 21
민주사회 38
민주시민 16, 39, 230
민주시민 역량 38

ㅂ

박애 107
발문법 202
밥상머리 교육 273, 274
방법적 역량 30
배려 44, 142, 143, 144, 233, 241
배려관계 145, 147
배려교육 142, 143, 154, 155
배려교육의 방법 156
배려받는 법 163
배려받는 자 145, 147
배려받을 권리 163
배려실천 162
배려의 유형 149
배려하는 자 145, 146
보살핌 143
복제인간 34
분노 133, 234
분노조절 134
불교 18
비계 199
비판적 사고력 233

ㅅ

사고 138, 139

사고력 238, 244

사고오류 136, 138

사고패턴 140

사람됨 125

사실 관련적 전문성 43

사실판단 19

사이버 학교폭력 266

사이보그 34

사회 관련적 전문성 43

사회관계망서비스 266

사회성 246

사회적 역량 27, 30, 37, 121

사회적 인식 122, 123

사회정서 역량 122

사회정서적 유연성 122

사회정서학습 31, 121, 125, 128, 130, 139, 140

산파술 203

상대주의 216

상생 16, 232

상호작용 95

생명존중교육 276

서사 94

서사와 스토리텔링 94

성격 18, 19

성찰적 사고 36, 37

소셜 네트워크 서비스 269

소집단활동 210

소크라테스적 방법 205

소통 230, 231, 239, 241, 242, 268

소피스트 207

수업사례 224

수업원리 62

스마트교육 267

스마트폰 266

스토리텔링 93, 101

스토리텔링 가이드 117

스토리텔링법 72

스트레스 234, 235

습관 18, 19

시민적 참여의식 39

신소크라테스적 담화 217

신소크라테스적 대화 188

심미적·감성역량 31

ㅇ

안목 244, 248

앵무새 죽이기 105, 106

어플리케이션 284

에듀테인먼트 93

에듀테인먼트 스토리텔링 95, 96, 97, 98, 99, 100

역량 16, 22, 27, 28, 101

역량 중심 인성교육 22

역량모형 29, 30

역량평가 28

역할놀이법 75

영혼 34

예술교육 32
예체능활동 129
요구분석 67
유가 17
윤리적 배려 148
응답 147
의사소통 193, 196, 233
의사소통역량 37, 38
의식 34
의지 34, 37, 46
이성 33, 34, 41, 46
인간다움 13, 16
인간됨 17
인격 관련적 전문성 43
인격교육론 41
인격의 모델 역할 64
인공지능 34
인문학 36, 92
인문학교육 32
인문학적 스토리텔링 101, 102
인성 38
인성검사 84
인성교육 설계모형 65
인성교육 프로그램 인증심사 기준 82
인성교육자 53, 54
인성교육진흥법 14, 20, 22, 26, 82, 91, 128
인성교육파트너십 67
인성덕목 22, 25, 26, 63, 68, 101
인성역량 16, 22, 25, 26, 27, 39
인성요소 125

인터넷 266
인터넷 중독 234
일상적 대화 161

ㅈ

자기결정력 32, 37
자기관리 122, 123
자기관리역량 31
자기대화 158, 159
자기배려 144, 149, 150, 157, 158
자기사유 218
자기인식 122, 123
자아 33, 34
자아성찰 37
자아역량 27, 29, 32, 35, 37
자아의식 34
자아정체성 30, 32, 33
자아존중감 289
자연적 배려 148
잠재적 교육과정 63
전념 146
전문성 42, 43
전문적 역량 29, 30
정서 132, 139, 246
정서적 역량 121
정신 34, 35
정의 107
정의적 역량 155
정체성 20, 26, 238
좋은 사람 63

좋은 사회 63
좋은 학교 63
주인의식 249
지능(IQ) 27
지성 41, 42, 46
지식 자체의 문제 46, 51
지식 적용의 문제 46, 51
지식교육 45, 46, 49
지식의 협소함 46
지혜 244
질문 244, 249, 252

ㅊ

참여체험 학습법 78
창의성 242, 244, 253, 287
창의적 문제해결력 284
창의적 체험활동 32, 168, 169, 170,
    180, 182, 183
책무성 80
책임 있는 의사결정 122, 123
체험 167, 169, 170, 173, 176, 177,
    178, 182, 234, 288
체험 중심의 통합적 접근 76
체험활동 167, 168, 178
취향 20

ㅋ

크레존 182, 183
클래스팅 276

ㅌ

타인배려 144
타협 231, 233
탈무드 243
태도 18, 19, 38
텍스트 215
토라 243
토론 230, 231, 233, 236, 237, 239,
    240, 243, 244, 249, 250, 252, 287
토론 문화 213
토론식 수업 241
토의법 74
통찰력 244
통합적 관점의 지식관 50

ㅍ

파트너십 64
파트너 작업 210, 212
판단력 36
페미니즘 48
포스트모더니즘 47

ㅎ

하브루타 235, 236, 237, 253, 260
하브루타의 네 단계 255
학교폭력 14, 234, 266, 268
학급 작업 212
학습자 만족도 평가 81

합리성 44
합리주의 34, 46
핵심 역량 28
행동 18, 19
행위역량 30
현장학습법 77

협동심 232
협력 231, 232, 233, 241
협상 230, 231, 233, 241
홀리스틱 교육 48
홀리즘 48
회의주의 216

저자 소개

강선보(Kang Sun-Bo)
고려대학교 사범대학 교육학과 교수
한국교육학회장

김영래(Kim Young-Rae)
전 고려대학교 교육문제연구소 연구교수

정윤경(Chung Yun-Kyoung)
전주교육대학교 초등교육과 교수

이성흠(Lee Sung-Heum)
경기대학교 교육대학원 교수

류은영(Ryu Eun-Young)
한국외국어대학교 불어과 강사

정창호(Jeong Chang-Ho)
경기대학교 교육대학원 초빙교수

고미숙(Ko Mi-Suk)
한남대학교 교육대학원 교수

(故)전성수(Jeon Seong-Soo)
부천대학교 유아교육과 교수

정용석(Jung Yong-Seok)
무원초등학교 교사
한국교원단체총연합회 정보화교육 자문위원

미래세대를 위한 인성교육
Character Education for Future Generations

2018년 2월 28일 1판 1쇄 발행
2021년 3월 25일 1판 2쇄 발행

지은이 • 강선보 · 김영래 · 정윤경 · 이성흠 · 류은영
　　　　정창호 · 고미숙 · 전성수 · 정용석
펴낸이 • 김진환
펴낸곳 • (주) **학지사**
　　　　04031 서울특별시 마포구 양화로 15길 20 마인드월드빌딩
대표전화 • 02)330-5114　　　팩스 • 02)324-2345
등록번호 • 제313-2006-000265호

홈페이지 • http://www.hakjisa.co.kr
페이스북 • https://www.facebook.com/hakjisa

ISBN 978-89-997-1417-7 93370

정가 17,000원

이 도서의 국립중앙도서관 출판시도서목록(CIP)은 서지정보유통지
원시스템 홈페이지(http://seoji.nl.go.kr)와 국가자료공동목록시스템
(http://www.nl.go.kr/kolisnet)에서 이용하실 수 있습니다.
(CIP 제어번호: CIP2018006108)

출판 · 교육 · 미디어기업 **학지사**

간호보건의학출판 **학지사메디컬** www.hakjisamd.co.kr
심리검사연구소 **인싸이트** www.inpsyt.co.kr
학술논문서비스 **뉴논문** www.newnonmun.com
원격교육연수원 **카운피아** www.counpia.com